Der Content-Coach

D1618997

EBOOK INSIDE

Die Zugangsinformationen zum eBook Inside finden Sie
am Ende des Buchs.

Florian Schauer-Bieche

Der Content-Coach

Leitfaden für bessere Inhalte
und durchdachte Strategien im
Content-Marketing

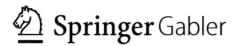 Springer Gabler

Florian Schauer-Bieche, Mag.
Bieche & Partner GmbH
Klagenfurt/Wien, Österreich

ISBN 978-3-658-26654-7   ISBN 978-3-658-26655-4   (eBook)
https://doi.org/10.1007/978-3-658-26655-4

Die Deutsche Nationalbibliothek verzeichnet diese Publikation in der Deutschen Nationalbibliografie; detaillierte bibliografische Daten sind im Internet über http://dnb.d-nb.de abrufbar.

Springer Gabler
© Springer Fachmedien Wiesbaden GmbH, ein Teil von Springer Nature 2019

Springer Gabler ist ein Imprint der eingetragenen Gesellschaft Springer Fachmedien Wiesbaden
GmbH und ist ein Teil von Springer Nature.
Die Anschrift der Gesellschaft ist: Abraham-Lincoln-Str. 46, 65189 Wiesbaden, Germany

Für Feli

Vorwort

Profis kochen auch nur mit Wasser? Mag sein. Aber sie wissen, welche Zutaten sie in den Topf geben. Wie sieht es in Ihrer Content-Küche aus? Sind Sie noch auf Inhalte aus der Dose angewiesen? Spätestens jetzt ist damit Schluss. Mit diesem Leitfaden sorge ich dafür, dass Ihr Content künftig brodelt. Aber seien Sie gewarnt: Das hier ist nichts für Theoretiker und Menschen, die nach dem Motto leben „Schauen wir einmal, dann sehen wir schon."

Dieser Leitfaden ist für Macher, für Innovatoren und Umsetzer. Der Content-Coach nimmt Sie in die Pflicht!

Warum Sie sich mit Content auseinandersetzen sollten? Weil Content das neue Gold ist. Content ist nichts mehr, was man im Vorübergehen und nebenbei produziert. Content ist Kommunikation und wer heute, im Zeitalter der Kommunikation, nicht kommunizieren kann, der wird auf lange Sicht erfolglos sein. Content muss man ernst nehmen. Mindestens so ernst wie Controlling, wie Produktentwicklung – wie Ihre Steuern! Sie sind anderer Meinung? Möglicherweise ist genau das der Grund, warum Ihnen Ihre Konkurrenz davonzieht. Sie können sich aber auch einen Ruck geben und zumindest ein paar der folgenden Seiten durchlesen. Natürlich mit der Gefahr verbunden, völlig neue und hilfreiche Erkenntnisse zu erlangen. Womöglich können Sie nach der Lektüre sogar folgende Fragen beantworten:

- Was ist Content?
- Wie kommuniziere ich richtig?
- Ist meine Herangehensweise bei der Erstellung von Inhalten richtig?
- Wie erzählt man Geschichten und wie mache ich meine Ideen zu Storys?
- Welches Basiswissen muss man als Content-Creator mitbringen?
- Wie geht man an die Erstellung guter Inhalte heran?

- Wie wertet man die Content-Arbeit innerhalb von Gruppen und Unternehmen auf?
- Wie vermarktet und verbreitet man Inhalte?
- Wie sieht der Content der Zukunft aus und bin ich dafür gerüstet?
- Welche Auswirkungen wird das auf unsere Arbeit haben?
- Auf welche Innovationen muss ich künftig meinen Fokus legen?

Haben Sie das Buch durchgearbeitet, werden Sie Content wirklich „können".

Warum braucht man einen Content-Coach?
Benötigen Maler Technik und Inspiration? Braucht ein Arzt ein Medizinstudium? Müssen Polizisten Gesetze kennen? Ich gehe davon aus, dass wir diese Antworten einhellig mit Ja beantworten.

Müssen Unternehmer, Führungskräfte, Manager kommunizieren können? Selbstverständlich. Müssen Sie wissen, was guten Content ausmacht? In jedem Fall! Aber Hand aufs Herz: Jeder hat in seinem Fachgebiet genug um die Ohren und wer hat da noch die Zeit, um sich Durchblick im Content-Dschungel zu verschaffen? Tausend Meinungen und jede sagt etwas Anderes. Content als Buzzword schwirrt seit Jahren in den Firmen dieser Welt umher. In jedem Meeting sitzt mindestens einer, der jede festgefahrene Diskussion retten will indem er ruft: „Wir brauchen besseren Content!" Was darauf folgt? Meistens Schweigen, Gemurmel und danach geht jeder seinen Weg. Und der Content? Bleibt schlecht, weil sich niemand darum kümmert – und die Konkurrenz zieht Ihnen davon. Damit ist Schluss. In Zukunft gehören Sie zu den Content-Profis und können das Ruder selbst in die Hand nehmen. Dank dieses Leitfadens, dank Ihres Content-Coach!

Für wen ist dieses Buch?
Für Unternehmer, Geschäftsführer, Marketingleiter, Kommunikationsexperten – und für alle, die nicht länger „irgendwas mit Content" machen wollen, sondern von sich behaupten möchten: Ich weiß wie es geht! Ich bin ein guter Content-Creator und kann ihn vermarkten! Die Tipps und Inhalte dieses Buches habe ich in meiner täglichen Beraterarbeit gesammelt. Es sind Antworten auf Fragen meiner Kunden und Seminarteilnehmer. Es sind Anleitungen, die sich von den Herausforderungen meiner Aufträge abgeleitet haben. Mehr Praxis geht nicht: Die Fragen und Antworten, die Sie hier lesen, haben jeglichen Reality-Check bestanden.

Was bedeutet Content-Coaching?
Sie haben ein Problem, zu dem Ihnen keine Lösung einfallen mag, also suchen Sie sich jemanden, mit dem Sie darüber sprechen können. Sie gehen zu einem Coach. Er hört Ihnen zu und begleitet Sie so lange, bis Sie für sich selbst eine Lösung gefunden haben. Wie er das anstellt? Er stellt Ihnen die richtigen Fragen. Und er hilft Ihnen selbst die Antworten zu finden, statt zu beratschlagen. Nichts Anderes mache ich als Content-Coach. Ich helfe Unternehmen und Personen dabei, Content zu erstellen und zu überarbeiten, zu verbessern und zu verändern. Dabei steht nicht nur Content im Fokus, sondern auch der Ersteller.

Bei meinen Beratungen arbeite ich nach einem Methoden-Mix, der sich wesentlich am Design-Thinking-Ansatz orientiert – und nach von mir entwickelten Methoden, die ich als „Break the rules-Ansatz" bezeichne. Der Kern: Die Provokationstheorie nach Edward de Bono und die Erkenntnis, dass was für viele unkonventionell wirkt, in der Praxis große Erfolge erzielt. In diesem Buch gebe ich Ihnen Einblick in die Praxis und verrate Ihnen wichtige Kniffe, die Sie in Ihrem Berufsalltag sofort umsetzen können. Als Content-Coach begleite ich Sie in vielen Bereichen:

- vor allem bei der Ideenfindung und der Konzept- und Strategieentwicklung,
- bei der Content-Erstellung,
- bei der Prozessentwicklung und
- beim Training Ihrer Mitarbeiter.

Content-Coaching ermöglicht Ihnen, Ihre Denkmuster zu erweitern und zu durchbrechen. Gemeinsam mit einem Profi analysieren Sie Ihre Inhalte und erhalten wichtige neue Inputs aus der Vogelperspektive. Ihre Wahrnehmung wird erweitert, und Sie entdecken Möglichkeiten und Ideen, die sie vorher nicht auf dem Schirm hatten. Sehen Sie dieses Buch als Ihren stillen Content-Coach. Wann immer Sie Unterstützung und Inputs benötigen, lesen Sie nach, probieren Sie aus, untersuchen Sie Ihre Denkmuster und Handlungsprozesse. Stoppen Sie das Grübeln, beginnen Sie zu entwickeln! Lernen Sie die Basics zu verstehen, grundlegende Prozesse und Methoden zur Ideenfindung kennen. Und jetzt, legen wir los.

Viel Erfolg beim Umsetzen!

Ihr Content-Coach,
Florian Schauer-Bieche, Mag.

PS: Mehr Infos und aktuelle Beiträge finden Sie auf www.dercontentcoach.com

Danksagung

Ein Buch schreibt man niemals alleine. An dieser Stelle möchte ich mich bei allen bedanken, die mich beim Recherchieren und beim Schreiben unterstützt haben – sei es mit Inputs, Beispielen, Arbeitsleistung, mit wertvollem Feedback oder einfach durchs Zuhören.

Das gilt besonders für meine Kunden und Auftraggeber. Sie haben es mir in den bisherigen 15 Berufsjahren ermöglicht, die vielen Erfahrungen zu sammeln, die meine heutige Expertise ausmachen. Ein weiterer Dank gilt den Teilnehmern meiner Seminare und Workshops. Durch sie werde ich regelmäßig mit spannenden Sichtweisen und Problemen konfrontiert. Das gibt mir die Chance in gänzlich neuen Branchen und Themengebieten Skills aufzubauen. Diese Summe an Informationen hat mir es ermöglicht, dieses Buch zu schreiben.

Stephan Si-Hwan Park möchte ich an dieser Stelle für seine Rechercheunterstützung danken. Auch meinem Lektor Rolf Guenther-Hobbeling – besonders für seine Geduld und die richtungsweisenden Vorschläge.

Um ein Buch zu schreiben, braucht es aber mehr als Fachwissen: Man braucht ein verständnisvolles privates Umfeld. Ein großer Dank gilt daher meiner Familie und meinen Freunden. Ein extra Dank gilt meiner Mutter Sissi Bieche, die zugleich meine Geschäftspartnerin und Gründerin unseres Familienunternehmens Bieche & Partner GmbH ist. Ihr enormes Wissen als Führungskräftetrainerin und Unternehmensberaterin hat sie mir in unserer langjährigen Zusammenarbeit mitgegeben. Heute fließen viele Erkenntnisse daraus in meine Arbeit als Content-Coach ein. Ein großes Dankeschön geht auch an: Philipp Wieser, Melanie Klose und Aaron – mein Hund, der mich regelmäßig daran erinnert hat (wie eben gerade), Schreibpausen einzuhalten.

Und ein letztes Dankeschön geht noch an Sie, werte Leserin, werter Leser! Danke, dass Sie das Buch gekauft haben. Sie bringen mir damit ein enormes Vertrauen entgegen. Das weiß ich zu schätzen und ich wünsche Ihnen viel Spaß beim Lesen. Auf dass Sie jede Menge neue Aha-Erlebnisse haben mögen!

Inhaltsverzeichnis

Über den Autor

Florian Schauer-Bieche, Mag. Jahrgang 1987, ist Content-Coach, Design-Thinker und Managing Partner der Kommunikationsagentur Bieche & Partner GmbH. Er absolvierte ein Studium der Kommunikationswissenschaften an der Alpen-Adria-Universität Klagenfurt. Schauer-Bieche berät internationale Unternehmen und hält Vorträge und Seminare rund um Storytelling, Unternehmenskommunikation, Innovation und Business Development. Der „gelernte" Journalist und leidenschaftliche Kommunikator ist der erste offizielle Content Coach (www.dercontentcoach.com) im deutschsprachigen Raum. Schauer-Bieche ist außerdem Gründer des Denker-Netzwerks „BreakTheRules.Today" (www.breaktherules.today), 2018 hat er mit Partnern „www.skill.casa", die erste Content-Agentur für Sprachassistenten (Alexa-Skills) in Österreich ins Leben gerufen.

Grundwissen: Die Content-Basics

1

Zusammenfassung

Buzzwörter haben eine ungute Eigenschaft: Man weiß nicht, wo man mit der Erklärung anfangen und wo man besser aufhören sollte. Ich habe die Basics gestrafft und beschäftige mich auf den folgenden Seiten des ersten Kapitels mit diesen Themen:

- Warum Content nicht gleich Content und das Zeitalter der Werbesprache vorbei ist.
- Sorgen wir für Klarheit: Die Definition von Content und warum der Begriff mehr ist als ein Buzzword.
- Wie sich der Hype um Content entwickelt hat, und warum Content bereits vor dem digitalen Zeitalter wichtig war.
- Grundwissen zum Storytelling, zur menschlichen Kommunikation und zur menschlichen Psychologie.
- Die aktuellen Content-Formate und Content-Channels unserer Welt.
- Wie Sie an die Planung und Erstellung guter Inhalte herangehen müssen.

Ich frage „Content?", Sie antworten „...." – ja, was eigentlich? Jeden Tag werden wir mit dem Begriff Content konfrontiert. Uns wird gepredigt, dass ohne guten Content nichts mehr geht – in Blogs, Magazinen, bei Tagungen und Seminaren, spätestens beim wöchentlichen Marketing-Jour-fix. „Unser Content muss mehr real und deeper werden, nur so können wir die organische Reichweite und das Engagement pushen!" Bestimmt kennen Sie solche Schaumschläger-Sätze, die bei den restlichen Meeting-Teilnehmern meist ganz große Fragezeichen über den Köpfen hinterlassen.

© Springer Fachmedien Wiesbaden GmbH, ein Teil von Springer Nature 2019
F. Schauer-Bieche, *Der Content-Coach*,
https://doi.org/10.1007/978-3-658-26655-4_1

Reden wir mal Tacheles: Haben Sie im Content-Dschungel überhaupt den Durchblick? Wüssten Sie, wie Sie Ihre Inhalte „realer" und „deeper" machen (geschweige denn, was das überhaupt heißen soll), welche Channels bespielt werden sollen, damit die organische Reichweite und das Engagement in die Höhe schnellen? Nein? Keine Angst. Sie sind damit nicht alleine. In diesem Buch möchte ich mit solchen Plattitüden, Marketing- und Werbesprech und der beliebten Phrasendrescherei aufräumen. Lassen Sie uns lieber über die Praxis sprechen. Was Content wirklich ist, was man dafür tun muss und wie guter Content aussehen kann. Hier die wichtigsten Erkenntnisse dieses Leitfadens schomal vorab:

- Wir sind alle Mainstream genug. Seien Sie anders! Guter Content lebt durch Ecken, Kanten, Makel – durch Persönlichkeit.
- „Es sind nicht die Dinge, die uns beunruhigen, sondern die Meinung, die wir von den Dingen haben." – Epiktet (griechischer Philosoph, um 50–138 n. Chr.)
- Es gibt keine zwei Menschen auf dieser Welt, die haargenau dasselbe wahrnehmen und erleben.
- Nutzen Sie die Prinzipien des Konstruktivismus für sich: eine Situation – fünf Menschen – fünf Ansichten und fünf Meinungen. Jeder konstruiert die Welt, wie sie ihm gefällt. Nutzen Sie das für Ihre Inhalte! Übersetzen Sie Ihre Ideen in Storys, die konkrete Vorstellungen in den Köpfen der Menschen erzeugen.
- Sie wollen guten Content? Dann müssen Sie raus aus der Wohlfühl- und Schönsprechzone!
- Denken Sie nicht in Theorien und Regeln: Bleiben Sie authentisch. Orientieren Sie sich am Alltag und sorgen Sie dafür, dass Ihre Marke angreifbar bleibt.
- Das hier ist ein stiller Coach, ein Ratgeber – keine Anleitung! Sie müssen nicht alles anwenden, nicht alles glauben, nicht einmal alles lesen. Nehmen Sie die wichtigsten Dinge für sich mit und legen Sie los.
- Die goldene Regel für perfekten Content gibt es nicht. Ignorieren Sie jeden, der behauptet er hätte sie.
- Ihr Content ist nur so gut wie Ihre Kommunikation – und Ihre Kommunikation ist nur so gut wie die Führungskommunikation Ihres Unternehmens.

1.1 Begriffsklärung: Was ist Content und wo stehen wir?

Wissen Sie, was ein Gummiwort ist? Wenn nicht, Sie haben Ihr erstes soeben entdeckt: *Content*. Gummiwörter sind Begriffe, die sich unmöglich auf eine Definition festnageln lassen. Wie Gummi sind sie dehnbar und formbar. Die Geschäftswelt ist voll mit Gummiwörtern: „Nachhaltigkeit", „Digitalisierung", „Innovation" – sie tauchen dort auf, wo man wenig konkret werden, aber wichtig klingen will. Ihre Aussagekraft liegt bei null. Schauen wir uns ein paar Begriffe an: „Nachhaltig" kann Nachbars Giftköder für die streunende Katze sein, weil sie danach wohl niemals mehr in seinem Garten auftaucht. „Innovativ" sind ebenso neue Waffensysteme. „Digital" ist die Anzeige der Eieruhr auch. Und schon Höhlenmalereien lassen sich als „Content" bezeichnen. Wohl kaum jene Beschreibungen, die Sie sich erwartet haben, oder?

Gummiwörter sind „situationselastisch", um das österreichische Wort des Jahres 2014 zu bemühen. Die Definition wird also von der Situation bestimmt, in der man Content verwendet. Deshalb habe ich mich entschieden, auf gängige Definitionen einzugehen, um die Vielfältigkeit des Begriffes zu unterstreichen. Denn bevor man über die Zukunft fantasiert, sollte man sich in der Geschichte auskennen.

Beginnen wir mit dem, was auf der Hand liegt: Content ist ein Lehnwort aus der englischen Sprache, ein Anglizismus. Dort bedeutet Content schlicht „Inhalt(e)".

In unseren Sprachkreis, im deutschsprachigen Raum, wurde Content als Wort in den 1990er Jahren aufgenommen. Seit damals wird Content laut Duden, ausschließlich mit „EDV" in Verbindung gebracht. Exakt heißt es im Schlauen Buch der deutschen Sprache: Content = „qualifizierter Inhalt, Informationsgehalt besonders von Websites" (Duden 2019). Um nachzuhelfen: Gemeint sind Inhalte wie Texte, Bilder, Videos, Audiodateien und alles, was sich sonst als Content verbreiten lässt (welche Formate es gibt, schauen wir uns an späterer Stelle im Detail an).

Aber was sagt die Wissenschaft? Dort bemühen sich schlaue Köpfe seit vielen Jahren eine einheitliche Definition zu finden, nur es gelingt nicht (Gummiwort!). Meistens einigt man sich darauf, dass Content ein Medieninhalt ist, der von professionellen Akteuren in ein vorgegebenes Format gebracht wird.

Was tun, wenn man nicht weiter weiß? Wikipedia fragen. Dort wird man schnell fündig, wenn man nach Digital Content sucht: „Digital content is any content that exists in the form of digital data. Also known as digital media, digital content is storaged on digital or analog storage in specific formats. Form of digital content include information that is digitally broadcast, streamed or contained in computer files." (Wikipedia 2019a).

Wem das nun zu kompliziert ist, dem mache ich die Definition von Content gerne einfacher.

► **Content...**

- …ist ein Sammelbegriff für Texte, Bilder, Videos, Grafiken, Daten.
- …bezeichnet alle Inhalte, mit denen sich Botschaften transportieren lassen.

Besonders auf den zweiten Punkt sollten Sie Acht geben. Er erklärt, weshalb guter Content ausschließlich mit guter Kommunikation einhergehen kann.

Wo stehen wir 2019 und wie geht es weiter?
Wir leben im Zeitalter der Kommunikation. Zwar verständigen wir uns seit Tausenden Jahren durch Sprache und Zeichen. Bloß haben wir in den vergangenen zehn Jahren alles verdichtet. Sprachnachrichten via WhatsApp, dazu Emojis eingebettet in einem Text, eventuell ein Video dazu. Ein Livestream über Snapchat oder Instagram, dazu eine Story auf Facebook. Das Making-of-Video vom Video selbst findet den Weg auf den privaten Blog, wird auf Facebook, LinkedIn und anderen Plattformen geteilt und in wenigen Minuten von unzähligen Fremden kommentiert und geshared. Die Kommunikationsschleife ist endlos. Es ist nicht mehr möglich festzustellen, wo Kommunikation beginnt und wo sie aufhört. Sie können Ihre Kommunikation nicht mehr steuern. Selbst wenn Sie schlafen kommentiert irgendjemand gerade eines Ihrer Postings, liest Ihre Mail vom Vormittag und antwortet darauf. Kommunikation passiert heute 24/7, 365 Tage im Jahr.

Viel zu viel für einen Menschen. Berechtigt also sind die Fragen: Wozu neue Inhalte? Haben wir nicht schon genug davon? Ja, haben wir. Unser gesamtes Leben reicht nicht aus, um alle Inhalte zu konsumieren. Alleine auf YouTube werden pro Minute 400 Stunden Videomaterial hochgeladen. Auf Facebook werden täglich 300 Mio. Fotos hochgeladen und über 55 Mio. Postings veröffentlicht. Google verarbeitet rund 700 Mio. Suchanfragen pro Minute. Soll ich weitermachen? Es wird geschätzt, dass weltweit jeden Tag zwischen 1500 und 2000 Terabyte an Daten produziert werden. Das sind 1,5 bis 2,0 Mio. Gigabyte. Jeden Tag. Und Sie haben eben erst begonnen, dieses Buch zu lesen.

Mit jedem neuen Tool, das die Content-Produktion vereinfacht, steigen diese Zahlen. Eine enorme Herausforderung nicht nur für uns User, sondern auch für die Hardware. Die notwendigen Serverkapazitäten bringen jetzt schon einige Unternehmen und angesichts des Klimawandels die ganze Welt ins Schwitzen. Nur damit Sie wissen, worüber ich hier schreibe: Der Stromverbrauch aller Rechenzentren weltweit pro Jahr ist höher als der Stromverbrauch von ganz Großbritannien. Es wird geschätzt, dass die Fläche aller weltweit betriebenen Rechenzentren nahezu der gesamten Fläche von Manhattan entspricht. Das sind fast 60 km^2.

Von einem Content-Hype kann man also nicht mehr sprechen. Denn ein Hype klingt irgendwann ab. Wir befinden uns in den ersten Jahrzehnten einer neuen Ära, der Content-Ära. Und es wird ernst. Die Spielphase ist vorbei. Das Internet, digitale Channels und Content sind nicht mehr länger „Gadgets" und „Spielereien", sondern unser Alltag in Wirtschaft, Politik und Freizeit. Diese Ernsthaftigkeit ist aber noch immer nicht allen bewusst, besonders nicht in Europa.

„Der User ist erwachsen geworden und weiß, was er will"
Jemand, der sich täglich mit Innovationen und Trends beschäftigt ist Dr. Mario Herger. Der gebürtige Wiener und Bestseller-Autor von Büchern wie „Das Silicon Valley-Mindset" und „Der letzte Führerscheinneuling" lebt seit vielen Jahren im Silicon Valley, im Zentrum der Innovation. Bei einem Treffen 2018 in Wien machte er mir gegenüber diese Aussage: „Der User ist erwachsen geworden und weiß was er will. Sich zu überlegen, wie Content gestaltet sein soll, ist also falsch. Es geht darum herauszufinden, wo man den User in seinem Alltag antrifft und wie man ihm die Inhalte liefern kann, die er braucht."

Das bedeutet: Content nützt nur, wenn er in der richtigen Form und über das richtige Medium bzw. den richtigen Channel in einem für den User relevanten Kontext eingebettet ist. Content alleine ist zu wenig, wenn er nicht aus User-Sicht erstellt wird. Das ist übrigens gelebtes Design Thinking!

Guter Content gewinnt immer. Doch wie bei einem Auto: Der starke Motor alleine hilft nicht, wenn das Chassis rostet. Guter Content verdurstet in einer digitalen Wüste. Wasser braucht er, um zu gedeihen. Wasser, das in Gestalt der Kommunikationskanäle und technischen Strukturen fließt. Um gute Inhalte erzeugen zu können, muss man verstehen, was sie brauchen, um aufzublühen. Man muss wissen, dass die technischen Voraussetzungen wie u. a. perfekte SEO, fehlerfreier Code, reibungsloses Tracking notwendig sind, um die Erfolge zu erzielen. Und erst dann, wenn die Basis stabil ist, kann man mit brillantem Content die Krone aufsetzen.

Doch bis es zur Krönung kommt, ist es ein steiniger Weg. Neue soziale Medien schießen wie Pfifferlinge aus der Erde. Das Moos dazu liefern die User, die immer besser und schneller unterhalten werden wollen. Die Zeitspanne, die man für den Erstkontakt zur Verfügung hat, wird immer kürzer. Dafür werden fachspezifische Inhalte länger, detaillierter – doch auch professioneller. User geben sich nur noch mit dem Besten zufrieden. Dürfen sie auch, denn sie bekommen Mittelmäßiges an allen Ecken und Enden. Nun wollen sie Perfektes, das sie weiterbringt. Die Zeit des Spielens ist vorbei. Aufwachen! Sie müssen Qualität liefern.

An dieser Stelle ein Tipp, der von Herzen kommt: Professionell sind Sie, wenn Sie wissen, zu welchem Zeitpunkt Sie den Mund aufmachen. Kommunizieren Sie, wenn Sie etwas zu sagen haben! Die wichtigste Lektion vergangener Content-Jahre: „Zuerst denken, dann sprechen!" Eigentlich hätten wir dafür nur auf unsere Omas hören müssen.

Das „Content-Marketing-Paradoxon"

Dass User mittlerweile keine Lust mehr auf langweiliges Gelaber haben, untermauert ein Phänomen, das erstmals 2014 wahrgenommen wurde. Kurz nach den Jahren der Content-Hochblüte: Facebook setzte ab 2008 zum weltweiten Höhenflug an. Smartphones hatten dank Apple ab 2007 Einzug in jede Hosentasche gehalten, Jeff Bezos hatte Amazon endgültig in einen Techkonzern umgewandelt und seit Instagram Anfang 2012 auch für Android-Phones verfügbar wurde, hat sich das Verhalten der User in der Web-Welt sowieso komplett geändert. Diese und viele weitere Entwicklungen beschleunigten den Content-Output enorm. Unternehmen realisierten (endlich auch in Europa), dass soziale Medien und die neuen digitalen Channels mehr waren als Spielereien. Sie waren neue Verkaufs- und Vertriebskanäle. Eine Goldgräberstimmung kam auf – und dann der große Knick. Einerseits nahm die Zahl von Trollen, Bots, Hasspostern und Fake News-Verbreitern rasant zu. Auf der anderen Seite ließen sich Medien und Unternehmen von dieser Stimmung beeinflussen und wählten zunehmend angriffigere Titel und Inhalte, die keiner journalistischen Qualitätsprüfung je standgehalten hätten. Unternehmen verloren sich in Werbefloskeln und es schien lediglich noch die Quantität zu zählen. Egal welcher Channel, Content wurde als notwendiges Übel gesehen, um die Menschen zu unterhalten. Doch für diesen Fehler mussten die Verantwortlichen bald zahlen, in Form von verlorenen Userströmen und im wahrsten Wortsinn für Werbung, um überhaupt noch Reichweite zu erlangen und die Fans und Followers irgendwie auf den Kanälen halten zu können. Denn nicht nur die Algorithmen der Social Media-Giganten wurden nach dem Prinzip „more money, more attention" angepasst (Manche Seitenbetreiber wie der Unternehmer Neil Patel geben über 12.000 Dollar pro Tag (!) für Werbung aus). Die Menschen sind über die Jahre im Umgang mit Content wählerischer geworden. Das ließen sie die Produzenten deutlich spüren.

Anfang 2014 veröffentlichte das renommierte Data-Analytics- und Trendforschungs-Unternehmen Nielsen eine Studie zum TV-Verhalten der US-Amerikaner. Das Resultat: Obwohl die Anzahl der verfügbaren Kanäle von durchschnittlich 130 im Jahr 2008 auf 189 im Jahr 2013 gestiegen war, hatte sich die Zahl der genutzten Kanäle nicht verändert. Sie war mit 17 Kanälen (im Durchschnitt) gleich geblieben, im Vergleich zu 2011 und 2012 sogar ganz leicht gesunken (Nielsen.com 2014).

Unternehmen waren alarmiert. Also wurden von verschiedenen Stellen Untersuchungen durchgeführt. Resultat: Dieses Verhalten war auch bei anderen

Channels und Medien zu beobachten. Das Unternehmen TrackMaven stellte einen markanten Abfall etwa bei Pinterest fest: Während die Anzahl der Pins unaufhaltsam stieg, stagnierten die Interaktionen ab Mitte 2014. Es wurden mehr Pins veröffentlicht, die User jedoch nutzten weniger davon (Trackmaven. com 2016). Analysen ergaben: Bis Ende 2015 (und auch danach noch) sanken die internationalen Interaktions- und Engagement-Raten weiter. Lediglich das Berufsnetzwerk LinkedIn blieb davon weitgehend verschont.

Das Content-Paradoxon besagt: Content ist erwachsen geworden
In einer Zeit, in der 13-Jährige mit Smartphone-Apps High-End-Videos erstellen können, darf man sich keinen Fehler in der Produktion erlauben – und schon gar nicht bei den Inhalten. Wer keine Story hat, soll es bleiben lassen. Bitte unterlassen Sie es, User zu langweilen. Unterlassen Sie Selbstbeweihräucherung ohne Grund und Zweck. Die Not, Content liefern zu müssen, heiligt keinesfalls die Mittel!

Nicht nur Content ist erwachsen geworden, auch sehr viele User sind es – nicht nur rein statistisch, sondern auch was den Anspruch an Inhalte betrifft. Leider verläuft diese Entwicklung aufseiten der Konsumenten und Produzenten nicht linear. Bei Letzteren, einfachheitshalber Unternehmer genannt, hinken zahlreiche dem Status quo hinterher. Sogar im Jahr 2019 gibt es Unternehmen, die keine Onlinepräsenz vorzeigen können. Richtig gelesen: Jetzt gerade, so wie Sie diese Zeilen lesen, sind da draußen immer noch Firmen (aktive, die Scheinfirmen sind ausgenommen), die keine Website haben. Und ich spreche nicht einmal nur von Kleinstbetrieben.

Bevor wir uns dieser Dramatik widmen, eine einfache Frage: Würden Sie eine Autowerkstatt gründen ohne Werkzeug, ohne Hebebühne – ohne Werkhalle? Würden Sie ein Call Center aufziehen, ohne Telefonanschluss?

Ein Unternehmen ohne (gute) digitale Präsenz zu führen, ohne eine an die neuen Gegebenheiten angepasste Kommunikationsstrategie, ohne Experten für digitale Inhalte, das scheint für viele kein Problem zu sein. „Kommunikation und Marketing sind nicht unser Kerngeschäft", hört man oft als Antwort. Oh doch! Zur Zeit der Dampfmaschine mag es gereicht haben, ein paar Kronen (gemeint ist die damalige Währung, Anm. d. Autors) für einen Artikel im lokalen Kurier zu zahlen. Selbst vor 30 Jahren war eine Titelseite im Stadtkurier ausreichend. Diese Zeiten sind Geschichte. Ich kann Ihnen garantieren: Spätestens wenn Digital Natives in Führungspositionen kommen, werden jene, die dann nicht online sind endgültig und unfreiwillig offline gehen.

28 % der deutschen Unternehmen haben keine Website
Bis Anfang 2018 hatten 28 % der deutschen Unternehmen keine eigene Website, laut Statistik-Webdienst Statista. Unter den Kleinbetrieben bis 9 Mitarbeiter können nur 69 % einen Onlineauftritt vorweisen. 89 % der Firmen bis zu 49 Mitarbeiter sind online aktiv. Und man lese und staune: Selbst bei Unternehmen mit

250 Mitarbeitern und mehr haben fünf Prozent nach wie vor keine eigene Website. Bei über 3,4 Mio. Unternehmen ist das knapp eine Million Unternehmen ohne Internetseite.

Ein bisschen besser sind die Zahlen in Österreich: Laut Statistik Austria verfügen 88 % aller Unternehmen über eine eigene Website. Bleiben 12 % die online unsichtbar sind. Bei über 550.000 österreichischer Unternehmen sind das über 66.000 Unternehmen ohne Internetauftritt. So viele Briefkastenfirmen gibt es selbst hierzulande nicht.

Dazu die Internetnutzung im Vergleich: In Deutschland haben 94 % der Haushalte Internetzugang, in Österreich sind es laut Statistik Austria 85 %. 81 % der Deutschen nutzen laut Statista ein Smartphone, in Österreich sind es 94 % laut MMA Austria. Und dabei berufen sich die Zahlen auf Erhebungen, die bereits älter als 12 Monate sind. Das bedeutet: Mittlerweile sind es noch mehr.

Kunden kommen auf Websites, nicht ins Büro!
Laut Studien ist es heute 60 Mal wahrscheinlicher, dass Sie ein Kunde online findet, als dass er in Ihr Geschäft spaziert.

Es ist verblüffend: In unserem privaten Alltag ist es selbstverständlich, jeden Kontakt über unsere Devices und Plattformen herzustellen. Informationen, egal zu welchem Zweck, holen wir uns von Suchmaschinen und Social-Media-Channels. Im Berufsleben geht nichts mehr ohne Mails, Chats, Projektcharts und Tools. Obwohl jeder Aspekt unseres Lebens digitalisiert wird, ist das Unverständnis gegenüber moderner Kommunikation gerade in Europa enorm. Während die meisten Firmenchefs noch immer über die Sinnhaftigkeit von Websites debattieren, steht schon die nächste Revolution in den Startlöchern.

Unternehmenswebsites stehen vor dem Aus?
Liveperson-Gründer Rob LoCascio behauptet genau das. Doch Vorsicht, liebe Online-Muffel, das ist jetzt kein Freibrief, um der IT-Abteilung den Stecker zu ziehen. Denn nicht die Website an sich ist tot, sondern das bisherige Konzept. Geht es nach Rob LoCascio, werden Websites an Relevanz verlieren, weil sie für aktuelle Ansprüche viel zu statisch und zu behäbig sind. Weil alle ein möglichst gutes Google-Ranking haben wollen, würden die Designs an Googles Vorgaben angepasst werden. Somit sehen alle Seiten gleich aus. Langweiliger E-Commerce bedeutet: Ade, Shoppingerlebnis.

Während sich der stationäre Handel leichter tut, die Aufmerksamkeit von Kunden zu erhaschen, nämlich mit auffälligen Showrooms und durchdachten Shopkonzepten, wird das online immer schwieriger. Das Endergebnis: Frustration bei den Usern.

Das ist auch LoCascios Hauptargument: Die Nutzer finden sich auf den meisten Seiten nicht zurecht, haben unzählige offene Fragen, die sie dann via Hotline oder anderen Channels beantwortet wissen wollen. Das wiederum führt zu einem erhöhten Service-Bedarf und hemmt das Unternehmen in anderen Bereichen.

Die Prognose: Das erste große Unternehmen werde schon bald seine Onlinepforten schließen. Die Produktpräsentation werde sich zunehmend auf Social-Media-Channels verlagern. Was wichtiger werden würde, sei die Kontaktaufnahme und die folgenden Inhalte. Die läuft in LoCascios Vorstellung nur mehr über Chatbots, denen eine weiterentwickelte Künstliche Intelligenz (folgend: KI) zugrunde liegt. Denn die direkte Konversation mit dem User sei die Zukunft: „When the first website ends, the dominoes will fall fast. This will have a positive impact on most companies in transforming how they conduct e-commerce and provide customer care." (LoCascio 2018).

Wer künftig online überleben will, muss sich also ausschließlich auf die Bedürfnisse von Kunden und User konzentrieren. Für sie werden Produkte erzeugt und Dienstleistungen angeboten. Sie müssen es sein, für die man sich technologisch weiterentwickelt, Inhalte mit Mehrwert schafft und eine Customer Journey, die nicht bereits nach dem Laden der Website endet. Also: Widmen Sie sich neuen Methoden.

Mein Tipp: Beschäftigen Sie sich mit Design Thinking. Ein Lösungsansatz, der von den Informatikern Terry Winograd, Larry Leifer und David Kelley entwickelt worden ist. Der Sinn: Lösungen aus Anwendersicht entwickeln. Lassen Sie sich von „Design" als Begriff nicht irritieren. Es geht nicht alleine um Grafik. Design Thinking meint den gesamten Prozess, durch den man Produkt-Lösungen verbessern kann. Ich selbst setze Design Thinking gerne ein, besonders für das Customer Journey Mapping.

Beispiel: Wie kann ich meinen Shop so einfach wie möglich halten? Indem man sich in die Lage des Users versetzt und die Reise von der Eingabe der URL bis zur Bezahlung Schritt für Schritt durchmacht. Was will der User? Wie navigiert er, wie sucht er? Design Thinking kann auch bei der Content-Erstellung helfen: Was erwarten meine User von meinem Blog? Was wollen meine Follower auf Instagram sehen? Auf was springen meine User mehr an: ein Erklärvideo oder ein Podcast oder ein Text?

Unternehmen wie die Deutsche Bank, Swisscom, Siemens, Airbnb und viele andere schwören darauf. Design Thinking wird bereits in Harvard und Stanford gelehrt.

1.2   Entwicklung des Contents: Wie Content zum Hype wurde

„Content is King!" Es ist weltberühmt, das Zitat, das Bill Gates im Jahr 1996 vom Stapel gelassen hat. Der Visionär Gates hatte damals schon die Vorahnung: „Content is where I expect much of the real money will be made on the Internet, just as it was in broadcasting." Der 1990er-Jahre Bill wusste, dass jene, die auf lange Zeit im Content-Business erfolgreich sein werden, die sind, die auf Information und Entertainment setzen. Er wusste vor 23 Jahren ebenso, dass der Weg zum Onlineerfolg in Interaktivität und Echtzeit-Information liegt. Er forderte schon damals Abwechslung durch Audioinhalte und selbst Videos nannte er bereits:

„If people are to be expected to put up with turning on a computer to read a screen, they must be rewarded with deep and extremely up-to-date information that they can explore at will. They need to have audio, and possibly video. They need an opportunity for personal involvement that goes far beyond that offered through the letters-to-the-editor pages of print magazines. " – schrieb er damals auf der Microsoft Website, von der er vor einigen Jahren aber verschwunden ist. Den gesamten Text finden Sie ganz schnell mit folgender Suchanfrage: „content is king bill gates".

Knapp ein Vierteljahrhundert später: Wir haben nahezu unbeschränkten und schnellen Internetzugang – zumindest hier im Westen. Wir können in Sekundenschnelle Videos aufnehmen, schneiden, hochladen und unsere Ergebnisse Milliarden von Menschen zeigen. Dasselbe gilt für Audioinhalte, Texte, Bilder, Livestreams, Virtual Reality, Augmented Reality etc. Wer Kreativität mitbringt, kann der Welt spannende Geschichten in atemberaubenden Formaten erzählen und so wertvolle Infos liefern.

Die digitale Welt dreht sich immer schneller. Konnte Coca-Cola 1993 mit der ersten Computeranimation noch für Staunen sorgen (es waren die Cola-trinkenden Polarbären im Weihnachtsspot), werden Menschen heute fast täglich von neuen Techniken und Technologien beeinflusst. Professionalität in der Darstellung ist die Norm geworden. Viele meinen, das liege daran, dass es einfach zu viel Content auf dieser Welt gäbe. Aber wie war das früher eigentlich? Wie wurden die Menschen damals „bespaßt"? Machen wir einen kurzen Ausflug in die Content-Geschichte und Sie werden sehen: So viel hat sich gar nicht verändert. Lediglich die Kanäle sind mehr geworden und die Geschwindigkeit ist heute höher.

Beispiele aus der Content-Geschichte

Die Entwicklung von Content hängt eng zusammen mit dem Großwerden der Werbewirtschaft, besonders der Werbewirtschaft in den USA. Dort wurde Content für Marketingzwecke das erste Mal im späten 19. Jahrhundert eingesetzt. Dank neuer Technologien konnte Informationsmaterial für Kunden einfacher und schneller aufbereitet werden. Es war die Geburtsstunde des Corporate Publishing und das erste Mal, dass Content in Verbindung mit Informationsmaterial verwendet worden ist. Unternehmen produzierten plötzlich Medien.

Das erste Unternehmen, das ein eigenes Kundenmagazin auf den Markt brachte, war John Deere. Der Farming-Konzern veröffentlichte 1885 die erste Ausgabe „The Furrow". Darin wurde das eigene Unternehmen beworben und Produkte wurden vorgestellt. Erstmals konnten sich Kunden außerhalb der Läden informieren. Ein enormer Erfolg: 1912 hatte das Magazin vier Millionen Leser. Beeindruckend. Vor allem weil es sich als Medium seit damals gehalten hat. Heute hat es ca. 1,5 Mio. Leser in 40 Ländern, übersetzt in zwölf Sprachen.

1900 zog dann ein französischer Reifenhersteller nach. Mit einem Produkt, das heute weltweit bekannt ist als „Michelin Guide". Ein 400 Seiten dicker Wälzer, der Fahrern Informationen über Werkstätten, Routen und Hotels aufbereitete. Obwohl damals in ganz Frankreich nur 2200 Autos unterwegs waren, brachten André und Edouard Michelin gleich 35.000 Stück davon auf den Markt. Sie glaubten an die Zukunft des Automobils und sollten Recht behalten.

In den Jahrzehnten danach schossen Unternehmensmagazine aus dem Boden. Immer mehr Unternehmer orientierten sich an den Wünschen ihrer Kunden und lieferten ihnen gut aufbereitete Informationshäppchen.

Jell-O: Content Best Practice aus 1902

Wie hoch die Relevanz von Content ist, zeigte das Pudding- und Süßwaren-Unternehmen Jell-O 1902. Francis Woodwars hatte das bis zu dem Zeitpunkt unbekannte Unternehmen gekauft und eine Idee: Er fügte den Satz „America's most famous dessert" zum Produktnamen hinzu, ließ im Ladies' Home Journal werben, das damals eines der erfolgreichsten Magazine für Haushaltswaren war, und setzte auf etwas, das man heute Interaktivität nennen kann. Er ließ Rezepthefte drucken für Speisen, die mit Jell-O zubereitet werden konnten. Einwanderer, die in den USA ankamen, erhielten beim ersten Schritt auf US-Boden eigene Ellis Island Förmchen mit Jell-O (Wikipedia 2019a). Als die Reichweite von Radiosendern größer wurde, stieg Jell-O als Sponsor für Radiosendungen ein und gewann durch die Unterstützung von relevanten Sendungsinhalten Aufmerksamkeit für die Marke.

Ab den 1920ern dominierte dann das Radio. Die Menschen waren begeistert von der Möglichkeit Musik und Informationen zu Hause hören zu können oder wo immer sie gerade waren (wobei der Bewegungsspielraum durch die Größe der ersten Radiogeräte meist auf die eigenen vier Wände beschränkt war). Wieder war es ein Landwirtschaftsunternehmen, das den neuen Kanal für sich nutzen konnte. Sears-Roebuck kaufte sich Sendezeit und versorgte Farmer mit wertvollen Informationen während der großen Deflation. Später gründete das Unternehmen einen eigenen Sender, um die Beziehung zu ihren Kunden weiter stärken zu können. On Air ging der Sender WLS (World's largest Store) Radio im Jahr 1924. Bespielt wurde er von der Sears-Roebuck Agricultural Foundation. WLS war ein Vorreiter in Sachen Content-Vermarktung. Man stellte eigene Radios her. Andere Unternehmen zogen rasch nach. Die Firma Procter & Gamble sponserte Radio Soaps, in denen es um Reinigungsmittel ging. Campbell's Soup, der Suppenhersteller mit den Andy-Warhol-Kreationen, sponserte die Show von Orson Welles unter dem Namen ‚The Campbell Playhouse' (Wikipedia 2019a).

Das Öl-Unternehmen „Texaco" ging noch einen Schritt weiter und startete eine Comedy-Show. Mit „Texaco Star Theatre" war es in den 1930ern im Radio erfolgreich. Als die ersten TV-Stationen öffneten, machte man mit Bewegtbild weiter. Mit noch größerem Erfolg. Als die erste Sendung am 8. Juni 1948 ausgestrahlt wurde sicherte sich Texaco einen besonderes Werbeplatz: Ein Quartett von Texaco-Sängern eröffnete jede Woche die Show mit einem Corporate Song. Wesentlich sind die letzten Zeilen des Themesongs: *„Remember every Tuesday on television, the Texaco Star Theatre. Every Saturday on radio, the Metropolitan Opera, presented by your Texaco dealer. The best friend your car has ever had!"* (Wikipedia 2018). Das Zeitalter der klassischen Fernsehwerbung war angebrochen.

Die „Zu-viel-Werbung-Krise" in den 1970ern

Fortan ging es bis in die 1970er nur noch um knallharte Werbung. Das Spiel mit kreativen Inhalten rückte in den Hintergrund. Anregende Inhalte waren nicht mehr notwendig, der Fernseher als flimmernde Litfaßsäule musste reichen. Den Untergang des individuellen Contents leitete der Ölkonzern Exxon (damals bekannt als Esso) ein. Die Firma setzte als erstes Unternehmen auf eine One-Message-Kampagne, die gleichzeitig eine Multi-Channel-Kampagne war. Das hieß: Man bespielte Radio, TV, Magazine, Zeitung mit nur einer Botschaft, mit dem Kampagnen-Slogan „Put a tiger in your tank". So schaffte es „Esso" 1964 auf das Cover des „Time Magazine".

So überwältigend der Erfolg in der Öffentlichkeit war – für die Kommunikation von Unternehmen war es ein Rückschritt. Es festigte sich der Glaube, man dürfe stets nur mit einer Botschaft an die Öffentlichkeit gehen, um den größtmöglichen Erfolg zu erzielen. Dieser Leitgedanke blieb in den Köpfen der Marketing- und Unternehmenschefs. Bis heute wird dieser Unsinn selbst an Universitäten gepredigt und manche Manager sind immer noch der Meinung, ein Unternehmen dürfe stets nur eine Botschaft aussenden. In meinen Augen eine völlig falsche Annahme. Warum? Heute müssen die Botschaften an die einzelnen Channels angepasst werden. Spätestens in den 1990ern war sowieso Schluss damit. Als Tim Berners-Lee Ende der 1980er das World Wide Web erfand. Genau am 12. März 1989 präsentierte Berners-Lee im CERN (sein Arbeitgeber) das Netzwerk auf dem Prinzip des Hypertextes. Es ermöglichte den weltweiten Austausch von Daten zwischen Forschern. Das Internet war geboren und damit die größte Revolution der Menschheitsgeschichte eingeleitet. Heute glauben viele, das Internet wäre von einem auf den anderen Tag gekommen. In Wirklichkeit liegt Forschungsarbeit von Jahrzehnten dem Erfolg des WWWs zugrunde.

Wissen Sie, wie lange wir bereits digital kommunizieren? Seit 1968! Damals kommunizierte man über das sogenannte Arpanet, den Vorläufer des Internets. Zwar nur für Forschungszwecke der US-Luftwaffe und vorerst konnten das nur ausschließlich an dem Projekt Beteiligte – aber es war die erste Form von elektronischer, digitaler Kommunikation der Welt. Immerhin entwickelte sich daraus das Bulletin Board System (BBS), das erste Onlineforum, das 1978 von Ward Christensen und Randy Suess erfunden wurde. Das Arpanet war bis 28. Februar 1990 online, allerdings bis zum Schluss nur einer elitären Gruppe vorbehalten (vgl. Bartlett 2015, S. 37–39).

Das „Netz" vereinfachte nicht nur die Informationsweitergabe zwischen Wissenschaftlern. Mailboxen und das BBS (Bulletin board system, oder frei übersetzt elektronisches schwarzes Brett) wurden in den 1980ern und frühen 1990er Jahren zentraler Zugang für nicht-akademische Internetnutzung. Es wurden Dienste wie private Mails und öffentliche Nachrichtengruppen verwendet, um auch ganz andere Daten und Informationen auszutauschen. Content war zunächst in Textform vorhanden. Nach und nach kamen Bilder, dann animierte Bilder (GIFs), später kurze Videos dazu. 1994 rief der Swarthmore College-Student Justin Hall die Seite Links.net ins Leben. Er nannte sie Weblog, eine Wortkreation aus „World Wide Web" und „log in". Der Begriff Blog wurde übrigens erst 1999 erstmals offiziell verwendet.

Vor über zwanzig Jahren waren Blogs Spielwiesen, das World Wide Web digitales Niemandsland, quasi der Wilde Westen. Die breite Masse lernte gerade erst, dass das Rauschen und Zischen aus dem 56k-Modem nichts Lebensbedrohliches war. Jeder, der einen Zugang hatte, konnte sich seine eigene digitale Welt kreieren. Hat der Text nicht gepasst, war das Bild schrecklich und das Video Müll, so hat das niemanden gestört. Es war alles ein großes Spiel, die Tauschplattformen wie Napster schafften den Grundstein für File-Sharing. Damals illegal. Später haben sich daraus Geschäftsmodelle wie Netflix, Spotify und Co. entwickelt. Damals war knallroter Text auf knallgrünem Hintergrund ein harmloses Vergehen (um die grafisch Begabten unter den Lesern nicht zu verprellen: das ist nur ein plakatives Beispiel!). Das änderte sich rasch. Bereits Anfang der 2000er Jahre entstanden Social-Media-Plattformen. MySpace, Facebook, LinkedIn gingen 2003 online. 2005 folgte YouTube. Danach ging alles Schlag auf Schlag. Alleine in den vergangenen zehn Jahren haben sich die Entwicklungen selbst mehrfach überholt. Glasfaseranbindungen und flächendeckendes LTE ermöglichen einen nahezu unlimitierten Austausch von Daten, ermöglichen die Darstellung hochkomplexer Grafiken, Livestreams und vieles mehr.

Heute ist diese Spielwelt unsere Realität und unser Alltag. Wir leben mit und in ihr, in vielen Bereichen ausschließlich von ihr. Mittlerweile hochprofitable Unternehmen wie Facebook, Google, YouTube, Spotify, Netflix und Co. würden in einer Offlinewelt nicht existieren. Folglich ist es bei der Content-Aufbereitung selten ratsam, sich an Traditionen von Unternehmen aus alten Branchen zu orientieren. Uns muss klar werden: Das hier ist unsere neue Welt.

Noch immer werde ich mit der Frage konfrontiert: Warum habe ich so wenige Follower bzw. User? Warum sieht sich niemand meine Videos an, liest niemand meine Texte, hört niemand meine Podcast-Ergüsse? Ganz einfach: Weil sie niemanden interessieren, vermutlich in keiner Weise eine besondere Relevanz gegenüber anderen Inhalten aufweisen und weil niemand weiß, dass es Ihre Inhalte gibt und sie etwas Besonderes sind. Deshalb gehen Sie wie folgt vor: Zuerst lernen Sie die Grundzüge der Kommunikation, danach lernen Sie Ihre Botschaften zu verkaufen und erst dann, und nur dann, beginnen Sie damit, Content zu erstellen. Und jetzt widmen wir uns der rosigen Zukunft Ihres Contents.

1.3   Content-Formate im Überblick

Sie wissen nun, dass mit Content Inhalte bezeichnet werden, mit denen wir Informationen transportieren und mit denen wir kommunizieren. Sie wissen, dass die Relevanz von Content für die Werbung bereits vor über 100 Jahren erkannt worden ist. Sie wissen, dass die Zeit des Spielens vorbei ist und man mit lustigen Bildern alleine keinen User mehr zum Klicken bringt. Jetzt muss geliefert werden. Bloß: Was eigentlich? Welche Formate stehen uns zur Verfügung, um unsere Kunden und User zu beeindrucken, zu informieren und zu unterhalten? Ich habe Ihnen die Beantwortung einfach gemacht und folgend eine Liste mit den wichtigsten Content-Formaten unserer Zeit erstellt. Hinweis: Obwohl ich behaupte, dass diese Liste die Palette an relevanten Content-Formaten abdeckt, erhebe ich keinen Anspruch auf Vollständigkeit. Das wäre in unserer schnelllebigen Zeit auch nicht möglich.

1.3.1   Textformate

Advertorial
Werbung, die in der Aufmachung eines redaktionellen Beitrags daherkommt. Ein Lehnwort aus dem Englischen, das aus „Advertisement" und „Editorial" zusammengesetzt wird. In Printmedien war es ein sehr gängiges Format, um den Anschein einer seriösen Berichterstattung zu erwecken und in Wirklichkeit Werbung dahinter zu verstecken. Advertorials haben allerdings einen schlechteren Ruf, als sie verdienen. Gut eingesetzt können sie einiges bewirken. Zwar sind Printmedien heutzutage nicht mehr relevant, aber Advertorials leben weiter. Etwa im Radio, TV oder vor allem auf Blogs. Dort besonders in Zusammenhang mit Affiliate-Links. Das sind Links, für die der Blogbetreiber Provisionen kassiert, wenn der User entweder darauf klickt oder auf der Zielseite eine gewisse Aktion ausführt (etwa auf Amazon ein verlinktes Produkt bestellt). Es ist schwierig geworden, Advertorials von normalen und neutralen Inhalten zu unterscheiden, aber hier sind sowohl Auftraggeber als auch Blog- und Medienbetreiber gefragt. Man sollte User nie für dumm verkaufen: Deswegen rate ich bei Advertorials zur Vorsicht, zumal sie im Print-Kontext einen hohen Streuverlust aufweisen und Printmedien an sich keine besonders hohe Relevanz mehr haben. Online sind Advertorials eine Gratwanderung, die man sich genau überlegen sollte. Besser ist es, kreative Content-Kooperationen anzudenken, und die Inhalte transparent als Kooperationsinhalte zu kennzeichnen.

Blogbeiträge und Artikel/Gastartikel
Unterschätzen Sie niemals die Macht klassischer Textformate. Wichtig sind die Infos, die sie transportieren und die journalistische Sorgfalt. Veröffentlichen Sie keine Werbesprech-Textwüsten. Die User kennen den Unterschied zwischen Werbung und Artikel und werden Sie bei Vergehen mit Ignoranz strafen. Nutzen Sie Artikelformate, um das Umfeld Ihres Unternehmens zu beleuchten, Einblicke in Ihren Alltag zu geben oder um Experten zu interviewen und andere Meinungen zu Ihrem Thema zu veröffentlichen. Jedenfalls nutzen Sie die Möglichkeiten und informieren Sie Ihre User mit relevanten und ehrlichen Informationen.

Broschüre(n)
Dünne Kataloge mit einem speziellen Sortimentsangebot. Werden vom Handel immer noch sehr gerne per Postwurf versendet und erzielen ihre Wirkung. Manche Apps haben ihr Geschäftsmodell darum entwickelt und bieten online Versionen der Verkaufsbroschüren an. Sofern Sie nicht Lebensmittel, Werkzeuge, Möbel oder technische Produkte produzieren und vertreiben sind Broschüren ein eher mäßig interessantes Format. Zumal der Streuverlust hoch ist.

E-Books und Whitepaper
Whitepaper und E-Books sind aufwendig in der Herstellung, haben aber hohen Nutzen für User und können entweder verkauft oder gegen Kontaktdaten zum Download angeboten werden. Beispiel: Ich habe ein Handbuch geschrieben, dass PR-Neulingen eine Anleitung für ihre Öffentlichkeitsarbeit gibt. Es kann online gekauft werden, meistens überlasse ich es Follower, Interessenten und Kunden als Giveaway. Ein anderes Beispiel: ein Whitepaper eines Optikers, in dem neue Schleiftechniken, Gläserformate oder Sehhilfen miteinander verglichen und beschrieben werden. Verpackt in spannende Storys von Kunden, Brillen- und Linsenträgern inklusive Interviews und Werkstattrundgängen. Ergänzt mit Augmented Reality-Inhalten, wie einem Video vom Werkstattbesuch.

Interviews
Interviews sind ein gutes Format, um Ihr Tun von Experten untermauern zu lassen und um Ihre User nachhaltig zu informieren. Wichtig dabei ist, dass Sie auch entsprechend interessante Kontakte auswählen. Machen Sie diesen einen Gefallen und veröffentlichen Sie deren Interviews auf Ihrer Plattform. Geben Sie digitalen Raum für deren Wissen her. Sie können dafür mit Ihren Mitarbeitern, Kollegen oder Lieferanten und Kooperationspartnern arbeiten. Oder Sie interviewen außenstehende Personen. Ein Beispiel dafür wären Interviews über die Technik eines neuen Produktes mit dem verantwortlichen Produktentwickler oder aber ein Interview mit einem Universitätsprofessor zu diesem Bereich. Immer spannend sind Lebensgeschichten. Interviewen Sie eine berühmte Persönlichkeit und lassen Sie diese über ihren Erfolg sprechen.

Katalog
Im Vergleich zu Broschüren sind Kataloge meist aufwendiger und umfangreicher. Doch auch hier handelt es sich um ein sehr eingeschränkt nutzbares Format. Denken Sie an den IKEA-Katalog und überlegen Sie, ob ein solcher für Ihre Zwecke sinnvoll wäre? Zumal die Produktion hohe Kosten verursacht. Bei einer Printversion kommen auch noch Versandkosten hinzu. Eine Alternative wären mehrere

Foto- und Videostrecken über Social-Media-Kanäle oder auf Ihrer Website bzw. auf Websites von Partnern und/oder Medien.

Kommentare

Kommentare sind Meinungen und als Content-Format dafür geeignet, die eigene Sichtweise wiederzugeben – ohne sie untermauern zu müssen. Beachten Sie dabei aber, dass eine Meinung nie so stark ist wie ein neutraler Artikel. Zudem ist es ratsam, nicht zu jedem Thema Ihre Meinung abzugeben. Lassen Sie sich im Zweifelsfall von einem Profi beraten. Online publizierte Beiträge verschwinden nie mehr. Geben Sie also nur Meinungen zu Bereichen ab, in denen Sie sich auskennen. Sagen Sie stets nur Dinge, die Sie auch in einigen Jahren noch verteidigen können. Beispiele für harmlose Varianten: Ein PR-Berater kann eine erfolgreiche Kommunikationskampagne aus seiner Expertensicht analysieren (dabei immer positiv bleiben!).

Listen

Informationen in Listenform merkt man sich schneller und sie erfahren eine höhere Aufmerksamkeit. Beispiele sind

- Produkttests (Winterreifen im Test oder Kopfhörer im Test etc.)
- Bulletpoint-Listen, um Inhalte kompakter darzustellen (etwa bei Zusammenfassungen oder Anweisungen sinnvoll).
- Übertreiben Sie es aber nicht: Listen sollten kurz sein. Lagern Sie weitere Infos besser in eigenständige Artikel aus und verlinken Sie aus der Liste heraus. Das hilft auch beim Linkbuilding.

Newsletter

Sie sind nicht tot zu bekommen und erfreuen sich großer Beliebtheit: Newsletter sind Mails, die über die Neuigkeiten aus Unternehmen oder Marken informieren. Sie reißen Themen meist nur an, geben den Empfängern einen Überblick und verlinken weiter auf die entsprechenden Produktseiten bzw. Landingpages. Übertreiben Sie es aber nicht: Landen zu viele Newsletter von Ihrem Unternehmen im Postfach Ihrer Kunden, werden Sie diese bald mit Ignoranz oder einer Abmeldung von Ihrer Newsletter-Liste strafen. Informieren Sie wirklich nur, wenn Sie etwas zu sagen haben. Etwas lockerer können Sie das sehen, wenn Sie Produkte wie Kosmetik, Mode, Essen etc. anbieten. Natürlich eignen sich Newsletter hervorragend für Ihre Rabattaktionen und Hinweise auf neue Produkte sowie Ausverkäufe oder spezielle Angebote. Nur bitte eifern Sie nicht den schwarzen Schafen der Branche(n) nach und beglücken Sie Ihre Empfänger nicht mehrmals pro Tag mit Newslettern. So viele besondere Angebote kann es gar nicht geben. Dreimal pro Woche ist schon ein Wert, der in meinen Augen nicht überschritten werden sollte.

Pressetexte/Presseaussendung(en)
Presseinformationen sind, wie der Name bereits sagt, ausschließlich für Medien bestimmt und zielen auf die Verbreitung der ausgesendeten Inhalte durch TV, Radio, Zeitungen etc. ab. Heutzutage verlieren Infos, die alleine für Medien zugänglich sind (wie Presseaussendungen) zunehmend an Bedeutung. Sinnvoller ist es, von vornherein einen allgemeinen Artikel zu verfassen und über eigene Channels zu verbreiten. Schreiben Sie dabei für Ihre Zielgruppe und vermeiden Sie tradierte Formate, die ursprünglich nur für Journalisten lesbar waren. Ihre Kunden sind heutzutage die wichtigsten Journalisten! Denn Sie haben online Zugang zu allen Vergleichswerten und hinken tradierten Medien in keiner Weise mehr hinterher. Halten Sie sich nicht mit langen Pressetexten auf, sondern machen Sie mit kurzen Teasern aufmerksam. Journalisten sowie Blogger und Influencer reagieren auf kurze aber wertvolle Inhalte. Das können zwei der drei Zeilen via Social Media, Mail oder selten auch noch per Telefon sein. Sofern Interesse besteht, kann man Detailinfos nachreichen. Influencer, Blogger und Redakteure haben täglich eine Flut von ähnlichen Anfragen zu bearbeiten. Wer schnell und deutlich auf den Punkt kommt, hat bessere Chancen wahrgenommen zu werden (bezahlte Kooperationsanfragen ausgenommen).

Social-Media-Statusmeldungen
Postings auf Facebook oder Instagram. Textpostings gibt es isoliert kaum noch, da die Algorithmen der Plattformen Inhalte bevorzugen, die User animieren. Dazu zählen Bilder, Videos und Texte in Kombination mit beiden bzw. auch Live-Streams.

Studien
Eine eigene Studie anzufertigen bzw. erstellen zu lassen ist aufwendig und sehr teuer. Allerdings auch enorm aussagekräftig und erzeugt eine sehr hohe Aufmerksamkeit. Studien lassen sich gut vermarkten und perfekt an die Zielgruppen anpassen.

Tutorials/Anleitungen und Ratgeber
Erklären Sie Ihre Produkte und alles, was damit in Verbindung steht. Das müssen nicht nur Themen sein, die ausschließlich Ihren Bereich betreffen. Lassen Sie Lieferantenmeinungen einfließen und bleiben Sie nah am echten Leben. Kümmern Sie sich um eine solide Anleitung, die der Kunde im Alltag benötigt und einsetzen kann. Beispiele sind Artikel wie „Die fünf wichtigsten SEO-Regeln" oder „Die 10 Basics für eine gesunde Ernährung". Sie stellen Hundefutter her? Klären Sie Ihre Kunden über die Verdauung von Hunden auf, was sie vertragen

und was nicht, was man falsch machen kann usw. Informieren Sie Externe mit Infos, die Ihnen als Brancheninsider als normal vorkommen. Ihre User und Kunden werden es Ihnen danken.

Werbebrief/Offline Mailing
Briefe mit der guten alten Post verschicken? Bevor Sie mich jetzt für verrückt erklären, lassen Sie mich erklären. In Zeiten der digitalen Kommunikation sind unsere Briefkästen meist leer oder mit Abholscheinen von Bestellungen vollgestopft. Wir schauen dennoch jeden Tag nach, ob wir welche erhalten haben. Hier zeigt sich das Potenzial. Mit einem persönlichen Brief haben Sie sofort die ungeteilte Aufmerksamkeit der Person. Natürlich muss der Brief gut aufbereitet und geschrieben sein und sollte sofort eine digitale Interaktion auslösen, mit einem QR-Code, Augmented-Reality-Elementen oder einfach einzugebenen Links. Old school – aber wirkungsvoll.

Werbeclaims/Slogan
Verwenden Sie Slogans mit Bedacht. Nicht jede Werbung, nicht jeder Clip, nicht jeder Teaser muss gleich ein Slogan werden. Denn oft enden diese Versuche in peinlichen Wortspielereien, die User eher belustigen oder abschrecken, als auf Ihre Angebote aufmerksam zu machen. Prägnante Slogans aus der Markenwelt sind z. B. „McDonald's – I'm loving it" oder „Apple – Think different" oder auch „Baden Württemberg – Wir können alles. Außer Hochdeutsch." Bedenken Sie auch: Heutzutage kann ruhig für jede Zielgruppe des jeweiligen Channels ein eigener Slogan entwickelt werden.

Wörterbücher bzw. Glossare
Sie können wichtige Begriffe aus Ihrer Branche in einem Glossar erklären und somit Ihr Know-how gegenüber der Konkurrenz demonstrieren. Sie werden zur ersten Anlaufstelle für Fachbegriffe. Ein Glossar muss nicht Tausende Begriffe umfassen. Oft genügen bereits die wichtigsten 100, manchmal sogar 50. So lange Sie dazu umfassende Erklärungen und Zusatzinfos liefern. Machen Sie nicht den Fehler und listen Sie die Begriffe mit nichtssagenden Beschreibungen auf.

1.3.2 Bild- und Grafikformate

Bild(er) und Fotocollagen
Es gilt dasselbe wie bei Infografiken. Ein Bild sagt bekanntlich mehr als Tausend Worte. Mehr Erklärung braucht es nicht. Fotocollagen eignen sich für Social-Media-Inhalte. Beispiele: Vorher/Nacher-Situationen oder Kurzgeschichten in Bildform durch mehrere aneinandergereihte Fotos.

Digital Signage bzw. Digitale Beschilderung
Sie kennen die mit Werbespots bespielten Bildschirme in den Arztpraxen, in Tankstellen oder in Bussen, U-Bahnen etc. Dieses Konzept nennt man Digital Signage. Was früher Litfaßsäulen oder Plakate waren, sind heute (interaktive) Screens. Beispiel Fitnessstudios: Viele Gyms nutzen Screens als interaktive Anleitungen für Geräte und um Trainingstipps zu geben. Berühmtestes Beispiel von Digital Signage: Werbung auf dem Bildschirm des Geldautomatens.

Meme
Ein Meme ist ein Bild oder GIF, das eine berühmte Szene (aus Wirtschaft, Medien, Film oder Politik) zeigt und mit einem lustigen Kurztext (Spruch, Zitat) versieht. Es handelt sich meistens um Satire bzw. Insiderwitze. Memes können auf einen Blick sehr viele Infos aussenden und eignen sich in manchen Situationen besser als Videos. Für den richtigen Einsatz von Memes benötigt man viel Gespür, sonst kann es schnell unlustig oder gar peinlich werden.

GIF(s)
Graphic Interchange Format bedeutet GIF: Dieses Format erlaubt eine verlustfreie Kompression von Bildern. Sie werden bei dem Begriff GIF an bewegte Bilder aus der Urzeit des Internets denken. Heutzutage sind sie wieder sehr beliebt und als MEMEs zu finden. Warum sich GIFs bewegen: Das Format erlaubt die Speicherung von mehreren Bildern, die übereinander abgespeichert werden können. Die Wiedergabe der Bilder erfolgt etwas zeitverzögert, weshalb Animationen möglich werden. GIFs werden häufig für Memes verwendet, aber sind auch noch für Werbebanner und kurze Animationen im Einsatz.

Infografik(en)
Show, don't tell! Ein bekannter Kinderclown namens Enrico pflegte in den 1990ern im ORF (Österreichischer öffentlicher Rundfunk) zu sagen: „Ich sage nichts, ich singe viel viel lieber." Für Sie gilt: „Ich sage nichts, ich zeige viel viel lieber!" Gute Infografiken sind nicht bloß Diagramme oder schön dargestellte Zahlenreihen, sondern grafisch dargestellte Storys. Weiterer Vorteil: Infografiken lassen sich von Kunden und Usern einfach verschicken. Ihre Marke sowie Ihr Wissen gelangen in Umlauf und erreichen noch mehr Menschen. Sie schlagen zwei Fliegen mit einer Klappe.

Skizzen, Illustrationen und Cartoons
Für manche Situationen lassen sich keine Fotos finden, anfertigen oder wenn, dann nur mit größtem finanziellen Aufwand. Hierfür eignen sich Skizzen oder Cartoons. Um Szenen darzustellen und Infos zu verbreiten, wie mit Karikaturen. Sehr oft in Verbindung mit Infografiken.

Social-Media-Postings
Hier gilt dasselbe wie unter der Rubrik der Texte. Damit sind Postings auf Instagram, Pinterest, Facebook, LinkedIn, Twitter, Snapchat etc. gemeint.

1.3.3 Video- und Bewegtbildformate

Videos funktionieren immer und überall, in allen Varianten, kurz oder lang, als Erklärvideo, Kurzfilm oder Dokumentation, als klassischer Nachrichtenbeitrag oder in Ego- oder Selfie-Perspektive. Ob Werbespot oder ein Beitrag für Ihren Instagram- oder Snapchat-Channel, mit einem Video können Sie Informationen besser transportieren und Emotionen wecken. Laut einer aktuellen FOMA-Trend-studie gehen 62 % der Experten nicht mehr davon aus, dass es 2022 einen Unterschied zwischen stationärem TV oder mobilem TV geben wird – die User werden Videos dort konsumieren, wo sie sie abspielen können. Zudem gehen 85 % der befragten Experten davon aus, dass Videos auch 2022 immer noch die bedeutendste Werbeform sein werden (Foma Trendmonitor 2017).

Weil sie im Zusammenhang mit Videos immer wieder erwähnt wird, soll sie auch hier nochmal thematisiert werden: die angeblich sinkende Aufmerksamkeits-spanne. Manche Quellen berichten bereits von einer unfassbar niedrigen Spanne von acht Sekunden. Dr. Gemma Briggs von der Open University glaubt nich an diese Studien. Wie sie gegenüber dem Sender BBC erklärte, hängt die Summe an investierter Aufmerksamkeit davon ab, wie viel Aufmerksamkeit die Situation erfordert (Maybin 2017). Fesselt Sie ein Film, ein Video, ein Text oder etwas anderes, schenken Sie dieser Situation Ihre volle Aufmerksamkeit. Wenn nicht, werden Sie abdriften. Dieses Abdriften als generelles Sinken der Aufmerksamkeit zu erklären, halte auch ich für falsch. Immerhin schenken wir der Kommunika-tion so viel Aufmerksamkeit wie nie zuvor. Wir picken uns nur intuitiv jene Dinge heraus, die vermeintlich einen Informationswert für uns haben. Das heißt nicht, dass alles, was für uns nicht interessant erscheint, ignoriert wird. Haben Sie den Begriff „Below-the-line-Kommunikation" schon einmal gehört? Dabei handelt es sich um eine Kommunikationstechnik, die gerne bei TV-Werbung angewandt wird. Sie kennen die Situation: Der Film wird unterbrochen, die Werbung läuft, man holt sich etwas zu essen, zu trinken oder seit einigen Jahren greift man zum Smartphone und checkt die Social-Media-Channels auf Neuigkeiten. Die Wer-bung läuft im Hintergrund, man registriert sie beiläufig. Man glaubt zu wissen, dass einen nichts Spannendes erwartet. Wenn nun genau das Gegenteil eintritt, also wenn plötzlich eine Werbung auftaucht, die so gar nicht den gängigen For-maten entspricht oder die mit herkömmlichen Traditionen bricht, so wird man hellhörig. Man legt das Smartphone weg und starrt gebannt auf den Bildschirm. Diese Reaktion ist evolutionär bedingt und entsteht, weil wir unbekannte Muster erstmal für uns verarbeiten müssen. Wir müssen feststellen, ob sie bedrohlich oder harmlos für uns sind. In beiden Fällen aber entsteht eine Emotion, die unsere Aufmerksamkeit bindet. Das ist der hochwirksame Below-the-line-Effekt, der sich allerdings nicht einfach so aus dem Ärmel schütteln lässt. Hierfür muss man die richtige Dosis erwischen, um nicht einerseits in Peinlichkeit zu versinken oder schlichtweg missverstanden zu werden, weil die Botschaft so schräg ist, dass sie niemand versteht (Bruhn et al. 2009).

Erklärvideos
Erklärvideos sind Spots/Videos, die in ein bis zwei Minuten wichtige Themen erklären, etwa die Funktionsweise Ihres Produktes oder Ihrer Dienstleistung. Dieses Format wird gern genutzt, um eine schnelle Einführung in komplexe Themen zu geben. Siehe: Motion Design.

Motion Design (Motion Graphics)
Motion Design ist weit mehr als Bewegtbild und steht nicht ohne Hintergedanken direkt nach der Kategorie Erklärvideos. Motion Graphics eignen sich für Erklärvideos und Tutorials. Man spart sich Schauspieler und Locations und kann selbst abstrakte Themen einfach darstellen. In einem klassischen Film kann man den Aufbau eines Servers bzw. eine Backup-Struktur nicht gut abbilden. Mit Hilfe von Motion Design ist das kein Problem. Motion Design (oder Motion Graphics) besteht aus mehreren Content-Formaten: Typografie, Bild, Grafik und Audio. Die typischen Motion-Design-Elemente kennt man etwa aus Intros der James-Bond-Filme. Umgangssprachlich würden das manche als Zeichentrick bezeichnen – das ist aber falsch. Es werden viele Stile vermengt, u. a. 3D-Design, Typografie und spezielle Audioeffekte (Motion Designs zeichnen sich oft durch pointierten Einsatz von Tonelementen aus). Übrigens: Laut einer Studie des internationalen Marketingunternehmens Hubspot aus 2018 wählen 83 % der Befragten YouTube als ersten Video-Infokanal. 53 % erwarten noch mehr Video-Content von Unternehmen (Kolowich 2017).

Imagefilme
Klassische Imagefilme wie man sie seit Jahren kennt, sind zum Beispiel Unternehmensporträts. Moderne Unternehmens-Imagefilme sind maximal 30 s lang und geben einen kurzen Überblick über das Unternehmen. Meistens sind es Videos, die mit Grafiken ergänzt werden. Beispielsweise wird das Bürogebäude

gezeigt und dazu Daten eingeblendet, die etwas über das Gründungsjahr, die Mitarbeiterzahl, den jährlichen Umsatz verraten. Solche Filme sind nett, sie werden aber wenig Anklang finden und dienen meist internen Zwecken oder als Ergänzung für klassisches PR-Material. Eine Alternative zu langweiligen Imagefilmen stellen Dokumentationen dar, die man auch sehr kurz halten und in mehrere Teile splitten und so bestens für Social-Media-Kanäle verwenden kann. Eine weitere Alternative bieten die oben erwähnten Motion Graphics.

Dokumentationen
Denken Sie jetzt nicht an eine Naturdokumentation über den Lebensraum der Polarbären, denken Sie an kurz gehaltene Wissensclips oder Vorträge von Speakern bei Konferenzen wie der TED- oder TEDx-Reihe. Wissensvermittlung über Videos und Filme funktioniert am besten. Gut aufbereitete Videos können komplexe Themen in kurzer Zeit darstellen und auf einem professionellen Niveau erklären. Für Unternehmen eignen sich Dokumentationen als Instrumente zur Markenstärkung. Man stellt nicht das Unternehmen bzw. das Produkt in den Mittelpunkt, sondern stärkt das Bewusstsein auf Kundenseite, indem man die Vorteile des Angebots durch Dritte hervorhebt. So wird der Kauf einer Sportuhr bestärkt, wenn man in Form einer Doku Extremkletterer bei der Vorbereitung auf ihre nächste große Tour begleitet – und nebenbei die Nutzung der Uhr unter realen Bedingungen zeigt. Der Zuseher wird nicht mit „Hey, kauf diese Uhr!" erschlagen, sondern sanft an das Thema herangeführt. Er erfährt wichtige Informationen über das Bergsteigen aus dem Mund von Profis und sieht anhand eines anschaulichen Beispiels, für welche Zwecke sich diese Uhr eignet.

Trailer
Filmtrailer kennen Sie bestimmt. Mindestens aus Vorspännen im Kino oder, wenn Sie kein Kinogeher sind, aus Filmwerbungen im TV oder aus Clips vor Ihren Lieblingsserien des Streaming-Anbieters Ihrer Wahl. Trailer sind weniger ein eigenständiges Format. Sie sind Teil der Vermarktung von Filmen und Clips – ein neugierig machender Teaser, um auf das kommende Produkt hinzuweisen.

Webinar(e) und Bild-in-Bild-Funktion
Ein Webinar ist ein Seminar, nur online. Wie eine Uni-Vorlesung, nur, dass Sie nicht im Saal, sondern zu Hause vor einem Laptop, Smartphone oder Tablet sitzen und dem Vortragenden zugeschaltet sind. Es gibt Live-Webinare oder solche, die bereits aufgezeichnet wurden. Live-Webinare zeichnen sich durch eine Kombination verschiedener Content-Formate aus. Man hat die Möglichkeit, interaktiv am Geschehen teilzunehmen, mit anderen zu chatten, Unterlagen einzusehen oder

am Vortrag teilzunehmen. Entweder, indem man nur per Audio zugeschaltet wird, oder durch eine Bild-in-Bild-Funktion. Der Vortragende schaltet Sie ins Bild und Sie geben coram publico Ihren Input zum Besten. Übrigens: Instagram hat diese Funktion 2018 eingeführt. Wer einen Livestream startet, kann User hinzuholen. Das Bild wird dann gesplittet und die Community sieht beide Personen im Stream. Ein sehr praktisches Tool für die Userbindung, besonders für Unternehmen. Derzeit wird es von Firmen noch viel zu selten eingesetzt. Es eignet sich bestens für Live-Gewinnspiele oder Live-FAQ-Sessions.

Musikvideos
Nicht nur Bon Jovi und Lady Gaga produzieren Musikvideos. Musikvideos lassen sich für Corporate-Kampagnen hervorragend einsetzen. Beispiele davon sieht man in der Werbung. Bekannte Kampagnen sind in Österreich die 2019 gelaunchte „Alles zum Hofer-Preis"-Kampagne, die 2016 gestartete ADEG-Kampagne „So kauft man heute" oder die EDEKA-Kampagne „Supergeil" (mit Friedrich Liechtenstein, dem Mann, der aussieht wie der Weihnachtsmann und durch die Regale tanzte). Wie man das Format eines Musikvideos perfekt für die Werbung verwenden kann, zeigt der Hersteller des Schokoriegels Snickers. Das Motto „Du bist nicht Du, wenn du hungrig bist" ist längst bekannt. Bei einer Werbung von Ende 2018 wird dieser Slogan abgewandelt: „Du singst nicht wie Du, wenn du hungrig bist". Der Spot startet mit einem Rap-Battle bei einer Hausparty. Doch plötzlich passen die Töne so gar nicht mehr zu einer Rap-Battle: Aus dem Rapper wird Elton John, der den Refrain von „Don't go breaking my heart" singt. Erst als ihm ein Freund einen Schokoriegel reicht und er davon abbeißt, wird er wieder zum Rapper. Sofern Sie die Werbung nicht kennen: Das Video dazu findet man ganz einfach, wenn man bei YouTube „Snickers Elton John" eingibt. Solche Elemente wirken und erzeugen Emotionen. Scheuen Sie sich nicht, bei der nächsten Kampagne auch an ein Musikvideo zu denken.

Making-of-Videos
Auch als Behind-the-scenes-Videos bekannt. Es wird die Entstehungsgeschichte einer Filmproduktion gezeigt und unveröffentlichtes Material gezeigt. Im Fokus stehen Interviews mit den Schauspielern und Produzenten. Der Zuseher gewinnt einen Einblick in die Arbeitsweise. Es entsteht das Gefühl der Nähe zur Marke und zum Produkt. Making-of-Videos eignen sich als eigenständige Formate, etwa, wenn man sich als Unternehmen oder Person nahbar machen möchte. Es bietet die Möglichkeit, die Zuseher in den Alltag eintauchen zu lassen und beispielsweise mit Interviews der Beteiligten wichtige Fragen zu Leistungen und Produkten zu beantworten. Making-of-Videos erlauben einen Blick hinter die Kulissen Ihrer Organisation und zeigen, wie ein Produkt entsteht.

Livestreams

Livestreaming ist der Trend der Stunde und weniger ein Hype, als eine konsequente Weiterentwicklung, die meines Erachtens bleiben wird. Livestreaming ist keine Neuheit. Seit Jahrzehnten sind Liveübetragungen, etwa von Sportveranstaltungen, Pflichtelemente in TV-Programmen. Mittlerweile sind Übertragungen in Echtzeit keine Kunst mehr. Eine Internetverbindung und ein Smartphone reichen aus. Seit 2011, als die App „YouNow" das Livestreaming auf die mobilen Geräte gebracht hat, sind große Plattformen nachgezogen. Auf Facebook und via Instagram gehören Livestreams zum Repertoire jedes Social-Media-Teams. 80 % aller User möchten lieber ein Livestream-Video sehen als einen Blog lesen, ergab eine Umfrage der Firma „Livestream". 63 % aller User zwischen 13 und 34 Jahren nutzen laut dem Marketingunternehmen Neil Patel Livestreams regelmäßig und fordern diese auch ein. Diese Entwicklung wird angesichts des Aufkommens von Virtual-Reality-Devices zunehmen. Ich werde mich an späterer Stelle dieses Buches (bei den Zukunftsprognosen ab Kap. 5) noch im Detail mit Livestreaming beschäftigen und unter anderem darauf eingehen, warum wir möglicherweise bald Live-Shows erleben werden, d. h. Theaterstücke im Serien-Format bzw. Live-Performances von Filmschauspielern.

360-Grad-Videos oder Virtual-Reality-Videos

Ich beschäftige mich später noch eingehender mit Virtual Reality als Content-Format der Zukunft. Hier möchte ich das Format eines VR-Videos bzw. eines 360-Grad-Videos erwähnen (übrigens gibt es auch 360-Grad-Fotos). Wie der Name vermuten lässt, ermöglicht dieses Format dem User eine realgetreue Umgebung wahrzunehmen, so als stünde er selbst an dem Aufnahmeort. Er kann sich drehen, nach oben und unten blicken, frei bewegen. Ein gutes Beispiel ist Google Street View, das bereits 360-Grad-Content anbietet. Herstellen kann man 360-Grad Videos auch als Privatperson mit entsprechenden Kameras. Allerdings benötigt man die entsprechende Plattform, um sie wiederzugeben. Facebook ermöglicht Postings mit 360-Grad-Content.

Screencasts

Screencasts sind Videos von der Benutzung Ihres Bildschirms. Videos vom aktiven Screen eines Computers, Smartphones oder anderen Devices. Sie dienen dazu, die Verwendung von Software per Video aufzuzeichnen. Screencasts sind derzeit besonders bei YouTubern beliebt, die sich beim Spielen von Games recorden und ihre Videos mit Kommentaren zu Ihrer Spielweise veröffentlichen. Genauso kann ein Screencast von einer App, einer Firmensoftware oder anderen

Bildschirm-Tätigkeiten angefertigt werden. Um Ihre Handlungen auf dem Screen aufzuzeichnen, benötigen Sie eigene Programme. Im Betriebssystem von Apple klappt es auch über den QuickTime-Player. Für Windows 10 beispielsweise stehen Ihnen Tools wie der VLC Player zur Verfügung. Oder die von Microsoft selbst entwickelte Software Microsoft Expression Encoder.

1.3.4 Audioformate

Songs und Musikproduktionen
Selbsterklärend. Lieder, Musicals, Musikproduktionen. Je nachdem für welchen Zweck Sie Musik als Content einsetzen wollen, achten Sie auf die professionelle Umsetzung. Sofern Sie selbst kein Musiker, DJ oder Produzent sind, greifen Sie unbedingt auf Expertenhilfe zurück.

Signations/Werbejingles
Signations bzw. manchmal auch nochWerbejingles genannt, sind Erkennungs-melodien. Sie kommen vor TV- und Radio-Sendungen zum Einsatz, oder im Vor-spann von Filmen oder Serien. Genauso als Einleitungsmelodie für Nachrichten im Radio oder in ganz kurzer Form als Tonfolge beim Einschalten Ihres Compu-ters. Sofern Sie nicht erfahrener Musiker mit Hang zur Entertainment-Industrie sind, rate ich Ihnen für einen Jingle bzw. eine Signation einen Profi zu beauf-tragen. Besonders im Audiosegment ist der Unterschied zwischen laienhaften Versuchen und professionellen Stücken sofort zu hören. Tonstudios sind immer eine gute erste Adresse, wenn Sie eine Signation benötigen. Suchen Sie nach Studios in Ihrer Nähe und sehen Sie sich die Referenzen an. Sie können auch Firmen, deren Spots Ihnen besonders gut gefallen, direkt anschreiben und höf-lich fragen, ob man Ihnen den Produzenten des Spots verrät (sofern das keine Konkurrenzunternehmen sind, sollte das kein Problem darstellen).

Werbespots
Ein Werbespot im Radio ist ein kurzer Clip, in dem für ein Produkt geworben wird. Ich gehe davon aus, dass Sie Radiowerbungen kennen und ein klares Bild vom Format des Werbespots haben. Die Produktion eines guten Radiospots erfordert viel kreatives und technisches Verständnis. Wenn Sie einen Spot produ-zieren möchten gibt es mehrere Wege. Sie können sich an eine Agentur wenden oder direkt an ein gutes Tonstudio. Studios haben meist selbst alle notwendigen Kontakte zu Sprechern und vor allem zu Textern. Letztere sind besonders wich-tig für einen guten Radiospot. Ein Radiospot benötigt in seiner Umsetzung viel

Zeit: Sie brauchen den Inhalt, also ein fertiges Script von einem Werbeautor. Im Anschluss wird dieses Script von Profis in einem Studio eingesprochen. Je nach Inhalt folgt eine Bearbeitung mit Soundeffekten und das Abmischen.

Radiosendungen und Newstalk
Radiosendungen und Newstalks sind klassische Formate wie Radionachrichtensendungen, Sendungen mit Interviewgästen, On-Air-Moderationen (Livemoderationen) in Morgen- oder Abendshows, sowie alle anderen erdenklichen Sendungen, die via Radiosender ausgestrahlt werden. Die Umsetzung von Sendungen ist einfacher geworden (siehe Podcasts), jedoch ist die Ausstrahlung über klassische Radiosender denkbar aufwendig. Denken Sie darüber nach, eine Sendung zu produzieren? Lassen Sie sich zuerst von einem Studio Ihrer Wahl beraten oder wenden Sie sich an die Marketingabteilung eines Radiosenders.

Podcasts
Ich habe den Punkt Podcasts bewusst nach Radiosendungen gesetzt, weil er diese thematisch ergänzt. Im Grunde sind Podcasts Radiosendungen, die man sich unabhängig vom Sender und von der Uhrzeit überall anhören kann. Heutzutage werden Podcasts mehrheitlich über Smartphones gehört. Ursprünglich stammt der Name aber aus einer Wortkreation aus den Begriffen Broadcast (Englisch für „Senden") und iPod (Apples MP3-Player, der dieses Format ertsmals bekannt gemacht hat). Durch die Verschmelzung von Technologien sind iPod oder MP3-Player nahezu vollständig aus unserem Alltag verschwunden, der Begriff Podcasts aber ist geblieben. Podcasts werden üblicherweise über Websites oder Streamingdienste wie Spotify angeboten. Oft wird eine Audiodatei via Link veröffentlicht, der geteilt werden kann und es ermöglicht, die Datei herunterzuladen. Meistens werden die Dateien direkt im Webbrowser oder im Streamingdienst abgespielt. Das spezielle am Podcast ist, dass jeder sie produzieren kann und sie an kein spezielles Format gebunden sind. Alles was per Audio-Recording möglich ist, kann als Podcast veröffentlicht werden. Es gibt Podcasts, die nur wenige Minuten dauern, aber auch Podcasts wie das Format „Alles gesagt?" von der Zeitung „Die Zeit". Hier entscheiden nur die Gäste, wann das Gespräch vorbei ist. So kann ein Podcast, etwa der von Herbert Grönemeyer, auch über fünf Stunden dauern. Die Erstellung eines Podcasts ist einfach: Entweder greift man direkt auf Podcast-Services wie libsyn.com zu oder man erstellt eine Audiodatei (MP3, um die Größe webfreundlich und somit gering zu halten), die man auf seine Website lädt. Es gibt mittlerweile zahlreiche Anbieter, die das Veröffentlichen von Podcasts kinderleicht machen. Etwas kann Ihnen aber niemand abnehmen, nämlich gute Inhalte zu liefern. Und besonders

wichtig: Je professioneller Ihre Aussprache, desto besser. Holen Sie sich Feedback zu Ihrer Stimme, machen Sie Trainings oder überlegen Sie, ob es nicht besser ist einen Sprecher zu engagieren.

Audiobooks/Hörbücher
Früher waren Hörbücher verpönt. Nur die Faulen, die nicht lesen können
oder wollen, hören sie sich an, hieß es. Heutzutage zählen Hörbucher zu den
beliebtesten und erfolgreichsten Content-Formaten. Das ist dem technischen Fortschritt geschuldet: Mit einem Smartphone hat man immer und überall Zugriff auf
Audiobooks. Sie eignen sich als Begleiter für Alltagswege oder längere Fahrten,
für Flüge und vieles mehr. Übrigens ist zwischen Hörbuch und Hörspiel zu unterscheiden. Bei einem Hörbuch handelt es sich um eine Lesung. Ein Hörspiel ist wie
ein Theaterstück aufgebaut, mit Soundeffekten wie Hintergrund- und Umgebungs-
geräuschen, schauspielerischen Szenen und aktiven Handlungen. Mit Hörbüchern
und Hörspielen erreicht man Menschen, die wenig Zeit zum Lesen haben oder
sich mit dem Lesen schwer tun. Sachbücher eignen sich als Hörbuch, weil sie im
Büro nebenbei gehört werden können. Sofern Sie überlegen, Ihre Inhalte als Hörbuch anzubieten (wie eBooks oder Whitepaper) achten Sie auf eine saubere und
professionelle Produktion mit guten Sprechern. Wenden Sie sich dafür am besten an ein erfahrenes Tonstudio. Lassen Sie sich dort Sprecher-Demos geben, die
Ihren Vorstellungen entsprechen. Führen Sie Sprecher-Castings durch. Audioinhalt
steht und fällt mit der Stimme. Legen Sie hier Wert auf Perfektion.

Telefongespräche
Ja, das gute alte Telefon gibt es immer noch. Von Millenials verachtet, von den
älteren Generationen geliebt. Warum ich Telefongespräche zu Audio-Content
zähle? Telefongespräche können eine ideale Mischform zwischen Information und
Werbung sein, wenn sie richtig geführt werden. Ich spreche nicht von den dubio-
sen Werbeanrufen, den Telefonkeilern, sondern von der umgekehrten Variante:
Telefongespräche im Kundenservice. Zu lange Wartezeiten, unzureichende Informationen der automatischen Ansage, komplizierte Bedienung des Systems mit
unzähligen Tastenkürzeln und am Ende ein unfreundlicher Mitarbeiter – dann ist
der Kunde ein für alle Mal dahin. Oder Sie machen es ganz anders: Eine Hotline, die leicht erreichbar ist, beim Erstkontakt mit relevanten Infos dient, die
zwar computergeneriert sein kann, aber innerhalb der ersten zehn Sekunden
alles abdeckt, was für den Kunden im Moment wichtig ist. Kurze Menüführung,
maximal drei Auswahlpunkte, danach eine angenehme Überleitung in die Warte-
schleife. Dort erhält der Kunde weitere Informationen rund um den Service-
gedanken Ihres Unternehmens. Bitte nutzen Sie Kundenservice-Hotlines bloß

nicht für Werbezwecke. Nichts verärgert einen aufgebrachten Kunden so sehr, wie Pop-Songs oder Produktwerbungen, während er dringend Hilfe bei einem Produktproblem sucht. Am Ende punkten Sie durch freundliche und geschulte Telefonisten, die auf Menschen eingehen und Probleme aktiv lösen können. All das kostet natürlich Geld. Geld, das sich am Ende doppelt lohnt. Zufriedene Kunden werden sich besonders über die freundliche Hotline, den tollen Service und die schnelle Lösung der Probleme äußern. Schicken Sie Mails mit der Zusammenfassung des Gesprächs und weisen Sie dabei dezent auf die Bewertungsmöglichkeit hin. Wenn Sie wissen möchten, wie sich professioneller Kundenservice per Telefon anhört, rufen Sie bei Apple oder Amazon an.

1.3.5   Sonstige Formate

Hier sind alle Formate aufgelistet, die sich nicht eindeutig einer der bereits gelisteten Kategorien zuordnen lassen. Meistens, weil sie mehrere der genannten Formate betreffen.

Reportage
Kommt ursprünglich aus dem journalistischen Bereich, also aus den Textformaten, ist heutzutage aber ein vielfältig einsetzbares Format. Eine Reportage ist eine tiefgründig recherchierte Geschichte, meist mit einer sehr subjektiven Note des Autors, die zwischen Erfahrungsbericht, Interview und Analyse liegt. Gute Reportagen haben Textelemente (die klassischen Reportageartikel), gespickt mit Fotostrecken, plus Video (meist selbst als Videoreportage erstellt), eventuell Audioclips sowie Elementen wie Umfragen und Kommentaren anderer Leser und User.

Fuck-up-Storys
Sie lesen richtig: Fuck-up-Storys, oder Fails genannt, sind Berichte über Misserfolge. Sie müssen nicht immer nur glänzen. Wenn Sie Ihre Kunden und User auch mit lustigen Anekdoten von kleinen Fehlern versorgen, wirken Sie noch authentischer und nahbarer. Es muss nicht der Fabrikbrand sein, es reichen kleine Hoppalas, die uns allen jeden Tag passieren. Sie können das in Videoform tun oder mit Fotos bzw. einem amüsant geschriebenen Blogeintrag. Wenn Sie die Räumlichkeiten, die Mittel und die Lust haben, richten Sie ein eigenes Fuckedup-Museum ein, wo man Produkte bestaunen kann, oder Prototypen, bei denen nicht alles sofort funktioniert hat. Sie können sogar Geld daraus machen, indem Sie Workshops anbieten, um andere von den Erkenntnissen aus Ihren Fehlern profitieren zu lassen.

Produktvorstellungen und Testberichte

Produktvorstellungen sind klassische Reviews und Tests, etwa durch Stiftung Warentest, TÜV oder mittlerweile von Bloggern oder Tech-Journalisten (je nach Produkt und Branche). Wollen Sie seriös agieren, müssen Sie sich damit abfinden, dass Sie die Ergebnisse nicht beeinflussen können. Sie können aber für Meinungsvielfalt sorgen, indem Sie Ihre Produkte aktiv an Blogger schicken und dafür sorgen, dass Produktbewertungen auf Portalen wie Amazon veröffentlicht werden. Negative Resultate können und werden immer vorkommen. Je mehr Testergebnisse es aber gibt, desto seriöser und differenzierter wird die Gesamtwahrnehmung in der Öffentlichkeit. Achtung: Nehmen Sie Abstand von bezahlten Tests und Kooperationen, die vier Kilometer gegen den Wind nach Werbung riechen.

FAQs

Heißt „Frequently Asked Questions", also häufig gestellte Fragen, und ist auf allen großen Portalen zu finden, die einen hohen Bedarf an Kundenservice haben. Statt jede Anfrage einzeln und dabei die immergleichen Fragen zu beantworten, sammeln Sie die häufigsten Anliegen Ihrer Kunden und beantworten diese allgemein, für jeden einsehbar. Meist sind FAQs in Textform auf den Websites zu finden, Sie können aber auch kreativ werden. Bei komplizierten Produkten können Videos helfen. Podcasts können noch mehr ins Detail gehen. Oder Sie wenden Chatbots an. Das sind automatische Chat-Roboter, die auf Basis künstlicher Intelligenz Kundenanfragen über Ihre Website bzw. Social-Media-Channels verarbeiten können.

Portfolios und Case Studies

Zeigen Sie ruhig was Sie haben (oder gemacht haben)! Besonders in der Dienstleistungsbranche sind Portfolios nützlich. Fotografen, Agenturen, IT-Unternehmen und so ziemlich alle Softwaretools setzen auf die Überzeugungskraft bereits geleisteter Arbeiten. Manche begnügen sich mit der Auflistung von Logos jener Unternehmen, die sie zu ihren Kunden zählen. Andere gehen einen Schritt weiter und veröffentlichen Case Studies. Also Arbeiten für Kunden, die sie veröffentlichen und detailliert beschreiben. Der Vorteil von Case Studies liegt darin, dass potenzielle Kunden sofort ein Bild Ihrer Arbeitsweise erhalten. Das kann allerdings auch ein Nachteil werden, wenn User aus Ihren Schilderungen falsche Schlüsse ziehen. Deshalb achten Sie auf klare und einfache Beschreibungen. In einigen Branchen ist das allerdings nicht so einfach. Etwa, wenn es um sensible Inhalte geht. Das können Sie umgehen, indem Sie Ihren Kunden fragen, ob er Interesse hat einen Portfolio-Referenztext mit Ihnen gemeinsam zu entwickeln. Ihr Kunde kann diesen auch auf seiner Website verwenden und profitiert ein weiteres Mal von Ihrer Arbeit.

Umfragen

Mit Umfragen können Sie gleich mehrfach von Ihren Usern profitieren. Einerseits holen Sie sich mit intelligenten Fragen neues Wissen ins Haus, sei es zu Prdukten, Services oder neuen Themen. Andererseits aktivieren Sie Ihre User, machen Sie auf Neuigkeiten aufmerksam und erhalten direktes Feedback. Dafür muss eine Umfrage entsprechend intelligent gestaltet sein. Die Fragestellung ist dabei essenziell. Sie müssen verständlich und herausfordernd sein, dabei aber einfach zu beantworten. Setzen Sie auf eine Verbindung von Content-Formaten. Zeigen Sie kurze Videos, Fotostrecken, stellen Sie dazu Fragen. Lassen Sie Ihre User Rätsel lösen – je nachdem, was das Ziel der Umfrage sein soll. Ich bin kein Fan von langweiligen „Wie gefallen Ihnen unsere Website oder unsere Service-Umfragen?". Vor allem, wenn schon im Vorfeld ganz dick darauf hingewiesen wird, dass die Umfrage „nur" zehn Minuten in Anspruch nimmt. Umfragen sollten nicht länger als zwei bis drei Minuten dauern. Lassen Sie sich etwas einfallen: In welchem Setting werden Ihre User und Kunden wohl am liebsten Fragen beantworten? Auf welchen Kanälen? Zu welchen Uhrzeiten? Wer überhaupt soll von der Umfrage angesprochen werden, wer ist die Zielgruppe? Analysieren Sie all diese Dinge, bevor Sie mit einer Umfrage starten. Und setzen Sie auch auf Gamification.

Computerspiele

Das wohl erfolgreichste Content-Format der (Computer-)Geschichte sind Spiele. Längst sind sie als Massenmedium in der breiten Bevölkerung angekommen und nicht mehr nur ein Zeitvertreib von Nerds. In all ihren Variationen sind sie ein sehr effektives Format, um Inhalte zu transportieren. Warum also nicht auch für die Unternehmenskommunikation nutzen? Vielen Unternehmen ist die Entwicklung zu teuer bzw. fehlt es an kreativen Ideen. Wer seine User ansprechen und potenzielle Kunden mit innovativem Content locken möchte, muss sich aber mehr einfallen lassen. Da reicht es nicht mehr eine Tetris-Variante mit Firmenlogo zu branden oder Pacman durch das Bürogebäude flitzen zu lassen. Adventures, Actionspiele, Rätsel, Autorennen bis hin zu Flugsimulationen und Virtual-Reality-Spiele. Die Möglichkeiten, sich als Marke ein Gaming-Denkmal zu setzen, sind unendlich groß. Genauso wie die Entwicklungskosten. Bevor Sie ein eigenes Spiel entwickeln, von dem Sie sich auch einen Werbeeffekt erwarten, schauen Sie auf das verfügbare Budget. Binden Sie Experten ein und lassen Sie sich eine Kosteneinschätzung für verschiedene Varianten ausarbeiten. Es ist sinnlos ein 3D-Action-Adventure durch die Landschaften Ihrer Unternehmenssitze entwickeln zu wollen, wenn Ihr Budget nur 50.000 EUR beträgt. Aufwendige Spieleproduktionen verschlingen ein Mehrfaches. Allerdings müssen intelligente Spiele nicht immer die aufwendigsten sein. Wenn man bereit ist, etwas Geld in die Hand zu nehmen, können Spiele ungeahnte Erfolge bescheren. Moorhuhn sagt Ihnen bestimmt etwas? Das zweidimensionale Shooterspiel, bei dem man in einer vorgegebenen Zeit möglichst viele Punkte erreichen muss, indem man Moorhühner abschießt. Es hat bei Erscheinen 1999 und in den Jahren danach viele Büros lahmgelegt und für einen enormen Hype gesorgt. Die wenigsten wissen, dass Moorhuhn ein Marketinggag war. In Auftrag gegeben von der weltbekannten Whiskeymarke Johnnie Walker, erdacht von einer kleinen Werbeagentur – bereits 1997. Die Wahl des Moorhuhnes war ein kleiner Seitenhieb auf eine Konkurrenzmarke namens „The Famous Grouse". Und weil damals von Social Media oder flächendeckendem Internetzugang noch weit und breit nichts zu sehen war, präsentierte man das Spiel so: Man wählte einige Bars aus, stellte Laptops mit einem entsprechenden Markensetting, also inklusive Branding auf (Wikipedia 2019a, b).

Das Spiel wurde richtig berühmt und beliebt. Was es Johnnie Walker brachte, wurde 2001 in einer Studie der Uni Mannheim mit dem Titel „Werbenutzen einer unterhaltenden Website – Eine Untersuchung am Beispiel der Moorhuhnjagd" erforscht. Das Fazit: Moorhuhn-Spieler nahmen die Marke Johnnie Walker dynamischer und jünger war. Das Markenzeichen des Unternehmens, der „Striding Man" (eine Karikatur des Whiskey-Erfinders John Walker von Tom Browne), wurde jedenfalls bekannter. Zudem empfahlen die Studienautoren, auch in der Zukunft auf Spiele als Werbeinstrumente zu setzen (Bauer et al. 2001).

Knapp 20 Jahre später muss man ihnen Recht geben. Alleine im ersten Quartal 2018 machte die Gamesbranche laut Erhebungen des Verbandes der deutschen Gamesbranche (‚Game') 1,5 Mrd. EUR Umsatz in Deutschland.

Allerdings: Johnnie Walker war schon eine gern konsumierte Getränkemarke. Ob man sich als Holz-Leim-Produzent jedoch in die Gefilde der Spieleentwickler bewegen sollte? Ein uneingeschränktes Nein möchte hier nicht aussprechen. Wenn man eine gute Idee und Lust an Experimenten sowie das notwendige Budget hat, dann würde ich es begrüßen.

Gamification
Gamification bedeutet Content so aufzubereiten, dass sich User gerne und spielerisch mit ihm beschäftigen. Das heißt, es werden spielerische Elemente (z. B. aus Computerspielen) in klassische Produkte und Kampagnen eingebunden. Beispiele sind erste Schritte bei der Profilerstellung auf Social-Media-Plattformen. Mit Prozentbalken und Grafikelementen wird der User auf fehlende Informationen hingewiesen. Nach jedem abgeschlossenen Bereich gibt es eine Belohnung in Form von wachsenden Fortschrittbalken bzw. Validierungshäkchen, oder es werden bestimmte Funktionen der Anwendung freigeschaltet. Gamification kann

auch viel umfangreicher verstanden und angewendet werden. Sporthersteller verbinden ihre Laufschuhe per Sensor mit einer App, in der die Strecken, gelaufenen Kilometer und Schritte sowie verbrannten Kalorien aufgelistet werden. Das soll den User anspornen weiterzumachen und neue Ziele zu erreichen. Selbst in der Müllentsorgung kommt Gamification zum Einsatz. In Schweden wurde 2010 eine Altglas-Box konstruiert: mit 6 Einwurflöchern über denen ein Licht installiert war; darüber ein Display zur Punkteanzeige. Drückte man auf Start, leuchtete jeweils ein Lichter über einem Einwurfloch auf. Schaffte man es schnell genug zu sein und dort seine Altflaschen hineinzuwerfen gab es Punkte (siehe YouTube per Suchbegriff: „Bottle Bank Arcada – TheFunTheory.com").

Entwickelt und umgesetzt wurde dieses Projekt in Schweden. Dahinter steckte der Volkswagen-Konzern. Ein spannendes Unterfangen, dessen Umweltschutzaspekt in Zusammenhang mit den Abgasskandalen des Autokonzerns mittlerweile verblasst ist. Doch die Kampagne bringt Sinn und Zweck von Gamification-Prozessen auf den Punkt. Gamification zielt nämlich auf die Empathie der Teilnehmer ab, so wie ihren Teamgeist, aber auch Ehrgeiz (Ranglisten sind dafür besonders geeignet). Gamification-Elemente verwenden oft die *Nudging-Taktik*, ein Begriff aus der Verhaltensökonomik. Übersetzt heißt Nudge/Nudging so viel wie „Stupser in die richtige Richtung". Ganz einfache Nudging-Beispiele sind Voreinstellungen bei Versandoptionen. Da sich Menschen nicht gerne umentscheiden bzw. neue Entscheidungen zusätzlichen Aufwand bedeuten, belassen sie vom Anbieter getroffene Standardeinstellungen.

Ein anderes Beispiel für Nudging: Platziert man teure Lebensmittel im Supermarktregal in Griffhöhe der Kunden werden diese eher gekauft. Der Grund: Man muss sich für die günstigen Optionen erst bücken. Um den Kreis zu schließen und wieder auf den Content zurückzukommen: Wenn Sie möchten, dass ein User trotz EU-DSGVO (Datenschutzgrundverordnung) seine Telefonnummer und Adressdaten eingibt, obwohl er es nicht müsste, verbinden Sie das Formular mit einem Fortschrittsbalken, oder belohnen Sie vollständige Eingaben mit einer extra positiven Grafik oder Farbe (grüner Haken). Der User wird eher dazu neigen, das Formular mit 100 % abzuschicken, statt nur mit 75 %. Besonders gut funktioniert das in Kombination mit Gewinnspielen, da viele Menschen nach wie vor der Überzeugung sind, dass selbst Gewinnspiele auf Zufallsbasis gewisse Formulare (nämlich die vollständig ausgefüllten) bevorzugen. Wenn Sie sich näher mit Verhaltensökonomik auseinandersetzen wollen, kann ich Ihnen folgendes Buch von Hanno Beck namens „Behavioral Economics. Eine Einführung." empfehlen, erschienen im Springer-Gabler-Verlag, 2014. Wenn Sie sich konkret für Gamification interessieren, empfehle ich Ihnen das Buch „Gamification und Serious Games. Grundlagen, Vorgehen und Anwendungen" von Susanne Stahringer und Christian Leyh (Hrsg.), erschienen bei Springer Vieweg.

Tweetstorys

Twitter, die Social-Media-Plattform mit dem blauen Vogel als Logo, kennen Sie? Die Social-Media-Plattform, die vor allem von Politikern und Journalisten genutzt wird. Dort sind seit zwei Jahren sogenannte „Tweetstorys" ein Hype. Tweetstorys sind ganz einfach Geschichten, die in der Kürze von Twitternachrichten erzählt werden. Bekanntes Beispiel: User, die über das peinliche Gespräch vom Tinderdate am Nachbartisch twittern. Jede Meldung für sich erzählt bereits eine witzige oder skurrile Begebenheit, die den Leser noch neugieriger macht. Im Bestfall und je nach Können des Autors reiht sich also Cliffhanger an Cliffhanger. Man muss nicht nur ein sehr guter, humorvoller Storyteller sein, sondern sich auch die Macht der Hashtags, Querverlinkungen und Keywords zunutze machen können. Für Unternehmen eignen sich solche Tweetstorys hervorragend – sofern man weiß, was man tut, und eine ausgeklügelte Geschichte zu erzählen hat.

Personenporträt

Menschen lieben Klatsch, Tratsch und Geschichten aus dem Nähkästchen. Egal ob über Promis, über die Nachbarn, die Kollegen oder innerhalb der Familie. Böse Zungen behaupten, Menschen hätten ausschließlich deshalb die Fähigkeit zu sprechen, weil sich Gerüchte mit Gesten und Lauten nur schwer verbreiten lassen würden. Niederländische Forscher kamen 2014 bei einer Untersuchung mit dem Titel „Tell me the gossip: the self-evalutive function of receiving gossip about others" zu dem Schluss, dass sich Menschen deshalb gerne Tratsch anhören, um besser über sich selbst reflektieren zu können (Martinescu et al. 2014). Machen Sie sich dieses Phänomen bei Ihrer Content-Aufbereitung zunutze. Natürlich nicht durch negativen Gossip, sondern dadurch, dass Sie persönliche Storys von Personen in den Fokus rücken. Durch Interviews, Gesprächsrunden oder einfache Porträts in Artikel- oder Reportageform. Bauen Sie vor allem auf persönliche Statements der Personen (z. B. Interviews). Hier wirkt besonders der Referenz-Effekt: Die Empfehlung eines Dritten zählt immer viel mehr und wirkt seriöser, als eine Selbstdarstellung.

1.4   Content-Channels im Überblick

Wurde der Content erstellt, muss er unter die Leute gebracht werden. Dabei spielt die Auswahl der Kanäle die wichtigste Rolle, was angesichts der Vielzahl an Möglichkeiten aufwendig geworden ist. Ich habe hier die aus meiner Sicht relevantesten Channels (Kanäle) aufgelistet.

Es kann gut sein, dass aktuell, da Sie diesen Leitfaden lesen, schon neue Plattformen existieren oder bisherige an Bedeutung verloren haben, aufgekauft oder verändert worden sind. Sollten Sie über einen neuen Channel stolpern, der hier nicht besprochen wird oder Ergänzungen und Anmerkungen haben, bitte ich Sie, mir eine Mail zu schicken: florian@bieche.com.

1.4.1   Online- und Digital-Channels

Suchmaschinen
Wer online sucht, der googelt – an dem Suchriesen aus den USA, namentlich Google, kommt niemand mehr vorbei und keine andere Suchmaschine kommt an ihn heran. Zwar gibt es Alternativen wie bing, Yahoo!, die alternative Suchmaschine duckduckgo.com (die anonyme Suchverläufe garantiert) sowie weitere kleinere Anbieter. Die Mehrheit der User verwendet aber den Monopolisten und wer gefunden werden will, sollte seine Inhalte zwingend Google-tauglich machen. Das gilt auch für Werbung via Suchmaschinen. Es ist ratsam, hier zu allererst Google AdWords zu verwenden. Wie das genau funktioniert ist ein Thema, das für sich Tausende Bücher und Ratgeber füllt – und Experten erfordert. An dieser Stelle ist die für Sie relevanteste Erkenntnis, dass Suchmaschinenwerbung und die Aufbereitung Ihres Contents viel Geld kostet und in erster Linie an den Bedingungen von Google auszurichten ist. Suchmaschinen-Content ist vielseitig: Auf der einen Seite die Suchmaschinenoptimierung, beispielsweise die Optimierung Ihrer Website-Inhalte. Andererseits die Aufbereitung der Inhalte für die Google-AdWords-Kampagnen. Auch diese müssen von einem Experten erstellt werden. Dieser muss Daten analysieren, einpflegen, bearbeiten und entsprechend der Kampagnenziele verwerten (um nur ein paar Punkte zu nennen). Hinzu kommen die Werbekosten (CPC oder Cost-per-click) an sich. Eine konkrete Aussage zum Preis ist schwer zu treffen, wenn man den Kampagnenaufbau und die Ausrichtung nicht kennt. Durchschnitt-Klickpreise für Google werden derzeit zwischen 1 bis 2 EUR pro Klick angegeben. Die teuersten Keywords kosten über 50 EUR pro Klick. Wie viel sie etwa für ein bestimmtes Keyword zahlen, entscheidet dessen Beliebtheit. Wenn Sie unter dem Begriff „Autohändler + Ihre Stadt" ganz oben gelistet sein möchten, wird Sie das viel Geld kosten. Im Schnitt geben kleine und mittlere Unternehmen 6000 bis 10.000 EUR pro Monat für Google-Werbung aus. Konzerne über 100.000 EUR pro Monat.

Achtung Ein großes Werbebudget für Google bedeutet nicht, dass Ihre Werbung garantiert und automatisch mehr Leute erreicht. Google arbeitet nach einem Auktionssystem. Der User gibt eine Suchanfrage ein und ein Algorithmus prüft, ob diese Anfrage Ihre Werbungen betrifft. Wenn ja, dann wird der „AdRank" ermittelt (der Rang, den Ihre Werbung hat, auf Basis Ihres festgesetzten Preises, den Sie für einen Klick zu zahlen bereit sind). Dann wird das Ergebnis mit der Quality Score von Google multipliziert, die wiederum die Relevanz Ihres Contents automatisch analysiert. Die genaue Funktionsweise kennt niemand – außer Google. Wie viel Sie am Ende bezahlen, hängt also ausschließlich von Googles Berechnung ab. Sind Sie bereit 3 EUR für einen Klick auf Ihre Werbung zu bezahlen, Ihr Konkurrent will aber nur 2 EUR ausgeben, so kann es dennoch vorkommen, dass Sie weniger als 2 EUR pro Klick zahlen. Der Grund: Google hat den Content Ihrer Werbung besser bewertet und damit als relevanter für die User. Sie sehen: Es ist unmöglich, die genaue Funktionsweise vorherzusagen, aber was man machen kann, ist seinen Content so perfekt wie möglich zu gestalten, um gute Bewertungen zu erhalten.

Social Media
Dazu finden Sie alles im Unterkapitel zu dem Thema: Abschn. 1.4.2.

Streaming
Seit LTE verfügbar ist, boomen Streaming-Angebote. Heute kann man überall Musik und Videos beziehen: Auf Netflix, Amazon Prime, Facebook Watch, Musik wie bei Spotify oder Napster. Man kann selbst Computerspiele streamen, auf Plattformen wie Steam oder twitch oder den Sony PlayStastion-Store. Wenn Sie bis hierher nur Bahnhof verstanden haben, wird es Zeit, dass Sie sich mit der Welt des Streamens vertraut machen. BlueRay- oder gar DVD-Abend war gestern. Heute bezieht man Entertainment auf Knopfdruck. Download- und Wartezeiten sind auf wenige Sekunden bis maximal Minuten geschrumpft. Mit 5G werden sie sogar noch weiter reduziert und Streaming wird Content-Nutzung in Echtzeit ermöglichen. Und wo keine echten Wartezeiten mehr auftauchen, da werden sie künstlich geschaffen und sogleich zu einem Geschäftsmodell. Ein prominentes Beispiel aus der Audiowelt: Wer den Audio-Streamingdienst Spotify gratis nutzen will, kann das in Austausch gegen Werbezeit tun. Alle paar Songs ein bisschen Werbung hören – für viele Gelegenheitshörer ein willkommener Deal. Wer das nicht will, der zahlt zwischen 10 und 20 EUR pro Monat, manchmal auch mehr (abhängig von der Plattform).

Streaming ist vor allem ein Geschäftsmodell für die strauchelnde Werbebranche: Selbst öffentliche Sendeanstalten wie ZDF, SFR oder ORF bieten Mediatheken, in denen man das Abendprogramm am nächsten Tag auf dem Weg in die Arbeit auf dem Smartphone streamen kann. Natürlich nicht immer ganz werbefrei. Doch wie kann man Streaming-Dienste für seinen Content nutzen?

Abgesehen von Werbung vor allem durch Product Placement. Gute alte Produkt-
platzierungen wie anno dazumal Rolex, Omega oder Aston Martin James Bond
ausgestattet haben. Ein Beispiel ist die deutsche Produktion „Pastewka" von
Amazon Prime. Hier kamen Produktnamen von bekannten Herstellern gehäuft
ins Bild, eine Folge wurde sogar in einem bekannten Elektronikladen gedreht.
Nach einer Beschwerde der Medienaufsicht argumentierten die Produzenten, die
Serie sei eben realitätsnah und bewege sich schlichtweg im realen Alltag. In amerikanischen Serien ist Product Placement schon längst nichts Neues mehr. Billig
ist diese Form der Werbung allerdings nicht, zudem muss sie zum Unternehmen
passen – und umgekehrt muss das Unternehmen zur Produktion passen. Allerdings hat Netflix im Sommer 2018 angekündigt, dass man bereits mit Werbeformaten zwischen den einzelnen Folgen experimentiere. Ob Netflix-Werbslots
kommen und in welcher Form, das wird sich erst zeigen. Alte TV-Werbung hat
ausgedient: Wie Werbung im Rahmen von Filmproduktionen künftig aussehen
könnte, zeigt ein Blick auf Augmented Reality. So kann etwa aus einem gut
angezogenen Schauspieler ein Mode-Testimonial werden. Mit dem Smartphone
auf den Actionheldenzoomen und schon wird man auf die entsprechende Mode-
seite weitergeleitet, wo man das Outfit kaufen kann. Schlussfolgerung im Werbe-
jargon: So muss Werbung.

Medienplattformen
BBC, CNN, Die Zeit, ZDF, ARD, SFR, ORF, Bild, Spiegel, Süddeutsche, New
York Times, t3n…ich könnte das restliche Buch mit der Aufzählung von Medien-
marken füllen. Obwohl das große Zeitungssterben bereits für vor zehn Jahren
prophezeit worden war, halten sich die meisten Medien ganz passabel. Doch
wie lange noch? Das Verständnis der Medienkonsumenten hat sich grundlegend geändert, genauso wie die Bedürfnisse und die Ansprüche an die Inhalte.
Zeitungsartikel sind bereits veraltet, wenn sie in die Druckerei kommen, vielleicht
sind sie gerade noch aktuell, wenn sie online erscheinen. News würden lieber
über zweifelhafte Social-Media-Accounts bezogen werden, klagen Medien, und
verkennen völlig die Situation. Die alten Gatekeeper sind Geschichte. Also jene
Journalisten, die als einzige Instanz darüber entscheiden können welche Infos das
Nachrichtentor in die reale Welt passieren darf und welche unwichtig sind bzw.
geheim bleiben. Heute sind die meisten trivialen Infos bereits online, da wissen
es die meisten Journalisten selbst noch nicht. Hinzu kommt, dass durch die sinkende Bedeutung von klassischen Medien vielen Medienbetrieben das Geld fehlt,
um ihre Angestellten ordentlich zu bezahlen oder in Innovation zu investieren.
Was bleibt, sind Redakteure ohne Gestaltungsspielraum, die aber unter hohem
finanziellen Druck stehen. Sei es privat oder seitens der Redaktionsleitung, die

wiederum dem Druck der Geschäftsleitung standhalten und Zugriffszahlen liefern muss. Doch ungeachtet der großen Probleme: Eignen sich klassische Printmedien trotzdem noch als Content-Channels? Dazu sage ich bedingt ja. Wenn es um klassische Werbung geht, im Sinne von Anzeigen oder Spots, so würde ich neben digitalen Werbemitteln nur noch auf Radio und TV setzen. Persönlich baue ich Printtitel sowie deren Onlineableger aus dem deutschsprachigen Raum in meinen Werbestrategien nicht mehr ein. Sinnhaft sind in meinen Augen noch PR-Kooperationen mit redaktionellen Inhalten. Hier wiederum empfehle ich auf Nischenmedien zu setzen, die eine klare Zielgruppe ansprechen. Ausgenommen der Fall, Sie wollen für eine internationale Zahnpastamarke werben, dann können Sie nach wie vor über eine Advertising-Agentur große Kampagnen ausrollen. Doch auch hier gilt: Mit guten Agenturen lässt sich Werbung heute perfekt steuern und selbst kleinere Geldbeträge können – richtig eingesetzt – bereits viele Kontakte bringen. Aus meiner Erfahrung kann ich Printmedien nicht mehr empfehlen, dafür sehe ich einen neuen Boom bei TV- und Radio-Werbung (besonders Radio boomt!). Grundsätzlich halte ich viel von PR-Kooperationen und redaktionellen Inhalten, zu klassischen Werbeformaten würde ich nur noch greifen, wenn ein bisschen vom Budget übrig bleibt.

Communitys und Foren
Machen Sie sich und Ihre Inhalte unverzichtbar indem Sie anderen helfen. Das können Sie in Onlineforen und Communitys tun. Dort können Sie Ihrer Expertise freien Lauf lassen. Außerdem können Sie dort recht unaufdringlich Ihre Messages verbreiten – sofern es sich nicht um Werbesprech handelt und die Inhalte gut aufbereitet worden sind. Möglich ist das auf Plattformen wie Quora.com, auf der man Fragen anderer User beantwortet. Ein Experte kann dort sein Wissen unter Beweis stellen und dem Fragesteller helfen. Baut er dabei eine unaufdringliche Produktempfehlung ein, wird das nicht schaden. Denn der Fragesteller alleine kann immer noch entscheiden, ob ihn das empfohlene Produkt in Zusammenhang mit der Antwort interessiert oder nicht. Zudem kann der Fragesteller auf Antworten anderer zurückgreifen, die wiederum auch die Antwort des Experten lesen können. Der User erhält eine Empfehlung, an die er sich nicht halten muss, aber es tun kann. Der Antwortende kann seine Kompetenz unter Beweis stellen. Im Rahmen größerer Kampagnen lohnt es sich, mehrere Experten zu engagieren, die in Foren genau das tun, was ich eben beschrieben habe. Wichtig ist, dass die Antworten echt und wertvoll sind. Ich meine hier dezidiert echte Expertenmeinungen, nicht automatisch oder von Studenten generierte Kommentare.

Blogs und Influencer

Es gibt keine bessere Möglichkeit, seinen Content nachhaltig zu verbreiten, als über Blogger und Influencer. Leider gibt es auch keine schlechtere Möglichkeit. Sie runzeln die Stirn? Zurecht. Auf was ich anspiele: Es prüfe, wer sich (ewig) bindet. Es gibt eine Vielzahl seriöser und einflussreicher Blogger und Influencer. Denen gegenüber steht eine viel größere Zahl an Blendern. Das sind jene, die sich dadurch auszeichnen alles gratis haben zu wollen, die sich Follower und Fans kaufen und sich in wunderschöne Landschaftskulissen retuschieren, während sie in Wirklichkeit in einer grauen Einzimmerwohnung ihren Schein aufpolieren. Ich habe eine einfache Faustregel, nach der ich bewerte, ob ein Blogger oder Influencer relevant ist.

Vereinfachen wir zunächst die Bezeichnung und einigen uns auf Opinion Leader, zu Deutsch: Meinungsmacher. Seit Jahrzehnten gibt es Meinungsmacher, ob Star, Sportler, Politiker etc. Ein Meinungsmacher ist jemand, dessen Meinung so relevant ist, dass andere diese als entscheidungsbeeinflussend erleben. Diese muss gespickt sein mit Fachwissen und idealerweise einen Informationscharakter aufweisen.

Die meisten selbsternannten Influencer können diese Faktoren nicht erfüllen. Sie sind erstens nicht wirklich bekannt, da viele ihre Fans gekauft haben und es sich dabei um Bot-Profile handelt. Zweitens können sie keinerlei Fachwissen in einem spezifischen Bereich aufbringen und drittens sind ihre Inhalte unzusammenhängend, nicht strategisch platziert und ohne nennenswerte Fakten. Ganz abgesehen davon, dass eine künstliche Gefolgschaft keine organische Reichweite zusammenbringt, weshalb die meisten Postings dieser Personen keine Beachtungen finden oder mit wenigen Likes gestraft werden.

Von daher: Man sollte sich nur auf Kooperationen mit Bloggern und Influencern einlassen, die unabhängig von den Launen der Plattformbetreiber sind und eine echte Community aufgebaut haben, die Ihren Produkten nützt. Und immer darauf achten, wie sich die Community dieser Werbeträger gebildet hat, also wie viele der Follower und Fans real sind (hierfür gibt es Tools, mit denen man prüfen kann, ob ein Instagrammer Follower zugekauft hat, z. B. igaudit.io oder SocialBlade.com). Hier noch ein banaler Tipp, mit dem Sie dubiose Profile erkennen können: Achten Sie darauf, ob ein Profil mit über 100.000 Follower nur wenige Likes auf Bilder und sehr wenig Kommentare aufweist. Achten Sie auf die Inhalte, die der Blogger sonst postet, liked und kommentiert. Können Sie sich mit dem Weltbild identifizieren? Ist er möglicherweise politisch oder vertritt er Meinungen, die Ihnen schaden können? Wenn Sie eine Agentur bzw. einen Externen damit beauftragen, Blogger und Influencer für Sie zu finden, machen Sie klare Kriterien fest und überprüfen Sie diese bevor eine Kooperation gestartet wird.

Achten Sie auch unbedingt auf die Follower der Person: Sind darunter womöglich welche, die Ihrer Marke ebenfalls schaden können oder mit denen sie nicht in Verbindung gebracht werden wollen? Aktuell vertreten viele Agenturen die Ansicht, dass diese Meinungsmacher enorm viel Macht haben, und dass man sich mit ihnen besser nicht anlegt. Diese Meinung vertrete ich keinesfalls. Lassen Sie sich von Millionen Followern und Likes nicht beeindrucken, hinterfragen Sie das Geschäftsmodell genau – besonders wenn es sich um keine Person öffentlichen Interesses aus Entertainment, Politik oder Wirtschaft handelt. Besonders vorsichtig sind Sie besser auch bei Anfragen zu Kooperationen, wenn unbekannte Blogger und Influencer an Sie herantreten. Lassen Sie immer zunächst einen Backgroundcheck von Experten durchführen und antworten Sie erst im Anschluss. Das Durchführen von Backgroundchecks von Bloggern und Influencern sollte jeder gute Content-Coach bzw. Content-Berater drauf haben. Lassen Sie sich aber von all dem jetzt Gelesenen nicht irritieren: Mit entsprechender Vorbereitung und Planung lassen sich mit Opinion Leadern nachhaltige Leads generieren.

Website(s) und Landingpages

Websites, etwa die Seite Ihres Unternehmens, sind die primären Kanäle, über die Sie Ihren Content verbreiten. Die technischen Aspekte und Anforderungen von Websites haben sich in den vergangenen Jahren gravierend geändert. Dieses Thema kann ich hier aus Platzgründen nicht näher ausführen. Wenn Sie sich in den Aufbau von Websites einlesen möchten und noch keinerlei Vorwissen haben, empfehle ich Ihnen eine einfache Suche mit den Begriffen „Website für Anfänger+Tipps" und „Website Wikipedia" bzw. auch das Buch „Website für Einsteiger: Schritt für Schritt zur eigenen Website" von Jens Jacobsen und Matthias Gidda. Sowie „Grundkurs gutes Webdesign" von Björn Rohles. Oder Sie googeln nach „CS50: Introduction to Computer Science" und absolvieren diesen Online-Harvard-Kurs (den ich persönliche empfehlen kann). Eine weitere Möglichkeit: Sie bitten Ihre Webagentur, Ihren IT-Experten oder Digitalberater, Ihnen einen eintägigen Workshop zum Thema Basics des Webdesigns zusammenzustellen. Hinweis: Im Abschn. 1.9 komme ich auf die wichtigsten Web-Elemente zu sprechen, die Sie kennen und idealerweise verstehen sollten, um guten Content aufzubereiten.

Eine sehr häufig verwendete Form von Websites in der Businesswelt sind Landingpages. Übersetzt sind das Zielseiten, auf die User gelenkt werden, um eine Übersicht über ein Produkt bzw. eine Leistung zu erhalten, mit direkter Kontaktmöglichkeit. Sollten Sie den Begriff wirklich noch nie gehört haben: Stellen Sie sich einen Flyer neben einem Produktkatalog vor. Der Katalog ist die Website und bildet das gesamte Angebot ab. Auf dem Flyer (=der Landingpage), finden Sie konkrete Produktinformationen mit Bestellinformationen und Kontaktmöglichkeiten, übersichtlich und zielgerichtet auf ein bestimmtes Thema und eine Zielgruppe. Die User werden schnell informiert (etwa 10 s verweilen User auf einer Landingpage) und erhalten zu ihrem Interessensgebiet alle Informationen. Auf Landingpages wird direkt verwiesen. Das geschieht von einer Suchmaschine, aus einem Newsletter heraus bzw. über eine andere Werbeform. Landingpages folgen häufig einem Design- und Strukturmuster: Ein aussagekräftiges Headerbild (Startbild) mit einem Slogan. Danach ein kurzer Informationstext und eine Präsentation des Produktes bzw. des Thema, das die Landingpage abdeckt. Relativ bald folgt eine Eingabemöglichkeit von Kontaktdaten, worauf man eine Follow-up-Nachricht per Mail erhält.

Videoplattformen
Dass Video-Content-Formate die Zukunft sind haben wir bereits geklärt. Und, dass YouTube, Vimeo und Co. die besten Plattformen sind, um diese zu verbreiten, bestätigen genügend Beispiele. Denken Sie nur an den Song „Gangnam Style" von Psy mit unfassbaren 3,2 Mrd. Views bis heute (ja, Sie lesen richtig, Milliarden!). Sehen wir uns die erfolgreichsten Werbekampagnen der vergangenen Jahre an. Allesamt reüssierten sie mit Videokampagnen über YouTube. Videoplattformen sind zu Content-Hostern geworden. Für die meisten Unternehmen und Personen wäre es schlichtweg zu aufwendig und zu teuer, eigene Server zu betreiben oder anzumieten, die den Anforderungen entsprechen, um Tausende, Hunderttausende oder Millionen User zu bedienen. Deshalb betten die meisten Unternehmen ihre Filme auf YouTube oder einer anderen Videoplattform ein. Hinzu kommen der Social-Media-Faktor, die Infrastruktur rundherum wie eine Like-, Dislike- sowie Teilen- und Kommentarfunktion. Gut zu wissen: Wenn Sie auf Videos in hoher Qualität (Ton und Bild) angewiesen sind, etwa weil Sie Showreels verbreiten oder ähnliches, sollten Sie die richtige Plattform wählen. YouTube komprimiert Videos wesentlich stärker, was Sound und Bild beeinträchtigt. Vimeo ist bei Filmschaffenden beliebt, da man Videos in hoher Qualität veröffentlichen kann. Die Komprimierung ist eine andere und die Qualität bleibt annähernd erhalten.

E-Learning
Sharing is caring! Wer sein Wissen an andere weitergibt, wird davon auf lange Frist profitieren. Guter und qualitativer Content lässt sich sehr gut über E-Learning-Plattformen verbreiten. Sie haben Studien erstellt? Ihr Unternehmen hat ein Fachbuch zu einem Ihrer Spezialgebiete veröffentlicht? Sie bieten Weiterbildungen an? Mit E-Learning-Tools können Sie Ihren Content noch einfacher an die User bringen und sich selbst eine hohe Glaubwürdigkeit verschaffen. Vorausgesetzt, das zur Verfügung gestellte Material ist wirklich etwas Neues für die User und hochwertig aufbereitet.

Die einfachste Möglichkeit: Webinare. Bieten Sie Ihr Wissen über Skypesitzungen an oder nutzen Sie professionelle Webinartools wie Webinaris, Edudip oder Stealthseminar. Aber Vorsicht: Machen Sie aus der Weiterbildung keine Werbeveranstaltung, sonst verspielen Sie schnell Seriosität und die Gunst Ihrer Kunden. Über die Vorteile und Nachteile von E-Learning müssen wir hier nicht diskutieren, da hat jeder einen anderen Ansatz. Unumstritten ist, dass Menschen Weiterbildung gerne annehmen, wenn man sie ihnen in Form unkomplizierter Zugänge anbietet. Denken Sie auch bei der Erstellung Ihres Contents daran, ob Sie die gerade entstehenden Formate womöglich auch als E-Learning-Inhalte anbieten können. Möglicherweise kann Ihr neuer Werbespot unterhaltsam und lehrreich zugleich sein. Gehen Sie weg vom Wunsch, nur Leads zu generieren; konzentrieren Sie sich zuerst darauf, Ihre User zu informieren – Teil eines persuasiven Prozesses. Ganz ähnlich dem bekannten Kellner-Gast-Beispiel: Bringt Ihnen der Kellner vor der Rechnung noch eine kleine Aufmerksamkeit des Hauses, werden Sie ihm mehr Trinkgeld geben. Bringt er zusammen mit der Rechnung womöglich noch eine Aufmerksamkeit, werden Sie ihm mehr Trinkgeld geben weil Sie sich geschätzt fühlen. Nutzen Sie diese Technik ruhig auch in der Kommunikation. Immerhin haben beide Seiten etwas davon.

E-Learning-Content muss gewissenhaft aufbereitet werden, was viel Personalressourcen und Zeit benötigt. Zudem muss man überlegen, ob die Kurse selbst gehostet oder via Online-Weiterbildungsplattformen angeboten werden. Kurse selbst zu erstellen und zu hosten funktioniert z. B. mit teachable.com oder podia.com. Alternativ können Sie sich natürlich ein eigenes System entwickeln lassen. Achten Sie auf eine einfache Handhabung und setzen Sie auf Videos und PDFs (eBooks, Artikel etc.). Wenn Sie up-to-date bleiben möchten, nutzen Sie Plattformen wie quora.com oder informieren Sie sich auf elearningindustry.com. Wenn Sie wissen wollen, wie professionelle Online-Weiterbildungen verkauft werden und aufbereitet werden können, empfehle ich Ihnen edx.org, udacity.com und coursera.org. Sie können dort Kurse von u. a. Elite-Universitäten wie Harvard oder Yale absolvieren (den Grundkurs in Computerscience „CS50" habe ich bereits vorhin erwähnt!).

Voicebots und Sprachassistenten
Die Zukunft der Computersteuerung ist unsere Sprache. Sie glauben mir nicht, weil Ihnen persönlich das Sprechen mit Computern, Tablets und Smartphones unangenehm ist? Weil Sie denken, mit der Tastatur und der Maus schneller zu sein? Weil Sie meinen, bevor Sie einem Gerät ansagen, dass es das Licht ein- oder ausschalten soll, stehen Sie lieber auf und machen es selbst, denn ein bisschen Bewegung sollte schon noch sein? Diese – unter vielen anderen – sind die gängigsten Gegenargumente, die ich bei meinen Vorträgen über Sprachassistenten höre.

Mein Gegenargument: Im asiatischen Raum sind Sprachassistenten ein Segen für die Bedienung von Devices, weil – ja, Sie ahnen es vielleicht – beispielsweise Chinesen mit Sprachbefehlen viel schneller sind, als beim Schreiben mit ihrem Zeichensystem. Ganz zu schweigen von jenen Menschen, die zu wenige Zeichen beherrschen, um schriftlich kommunizieren zu können. Für diese Leute eröffnet sich eine neue Welt.

Zweites Gegenargument: Wenn Sie Kinder haben, die mit heutigem Tag unter 15 Jahre alt sind, werden Sie zugeben müssen, dass diese selbst im konservativsten Elternhaus Zugang zu Smartphones und Tablets haben. Beobachten Sie sie bei den Bedienung. Die britische Research-Agentur Childwise hat Anfang 2018 in einer Studie festgestellt, dass Sprachassistenten von Kindern wesentlich intensiver genutzt werden. 42 % der Kinder zwischen 9 und 16 Jahren nutzen Sprachassistenten demnach zum Lösen ihrer Hausaufgaben (The Monitor Report 2019: Children media use and purpose, Childwise).

Eine natürliche Skepsis gegenüber technischen Veränderungen ist menschlich. Dieser Argwohn war auch bei der Präsentation des iPhones 2007 vorhanden. Niemand konnte sich damals vorstellen, dass dieses Gerät mehr als eine Spielerei werden würde, schon gar nicht, dass es unser digitales Verhalten auf den Kopf stellen könnte. Als im Sommer 2008 der AppStore eingeführt wurde, dachte niemand daran, dass diese Applikationen ein eigenes Geschäftsmodell sein könnten. Zehn Jahre später war jeder Weltkonzern dort vertreten.

Bei Sprachassistenten sind wir derzeit noch in der Warteschlange, allerdings erste Reihe. Weltweit sind über 100 Mio. Sprachassistenten im Einsatz, und hier sprechen wir lediglich von physischen Geräten wie Amazons Echos. Alexa, Cortana, Siri und Co. sind künstliche Intelligenzen, die auf jedem Gerät mit Lautsprecher, Mikrofon und einem Prozessor laufen können. Es spricht nichts dagegen, dass Alexa aus Ihrem Backrohr tönt und Sie daran erinnert, dass der Kuchen fertig ist. Es spricht auch nichts dagegen, dass Alexa künftig innerhalb eines Unternehmen sämtliche Termine koordiniert, Seminarräume bucht und vieles mehr (in manchen wird das bereits so gehandhabt).

Ja, aktuell sind Sprachassistenten eine Spielerei. Doch was spricht dagegen zu experimentieren? Auch als Unternehmen darf man „Early Adopter" sein. Mit einer Skill, so werden die „Apps" für Sprachassistenten wie Alexa genannt, können Sie Ihre Innovationsfreude zeigen. Sie werden es nicht bereuen. Jene Personen, die selbst einen Sprachassistenten verwenden, werden erfreut sein, dass auch Ihre Marke nun als Skill vertreten ist. Sie werden im Ansehen steigen, als innovativ und offen für neue Technologien gelten. Für alle anderen, die diese Devices ohnehin nicht nutzen, bleiben Sie unsichtbar – bis eines Tages auch diese Personen auf den Zug der Voicebots aufspringen. Möglicherweise ausgelöst durch Ihre Skills.

Ich möchte es nicht leugnen: Der Aufwand, eine Skill zu entwickeln, ist enorm. Weniger im technischen Sinn, denn durch eine einfache Entwicklerumgebung beispielsweise von Amazon, sind Alexa Skills relativ schnell von erfahrenen Entwicklern realisierbar. Knifflig wird es danach. Sie müssen sich überlegen, welche Art von Content Sie für einen Sprachassistenten aufbereiten. Die Texte müssen kurz sein, dürfen nicht verwirrend sein und müssen schnell auf den Punkt kommen. Jede Antwort über drei Sätze mit je maximal 10 Wörtern ist zu lang. Wir haben beim Zuhören eine wesentlich kürzere Aufmerksamkeitsspanne, als beim Lesen oder wenn wir einen Film ansehen. Sie müssen den User innerhalb der ersten drei Sekunden abholen und bei Laune halten. Damit das klappt, müssen Sie Ihren Content ständig testen und verbessern, bis die Fragen verstanden und die Antworten einwandfrei ausgegeben werden. Alleine dafür müssen Sie mindestens 100 Arbeitsstunden einrechnen, egal wie aufwendig Sie Ihre Skill gestalten. Hinzu kommt, dass Sie den Content aktuell halten müssen. Sprachassistenten leben von der Dynamik. Letztlich ist natürlich immer die Innovationskraft der angebotenen Inhalte und Funktionen ausschlaggebend.

Lassen Sie sich davon nicht abschrecken. Es gibt bereits einige Agenturen im deutschsprachigen Raum, die sich auf die Entwicklung dieser Skills spezialisiert haben und Ihnen die genannten Punkte erleichtern oder sogar abnehmen können. In eigener Sache möchte ich hierbei auf mein Projekt www.skill.casa verweisen, das die erste offizielle Skill-Agentur in Österreich war und sich auf die Entwicklung von Skill-Content spezialisiert hat. Wenn Sie sich eingehend mit dem Zukunftsthema Voicebots und Sprachassistenten beschäftigen wollen: Ich gehe in Kap. 5 auf diese Themen ein. Und ich empfehle Ihnen die Bücher „To be a machine" von Mark O'Connell und die Website www.voicebot.ai. Informationen zu den Themen finden Sie auch auf www.rms.de.

Mails und Newsletter

Am 2. August 1984 wurde in Deutschland die erste E-Mail versendet (und empfangen). Seit damals ist der Erfolg der digitalen Nachrichten ungebrochen (Spiegel Online 2018). Trotz aller neuen Tools und Kommunikationsvarianten, sind Mails fixer Bestandteil unseres Alltags. Nicht, weil sich nichts Praktischeres finden ließe, die Alternativen sind gewaltig. Die Gewohnheit macht uns zu Mail-Sklaven. Mails kann jeder Internetnutzer ohne großen Aufwand empfangen. Business-Kommunikation baut vollständig darauf auf. Die Mailbox ist fixer Bestandteil unserer Tagesroutine. Manche Menschen sind schneller per Mail erreichbar, als per Telefon (Ich gestehe: Ich gehöre zu diesen Menschen). Die Funktionsweise von Mails sollte hinlänglich bekannt sein.

Apps bzw. WebApps

Seit über 10 Jahren gibt es Apps – die Anwendungen (Appplikationen) für Smartphones, Tablets und Computer. Am 10. Juli 2008 wurde Apples AppStore vorgestellt und läutete eine Revolution ein. Allerdings eine zunächst überschaubare, mit einer Gesamtzahl von 500 Apps. Googles PlayStore und der Windows Store ließen nicht lange auf sich warten. Bald entdeckten die ersten Unternehmen das geschäftliche Potenzial dieser Apps. Heute sind Apples iOS- und Android-Applikationen ein Milliardenmarkt für sich. Die weltweiten Gesamteinnahmen durch Apps überschritten im 3. Quartal 2018 die 18-Mrd.-Dollar-Marke. Fast ein Viertel mehr als 12 Monate zuvor. Unfassbare 27,1 Mrd. App-Installationen wurden Ende des dritten Quartals 2018 verzeichnet. Man darf behaupten: Die Zahlen der Datenfirma SensorTower sprechen hier für sich (Nelson 2018).

Als Content-Träger sind Apps sehr stark. Ich möchte darauf hinweisen, dass Apps Content-Kanal und Content-Format in einem sind und die Entwicklungskosten entsprechend hoch sind. Es beginnt bei der Idee und der Konzepterstellung, führt zur Entwicklung, zum Testing, zur Anpassung bis zur Einstellung der App in den Store. Am Ende darf man das Marketing der App nicht vergessen sowie laufende Updates. Ebenso die grundlegende Frage: Für welche Plattform entwickelt man? Android- und Apple-Apps unterscheiden sich hinsichtlich der Zielgruppe erheblich. Android-User sind Gratis-Apps gewohnt, greifen selten zu kostenpflichtigen Varianten. Android-Nutzer achten eher auf Bewertungen und die Beschreibung der App im Store. Apple-User achten auf die Aufmachung wie Icons, Grafik, neuartige Elemente und Funktionen.

Hinzu kommen technische Unterschiede. Manche Funktionen werden von einigen Geräten nicht unterstützt. Was will man seinen Usern also bieten? Rechnen Sie mindestens 5000 bis 10.000 EUR Budget für eine App ein. Überlegen Sie, welchen Mehrwert Ihre App-User durch die von Ihnen angebotene Anwendung erhalten? Was kann diese App liefern, was sie über keinen anderen Kanal abdecken können? Möglicherweise automatische Türöffner durch NFC (Nearfieldcommunication)? Spezielle Rechentools, Nischenanwendungen, Zugriff auf Datenbanken, gesonderte Informationen, die verschlüsselt ausgegeben werden sollen? Bedenken Sie, dass statische Apps auf Devices bald abgelöst werden – von Web Apps. Das heißt: Alles was Sie mit einer App auf einem Smartphone können, können Sie bald auch mit einer WebApp, indem Sie die URL der Website aufrufen. Sie benötigen keinen AppStore mehr, müssen nichts mehr downloaden und sind so flexibler.

Web Apps, oder genauer gesagt Progressive Web Apps (PWA), sind im Kommen. Apps (z. B. iPhone Apps) hat man ursprünglich entwickelt, damit aufwendige Webinhalte in abgespeckter Form auch für Smartphones verfügbar wurden. Heute sind mobile Browser viel weiter, die Geräte extrem schnell und die mobilen Internetverbindungen noch schneller. Webanwendungen auf JavaScript- und HTML5-Basis stehen den „Native Apps" (installierten Versionen auf Geräten) heute um nichts mehr nach. Ursprünglich, im Jahr 2007, als Apple das App-Format bekannt machte, war nicht angedacht gewesen, jemals Applikationen von Drittanbietern zuzulassen. Schon damals wollte man ursprünglich auf Anwendungen setzen, die vollständig über den Webbrowser abrufbar waren. Doch dann erkannte Apple die Macht seiner Apps und des dazugehörigen Stores. Die Entdeckung der digitalen Goldgrube läutete schließlich den Siegeszug der „Native Apps" ein (Liebel 2017).

Heute werden Web Apps besonders von Google und Microsoft gepusht. Apple hält sich vornehm zurück, so lange der Geldhahn noch fließt. Aufhalten wird das die Entwicklung nicht. Im Gegenteil, viele Seiten setzen bereits auf WebApps, z. B. booking.com oder mobile.twitter.com. Kleiner Tipp für jene, die Angst vor einem Browser-Favoriten-Chaos haben: Sie können sich Web Apps wie normale Apps auf Ihren Homescreen ziehen und somit wie eine normale App starten. Auf iOS machen Sie das, in dem Sie Safari öffnen, die entsprechende URL eingeben und dann auf das Teilen-Symbol am unteren Rand in der Mitte klicken (Quadrat mit Pfeil nach oben). Dort finden Sie einen Menüpunkt „Zum Homescreen". Ziemlich ähnlich funktioniert es auf Androidgeräten mit dem Chrome-Browser. Auch hier finden Sie den Punkt „Zum Homescreen".

Podcasts und Audioplattformen
Die Macht und Möglichkeiten von Podcasts sind unbestritten, doch habe ich selbst sie lange unterschätzt. Bis ich für ein großes Projekt mehrmals pro Monat mit dem Auto zwischen Österreich und Deutschland pendeln musste. Irgendwann nerven selbst die besten Songs und man hat den Drang, die Autozeit sinnvoller zu verwenden. Also habe ich Spotify Vorschläge machen lassen und bin so bei Podcasts gelandet. Ich bin recht schnell in einen regelrechten Podcast-Rausch verfallen.

Interessant ist, dass weder Facebook noch Twitter oder Instagram die Möglichkeit bieten, Sound-Snippets zu veröffentlichen. Wenn, dann nur als Video (was mit Aufwand verbunden ist). Der Grund dafür? Die meisten Menschen sind visuelle Typen. Und das „Zeitproblem" lässt sich kaum lösen: Für Audioclips benötigt man nämlich viel Zeit. Man kann nicht eben drüberlesen oder das Video Fast forward abspielen. Wir können Audio zwar mit mehrfacher Geschwindigkeit abspielen (etwa bei Hörbüchern), was aber nur wenige Personen als angenehm empfinden. Die meisten können dem gesprochenen Wort nur folgen, wenn das

Tempo ein langsames ist. Somit muss man sich Zeit für den Content nehmen und ihn vollständig konsumieren. Das schränkt den Nutzen von Audio-Content ein.

Die beste Audioplattform ist übrigens nach wie vor YouTube. Legen Sie Ihre Audiodatei unter ein Standbild, exportieren Sie dieses als Video und laden Sie es hoch – schon kann die ganze Welt Ihren Podcast auf YouTube sehen…hören – sagen wir einfach: abspielen. Eine global stark genutzte Plattform, auf der man seine Töne mit der Welt teilen kann ist Soundcloud.com. Eine Alternative dazu ist Clyp.it. Alternativen für Musiker sind Bandcamp.com, Hearthis.at oder MySpace.com (ja, die gibt es immer noch). Hörbücher, die derzeit sehr beliebt sind, gibt es auf Audible, Spotify, Napster. Weitere findet man recht schnell bei einer Googlesuche.

TV

Netflix, Amazon Prime, Virtual-Reality-Live-Streamings – die nächsten großen Würfe, die das gute alte Fernsehen ablösen werden. So sagt man. Ganz so stimmt das noch nicht. Interessanterweise stemmt sich die TV-Branche seit Jahren erfolgreich gegen die Newcomer. Natürlich, anpassen mussten sie sich schon. Heute gibt es eben Online-Mediatheken mit Streaming-Funktion, die den Content rund um die Uhr abrufbar machen. Es ist übrigens nicht nur gefühlt so, dass TV trotz Netflix und Co ungebrochen erfolgreich ist. Eine Nielsen-Studie 2018 hat ergeben, dass US-Amerikaner täglich 4 h und 46 min TV-Inhalte konsumieren – und dieser Wert ist alleine in 6 Monaten um 21 min gestiegen. Als Vergleich: Social-Media-Konsum findet nur 45 min pro Tag statt (Salmon 2018).

Je mehr TV-Inhalte konsumiert werden, desto höher die Werbeeinnahmen. Je höher die Werbeeinnahmen, desto besseren Content können TV-Sender produzieren, was wiederum erneut mehr Zuseher lockt und bindet. Im Gegensatz zu Artikeln, die man überfliegen, wegklicken, aufrufen, abspeichern, stellenweise lesen oder nur durch die Überschrift (vermeintlich) erfassen kann, klappt das bei Audio- und Video-Content nicht. Am Ende muss man Audio- und Videoinhalte bewusst und konzentriert konsumieren. Manche schaffen das ernsthaft in dreifacher Abspielgeschwindigkeit, die Masse bevorzugt aber einen Spielfilm in Normalgeschwindigkeit, mit unverzerrten Stimmen.

Für Ihren Content rate ich: Nutzen Sie die vorherrschende Macht der TV-Stationen und streben Sie Kooperationen an, besonders redaktionelle Kooperationen. Gehen Sie in erster Linie nicht auf klassische Werbung, sondern achten Sie darauf, journalistische Inhalte unterbringen zu können. Sponsern Sie Sendungen oder betreiben Sie Product Placement, werden Sie kreativ! Fragen Sie bei den jeweiligen Sendern nach Vorschlägen und neuartigen Kooperationsmöglichkeiten. Damit bleiben Sie auch länger in den Köpfen der Zuseher, als mit einer 08/15-Werbung.

Radio

Man möchte es angesichts von Streamingdiensten wie Spotify, von Millionen Gratis-Podcasts und Hörbüchern gar nicht glauben, aber Radio ist nach wie vor einer der beliebtesten Channels in Sachen Informations- und Musikkonsum. Sieht man sich Studien zur Nutzungsdauer laut Statista.com an, so muss man allerdings feststellen, dass sich die Nutzungszeit alleine zwischen 2007 und 2017 von ursprünglich 205 min pro Tag auf 179 min pro Tag reduziert hat (Statista.com 2019).

Statistiken sind immer Interpretationssache, doch hier muss man anmerken: Gerade der Zeitraum zwischen 2007 und 2017 hat wenig Relevanz, denn: In dieser Zeit wurde das Smartphone populär, das mobile Internet flächendeckend verfügbar und YouTube, Spotify und Co. eroberten den Entertainment-Markt.

Ich sehe im Format und Kanal Radio weiterhin ein Zukunftsmedium. Ein guter Grund ist der *„Leanback-Effekt"*, die Bequemlichkeit der Menschen. Natürlich können wir uns über diverse Plattformen unser eigenes Programm aus Podcasts, Streams und Snippets zusammenstellen. Wir tun es selten, weil wir uns lieber von einem fertigen Programm berieseln lassen, damit wir uns stressfrei zurücklehnen können.

Hier wird es für Sie als Content-Produzent interessant. Stichwort: Radiowerbung. Besonders für kleinere regionale Betriebe kann Radiowerbung in regionalen Sendern sinnvoll sein. Bevor Sie sich also an Ihren Radio-Content setzen, heißt es wieder, die Zielgruppe zu kennen und die richtigen Kanäle zu wählen. Listen von deutschen Radiosendern finden Sie auf radiozentrale.de, von österreichischen auf rtr. at und schweizer Radiosender auf www.schweizerseiten.ch/schweizerradio.htm.

Die Produktion von Radiospots sollten Sie unbedingt Profis überlassen. Entsprechende Agenturen haben notwendige Kontakte zu Sendern, Studios, Sprechern. Wie Sie eine passende Agentur finden? Sehen Sie sich Referenzen der Agenturen (oder von Tonstudios) an, notieren Sie sich Spots, die Ihnen gefallen. Überlegen Sie selbst, an welche Radiowerbung der vergangenen Tage Sie sich erinnern können.

Sie können bei und mit Radiosendern redaktionelle Kooperationen starten. Welche Optionen sich anbieten, müssen mit dem jeweiligen Sender individuell geklärt werden. Üblicherweise sind es redaktionelle Aufbereitungen in Form von Sendungen oder im Rahmen von Moderationen bzw. Product Placement bei Gewinnspielen oder Sonderformate wie etwa Spendenaktionen in der Vorweihnachtszeit, die von prominenten Radiosendern begleitet werden.

Ein Verhandlungstipp: Kaufen Sie Werbespots und kommen Sie danach bzw. nach Bezahlung auf das Thema redaktionelle Bewerbung zu sprechen. Die Wahrscheinlichkeit steigt, dass Sie eine kostenlose PR bekommen – vor allem, wenn Sie in Aussicht stellen, einen weiteren Werbespot zu buchen.

Zu den Preisen: Radiowerbung wird nach Sekunden berechnet. Die Tarife finden Sie in den Mediadaten der jeweiligen Sender. Auch heute noch berechnen Radiosender die Preise nach der TKP-Formel. Der Tausender-Kontaktpreis beziffert den Preis, den Sie für 1000 Sichtkontakte zahlen. Spots in reichweitenstarken Radiosendern können dann gerne einige Tausend Euro kosten, auch abhängig von der Anzahl der gespielten Werbungen insgesamt. Der TKP ist in meinen Augen ein Relikt aus der Urzeit. Fragen Sie bei Verhandlungen nach einer Pauschale, besonders kleine Sender werden darauf eingehen. Grundsätzlich gilt: Zahlen Sie nie die angegebenen Preise, sondern verhandeln Sie vor der Buchung auf Biegen und Brechen. Wenn Sie es nicht selbst können, engagieren Sie einen versierten Verhandler (Zielführendes Verhandeln sollte übrigens auch jeder gute Content-Coach beherrschen). Das wird Ihnen viel Geld ersparen. Kein Medium kann es sich leisten, Werbekunden zu ignorieren und abzulehnen. Wenn Sie es also nicht mit unverschämten Preisvorstellungen übertreiben und realistisch bleiben, werden Sie mit einigen Preis-Prozenten weniger und zufrieden nach Hause gehen.

Film (und Kino)
In der Content und Content-Vermarktung sind Filme und Filmproduktionen (Serien für TV, Spielfilme oder Kinoproduktionen) gute Informationsträger und ideale Content-Channels. Es ist nur so, dass das Content-Format Film sehr aufwendig und teuer ist. Nun müssen Sie es nicht gleich wie Procter & Gamble machen und eine eigene Produktionsfirma gründen (die Procter & Gamble Productions).

Sollten Sie der Vorstand eines multinationalen Milliardenunternehmens sein und Kinogeschichte schreiben wollen, bringen Sie den Vorschlag einer eigenen Filmproduktion beim nächsten Boardmeeting. Sie halten mich für verrückt? Sie können mich vorab gerne kontaktieren und ich liefere Ihnen ein paar handfeste Argumente, die diesen Vorschlag sogar mehr als plausibel machen.

Natürlich ist mir bewusst, dass nur wenige diese Experimentierfreudigkeit und siebenstellige Budgets mitbringen. Bevor Sie etwa Ihren eigenen Film oder Ihre eigene Serie produzieren, können Sie es mit Product Placement versuchen. Sponsoren werden im Filmbusiness immer gesucht. Wenn Sie ernsthaft in Erwägung ziehen Geld springen zu lassen, um als Marke in einem Film vorzukommen, kontaktieren Sie Produktionsfirmen. Sie werden Ihnen Vorschläge für mögliche Sponsorings machen. Denn nicht jede Produktion eignet sich dafür.

Sofern Sie davon überzeugt sind, dass Sie nicht nur einen Werbespot benötigen, sondern gleich eine komplette Serie oder eben eine eigene Dokumentation bzw. einen eigenen Film (was auch immer Sie damit vorhaben), müssen es nicht gleich die großen Produzenten sein. Für Ersteinschätzungen zu Ihrem Vorhaben können Sie sich an kleine Filmfirmen wenden oder an junge Filmemacher, die nicht selten über sehr gute Ideen und oftmals sogar die technischen Möglichkeiten zur Umsetzung verfügen. Aber um es noch einmal klarzustellen: Eine Marke oder Produkte etc. in einem Film unterbringen zu wollen, oder gar selbst einen zu finanzieren, ist die mit Abstand aufwendigste Art seinen Content unter die Menschen zu bringen. Hier verlassen wir den Pfad der Werbung und der Kommunikation und gehen weit tiefer in den Dschungel der Entertainment- und Filmindustrie. Wagen Sie diese Reise nur, wenn Sie sich ganz sicher sind, genügend Geld haben und die notwendigen Experten und Unterstützer an Ihrer Seite. Sonst kann das Abenteuer Film schnell in einem (finanziellen) Desaster enden. Im Gegenzug könnten Sie aber eines der wenigen Unternehmen bzw. eine der wenigen Marken im deutschsprachigen Raum sein, die sich an ein solches Projekt heranwagt. Natürlich können Sie sich auch an Amazon Prime, Netflix und Co wenden, und Ihre Bereitschaft zu einer Co-Finanzierung kundtun. Das Wesentliche: Sie müssen sich im Vorfeld von klassischer Werbe- und Marketingsprache verabschieden. Im Film sind all Ihre Kommunikationspläne völlig nutzlos. Bei TV- und Filmproduktionen sprechen viele kreative Köpfe mit und letztendlich sitzen Sie selbst als Geldgeber nicht immer am längeren Ast.

Kleiner Tipp: Wenn Sie wirklich der Meinung sind, eine Story zu haben, die sowohl als Serie/Film funktioniert als auch Ihre Marke bewerben könnte, denken Sie an Facebook-Watch-Produktionen oder YouTube-Serien.

1.4.2   Social Media

In diesem Abschnitt gebe ich Ihnen einen Überblick über die größten und wichtigsten Social-Media-Plattformen. Wie Sie einzelne Social-Media-Channels effektiv nutzen, möchte ich Ihnen hier kurz und knapp erklären. Hinweis: Hier gehe ich auf westliche Channels ein. Unter Abschn. 1.4.4 nehme ich Sie auf einen Ausflug in andere Länder mit, auf dem Sie die wichtigsten digitalen Plattformen aus Asien kennenlernen.

- **Facebook und Facebook Messenger:** Muss ich Ihnen Facebook noch näher erklären? Wenn ja, dann haben Sie die vergangenen Jahre als Einsiedler auf einer Pazifikinsel gelebt. Facebook ist mittlerweile das größte Soziale Netzwerk der Welt, mit 2,3 Mrd. Nutzern. Gegründet von Mark Zuckerberg im Jahr 2004 ist Facebook heute ein Milliarden-Konzern, der sich über Werbung und Datenverkauf finanziert und zudem auch andere erfolgreiche Social-Media-Plattformen wie Instagram und WhatsApp gehören. Was die Bedeutung für Corporates betrifft, so nimmt diese aktuell etwas ab. Facebook hatte 2018 und 2019 mit einigen Datenskandalen zu kämpfen sowie mit etlichen Hassposting-Skandalen. Viele Firmen distanzieren sich derzeit von Facebook als Channel. Aus meiner Sicht ist es für den B2C-Markt nach wie vor ein guter Kanal, um Produkte zu bewerben. Ich rate allerdings davon ab zu viele Ressourcen für den Aufbau und die Betreuung einer Facebook-Page zu verwenden oder diese gar als einzigen Channel zu verwenden. Sehen Sie Facebook als Teil des Kuchens. Setzen Sie auch auf andere oder neue Channels wie Instagram, Snapchat und Co.

- **Instagram:** Instagram wurde 2010 gegründet und ist seit 2012 Teil der Face-book-Welt. Instagram ist ein visuelles soziales Netzwerk. Man teilt kurze Videos, Fotos, private Storys und versieht diese mit Text, Emoji-Stickern, Hashtags. Wie bei anderen sozialen Medien interagiert man mit seinen Followern, also jenen Usern, die Ihrem Profil folgen. Instagram hat über eine Milliarde User und einen besonders hohen Stellenwert bei Usern zwischen 18 und 30 Jahren (jüngere Zielgruppen verwenden Snapchat). Durch Instagram etablierte sich auch der Begriff (und Beruf) der Influencer. Also Personen, die aufgrund ihrer starken Präsenz und ihren hohen Follower-Zahlen als Testimonials für Marken auftreten und ihre Follower so beeinflussen. Instagram ist nach wie vor ein sehr guter Werbekanal. Allerdings ist der Professionalisierungsgrad enorm hoch, sodass Produktionen von Fotostrecken und Videos für Instagram aufwendig sind. Lassen Sie sich von der vermeintlichen Spontaneität vieler Blogger nicht täuschen: Dahinter stecken ausgeklügelte Content-Strategien und -Pläne sowie aufwendige Shootings und Produktionen. Wollen Sie mit Ihren Inhalten hervorstechen, müssen Sie Qualität liefern und sich außergewöhnliche Inhalte überlegen, die sich von der Masse der restlichen Influencer-Ideen abheben. Wenn Sie das einmal geschafft haben, kann Instagram ein perfekter Verkaufskanal werden.
- **Pinterest:** Wie der Name vermuten lässt ist Pinterest eine große virtuelle Pinwand. Das Social Network wurde 2010 in San Francisco gegründet und hat heute über 250 Mio. User. Der Sinn: Menschen teilen Hobbys und Interessen auf ihren Pinnwänden. Dafür pinnen sie einfach die Bilder und Ideen anderer auf Ihre Wand bzw. laden eigenen Content hoch. Pinterest hat heute etwas an Bedeutung als Werbekanal verloren, ist aber nach wie vor ein gutes Instrument für Branchen, in denen das Bild mehr zählt als das Wort. Beispielsweise für Blumenhändler, Weddingplaner, Fitnesstrainer usw.
- **Quora:** Quorum ist eine Umfrage-Plattform. Man kann Fragen stellen und beantworten. Die Plattform wurde 2009 gegründet und ist heute weltweit in mehreren Sprachen verfügbar. Quora ist kein klassisches Social-Media-Tool.

Es ist ein globales Forum, um sich zu spezifischen Themen auszutauschen. Quora bietet vor allem für Experten eine gute Möglichkeit, ihr Wissen unter Beweis zu stellen. Die Qualität der Antworten definiert sich durch die Bewertungen anderer User. Je besser und ausführlicher die Antworten, desto besser die Bewertungen und dadurch der Status des Profils. Für Firmen bietet sich Quora als zusätzlicher Kundensupport an. Derzeit wird das, zumindest im D-A-CH-Markt, allerdings noch selten wahrgenommen.

- **Twitter:** Hier gilt wie bei Facebook: Muss ich Ihnen vermutlich nicht näher erklären. Spätestens seit US-Präsident Donald Trump, kennt man Twitter und seine Funktion(en). Twitter wurde 2006 gegründet und war ursprünglich auf eine Textlänge von 140 Zeichen limitiert. Mittlerweile können längere Texte sowie Bilder, GIFS, Videos geteilt werden. Besonders gerne wird Twitter von Prominenten und Politikern verwendet. Im US-Raum ist Twitter stark verbreitet, hierzulande ist es zu einer Filterblase von Journalisten und Tech-/IT-Affinen geworden. Ob sich ein eigener Twitter-Auftritt für Ihre Marke auszahlt, hängt von der globalen Bedeutung Ihres Unternehmens ab und muss von Fall zu Fall individuell entschieden werden. Ich will Ihnen dazu pauschal weder ab- noch anraten.

- **Snapchat:** Snapchat wurde 2011 als Instant-Messaging-Dienst gegründet. Berühmtheit erlangte Snapchat durch die Erfindung der sich selbst löschenden Nachrichten, weshalb die App mitunter für sehr private Inhalte verwendet worden ist (und teils noch verwendet wird). Snapchat ist Erfinder der Storys, wie wir sie mittlerweile von Instagram und Facebook kennen und Snapchat führte die Foto-Filter und Sticker ein, mit denen eben erstellte Fotos bearbeitet werden können. Es gab mehrmals den Versuch seitens Facebook Snapchat zu erwerben, der allerdings immer wieder abgelehnt worden ist. Mittlerweile ist Snapchat selbst an der Börse und das beliebteste Social-Media-Netzwerk bei der Zielgruppe unter 18 Jahren. Inwieweit also ein Snapchat-Profil für Ihre Marke infrage kommt, ist von Ihrer Zielgruppe abhängig.

- **LinkedIn:** 2003 ging die Berufs- und Vernetzungsplattform online. Heute gehört LinkedIn zu Microsoft und ist die größte Netzwerkplattform und HR-Plattform der Welt. Professionelles Networking ist das Geschäftsmodell des Unternehmens, wobei LinkedIn zunehmend eine wichtige Rolle in der Jobvermittlung spielt. In Zukunft wird sich die Jobsuche fast komplett in das Umfeld von solchen Netzwerken verlagern. Firmen, die Wert auf ihr Recruiting legen, verwenden heute schon die Funktionen von LinkedIn. Wer professionell auftreten und seine Kenntnisse übersichtlich vermitteln will, kann auf LinkedIn nicht verzichten. Seit Microsoft das Netzwerk erworben hat, nimmt auch der Professionalisierungsgrad stetig zu und die Benutzung wird einfacher. Angenehm: LinkedIn ist weitgehend frei von Pöbeleien (wobei man sich auch auf dieser Plattform nicht vor Trollen schützen kann.) Werbemaßnahmen via LinkedIn funktionieren gut, wenn auch derzeit noch stärker im englischsprachigen Raum. Am D-A-CH-Markt wird sich LinkedIn über die kommenden Jahre gut positionieren. Als Unternehmen sollte man LinkedIn nutzen und ein eigenes Unternehmensprofil einrichten. Darüber kann man Inhalte teilen und einen Teil der HR-Tasks erledigen.

- **YouTube:** Das größte Videoportal der Welt muss ebensowenig erklärt werden wie seine Funktionsweise. Wichtig zu wissen: YouTube bedeutet übersetzt in etwa „Du sendest", wörtlich heißt es „Du Röhre", abgeleitet von den Röhrenfernsehgeräten von anno dazumal. Derzeit experimentiert YouTube mit einem Premium-Service, der werbefreie Videozeit verspricht sowie einem Music-Streamingdienst.

- **Vimeo:** Vimeo ist eine 2004 (und damit 1 Jahr vor YouTube) gegründete Video-plattform, die besonders gerne von Filmemachern und Professionals genutzt wird. Der Grund ist, dass Vimeo HD- und 4K-Ultra-HD-Formate unterstützt. Die restlichen Funktionsweisen ähneln YouTube sehr stark.

- **Dailymotion:** Ist die europäische Alternative zu YouTube und gehört mittlerweile zu den wichtigsten Webportalen. Dailymotion wurde 2005 in Paris gegründet und unterhält Kooperationen bzw. Partnerschaften mit namhaften Medienhäusern wie CNN, Universal, Süddeutsche Zeitung etc. Als einfacher User kann man Videos mit einer Länge bis zu 60 min und einer Dateigröße bis 2 Gigabyte hochladen. Als spezieller Content-Partner erhält man die Möglichkeit, unlimitiert upzuloaden.

- **Twitch:** Ist ein Livestreaming- und Video-Portal für Computerspiele (eSports und Gaming ist ein immer wichtiger werdender Milliardenmarkt). Twitch wurde 2011 gegründet. Das Portal konzentriert sich auf E-Gaming und hat mittlerweile auch Rechte für die Ausstrahlung aufgekauft. 2016 kam eine Funktion „In real life" hinzu, die Usern ermöglicht, Content hochzuladen, der nicht unmittelbar mit Computerspielen zu tun hat. Das Partnerprogramm von Twitch ähnelt dem von YouTube: Man muss eine gewisse Zahl von Followern aufweisen und permanent Inhalte zur Verfügung stellen (hier streamen). Dabei hat man die Möglichkeit, diese sponsern zu lassen bzw. Werbung einzublenden und erhält dafür Geld. Zudem gibt es Affiliate-Programme.

- **Medium:** Medium ist eine Online-Publishing-Plattform, die 2012 gelaunched worden ist. Sie unterstützt die Idee des Social Journalism, also des sozialen Journalismus, wobei sich freie Schreiber, Journalisten und Autoren aus aller Welt mit ihren Inhalten beteiligen, die sie über eine einheitliche Plattform, hier Medium, bereitstellen. Medium ist bis heute nicht profitabel, obwohl 2017 ein Abo-Modell für 5 EUR pro Monat eingeführt worden ist. Für Unternehmen bietet die Plattform geringfügig Möglichkeiten sich zu etablieren, allerdings nur über eine Person, die als Experte für ein Fachgebiet auftritt bzw. als Blogger aktiv wird.

- **Flickr:** Die 2005 gegründete Fotoplattform gehört heute zu einer der Top50-Websites und hat über 8 Mrd. Fotos auf seinen Servern gespeichert. Flickr ermöglicht es Nutzern, ihre Bilder hochzuladen; vorwiegend sind es hier professionelle bzw. semi-professionelle Bilder. Die Fotos können kommentiert und über die Flickr-Services auf anderen Seiten eingebunden werden. 2018 wurde Flickr von Yahoo an SmugMug verkauft und Anfang 2019 wurden die Nutzungsbedingungen geändert. So werden veraltete Fotos gelöscht bzw. der Upload limitiert. Umgehen kann man diese Limitierungen, indem man ein Abo kauft.
- **Slideshare:** Das Portal Slideshare.com ermöglicht es, Dokumente wie PDFs und Dokumentationen auszutauschen bzw. hochzuladen. Der Dienst wurde 2006 gegründet und bereits 2012 von LinkedIn gekauft.
- **XING:** Wie LinkedIn, nur für Deutschland. Auf dem HR-Portal kann man einen virtuellen Lebenslauf (Profil) anlegen und sich mit Personen aus seinem beruflichen Umfeld austauschen. Bereits 2003 wurde XING gegründet und ist mittlerweile ein börsennotiertes Unternehmen. Die Nutzerzahlen sind zwar stabil, auf lange Sicht ist es aber fraglich, ob sich Xing gegen globale Größen wie LinkedIn durchsetzen wird. Ein wesentlicher Vorteil ist aber die klare Positionierung auf den D-A-CH-Markt.
- **WhatsApp:** Wie bei Twitter und Facebook erspare ich Ihnen lange Erklärungen. Wichtig zu erwähnen: Der Nachrichtendienst, der heute schon weit mehr Nachrichten in die Welt versendet als es SMS-Dienste tun, gehört zu Facebook und soll künftig mit allen Facebook-Message-Diensten zusammengelegt werden. Zudem plant Facebook, Werbung bei WhatsApp einzuführen. Geplant ist, dass künstliche Intelligenz die Inhalte der Nachrichten auf Keywords auslesen und Ihnen passgenaue Werbeanzeigen innerhalb von WhatsApp ausspielen kann. Nicht umsonst ist WhatsApp seit jeher ein Dorn im Auge von Datenschützern.
- **Tumblr:** Wer sich auskennt, wird schmunzeln. Allen anderen möchte ich sagen, dass Sie seit Anfang 2019 wieder vermehrt auf Tumblr setzen können. Der Hintergrund: Die Blogging-Plattform ist nicht mehr länger eine Porno-Blogging-Plattform. Die neue Geschäftsführung hat beschlossen, dem frivolen Treiben ein Ende zu setzen und wieder seriösen Content anbieten zu wollen. Folglich wurden alle Erwachseneninhalte mit Ende 2018 gelöscht. Das Prinzip ist schnell erklärt. Sie melden sich an, richten einen Blog ein und veröffentlichen Ihre Inhalte. Ich möchte darauf hinweisen, dass es durchaus einige Zeit dauern kann, bis Tumblr SEO-technisch wieder schmuddelfrei ist. Behalten Sie die Plattform im Hinterkopf.

1.4.3   Offline Channels und Sonstiges

Events
Veranstaltungen wie Messen, Firmenfeiern (und damit meine ich keine halblustigen Weihnachtsfeiern, sondern offizielle Anlässe, ausgerichtet oder gesponsert von einem Unternehmen) sowie Conventions etc. sind wunderbare Gelegenheiten, um Ihre Inhalte unter die Menschen zu bekommen. Selbst in der digitalen Zeit ist nichts so wirksam, wie ein persönliches Gespräch, unterstützt von gut aufbereitetem Infomaterial, das natürlich zeitgemäß übermittelt werden sollte. Infomappen, bedruckte Handtücher oder andere nutzlose Giveaways unterlassen Sie bitte. Unserer Umwelt und Ihrem Image zu Liebe. Verbinden Sie stattdessen die Online- und Offlinewelt. Überzeugen Sie durch Innovation. Nutzen Sie beispielsweise NFC-Technologie, um Infos zu übertragen. Kontakte werden über Plattformen wie LinkedIn geschlossen.

Setzen Sie auf Screens, die hochwertigen Content präsentieren oder setzen Sie auf Augmented Reality. Beispiel: Hält ein Gast sein Smartphone über gewisse Gegenstände und Bereiche, bekommt er weitere Informationen. So könnten Sie etwa eine Firmenführung lebendiger gestalten, oder einen Messestand zum Leben erwecken, wenn die App über dem Kopf des CEOs die wichtigsten Zahlen des Geschäftsjahres abbildet oder seinen Lebenslauf anzeigt. Andererseits kann es praktisch sein, bei einer Firmenführung in der Produktionshalle jene Produkte zu zeigen, die mit dieser Maschine hergestellt werden. Wenn Sie noch moderner sein wollen: Wie wäre es mit einer großen VR-Box, statt einem bunten, braven Messestand? In dieser Box setzen Sie Ihren Besuchern eine Virtual-Reality-Brille auf und lassen ihn in eine extra entwickelte Unternehmenswelt eintauchen, in der die Besucher spielerisch aber auch in seriöser Weise Ihre Produkte entdecken können. Die Möglichkeiten sind endlos – und ich weiß, dass es meist die Budgets sind, die diesen Optionen einen Riegel vorschieben. Wer für große Shows kein Geld hat, sollte deshalb mit überzeugenden Details und Know-how punkten. Setzen Sie auf einen interaktiven Screen, auf dem die Besucher Ihre digitalen Channels nutzen können und 3D-Modelle Ihrer neuen Produkte testen können. Statt Feuerzeuge lassen Sie Smartphone-Hüllen produzieren, die auslesesicher sind (d. h. NFC/ RIFD-Blocking, damit schützen Sie etwa Ihre Bankomatkarten vor ungewollten Abbuchungen im Vorbeigehen). Oder Sie verlagern die Giveaways gänzlich in den virtuellen Raum und verschenken digitale Produkte (Zugangscodes für Testsoftware, freie Hosting-Pakete, Gutscheine für Onlineshops, Stromeinheiten mit einem Strompartner Ihrer Wahl etc.).

Gewinnspiele

Gibt es etwas zu gewinnen, lassen die Userströme nicht lange auf sich warten. Das gilt für klassische Gewinnspiele über Offline-Kanäle, aber besonders für jene über digitale. Je exklusiver die Gewinne, desto mehr Zuspruch. Allerdings müssen Sie sich bewusst sein, dass über die Hälfte der Teilnehmerkontakte nicht brauchbar sein wird. Es handelt sich um Gewinnspiel-Jäger, die bei allen Gelegenheiten auf Gewinne ihr Glück auf die Probe stellen. Die Zahl dieser wertlosen Kontakte können Sie reduzieren, indem Sie ihr Gewinnspiel etwas anspruchsvoller gestalten und auf Ihre Marke Bezug nehmen. Lassen Sie Rätsel lösen, Fragen beantworten und fordern Sie Ihre User etwas heraus (der Spaßfaktor muss erhalten bleiben). Im Gegenzug bieten Sie anspruchsvolle Gewinne. Verschenken Sie Stromstunden, Krypto-Geld, Tech-Gadgets, echte Gutscheine (bestimmter Geldwert), Reisen oder anderes, was Sie auch in diesem Bereich von Ihrer Konkurrenz abhebt. Verbinden Sie die Gewinne mit Ihrem Unternehmen. So können Sie die Reise zu Ihrer nächsten großen Konferenz (oder einer Branchenkonferenz) verlosen oder Kooperationen mit Ihren Partnern eingehen. Sie können sich überaus beliebt machen, indem Sie gerade höchst gefragte Produkte verlosen, die schwer erhältlich sind. Sollten Sie das Glück haben, zudem eine Person des öffentlichen Lebens zu sein oder eine solche in Ihrem Umkreis (im Umkreis der Marke) zu haben, dann setzen Sie auf Meet-and-Greet-Abende. Ein Abendessen mit einem berühmten Testimonial funktioniert bestens als Hauptgewinn (Betonung liegt auf berühmt!).

Testimonials: Kooperation(en) mit Prominenten

Wie bereits in Bezug auf die Gewinnspiele angesprochen, eignen sich Kooperationen mit Promis und Personen des öffentlichen Lebens hervorragend, um Ihre Inhalte zu transportieren. Das Prinzip der Testimonials sollte Ihnen bekannt sein. Gibt ein Promi eine Empfehlung für Sie ab, zählt das mehrfach. Manche Unternehmen engagieren Prominente als Markenbotschafter. So hat Dwayne The Rock Johnson einen Vertrag mit dem Sportartikelhersteller Under Armour geschlossen. Sein exklusiver Sportschuh und die eigens entwickelten Kopfhörer waren binnen Minuten ausverkauft. Nespresso ohne George Clooney ist ohnehin kaum noch vorstellbar.

Bevor Sie eine Kooperation eingehen, achten Sie auf die Exklusivität, auf das Umfeld der Person und auf die Menschen, die sie erreicht. Gehen Sie neue Wege, überlegen Sie sich neue Möglichkeiten für eine Zusammenarbeit. Vermeiden Sie eines von zahlreichen Logos auf einer Wand oder gar auf einem Trikot zu sein. Werden Sie innovativ, überlegen Sie, wie Sie ihre Produkte präsentieren können und nicht nur die Marke. Vor allem, wenn Sie ein Unternehmen mit einem bereits sehr hohen Markenwert sind. Wenn Sie nun an Tiger Woods denken, welche Marke kommt Ihnen in den Sinn? Wenn Sie den Spitzengolfer auch nur am Rande kennen, werden Sie an Nike denken. Woods spielt ausschließlich mit Nike-Equipment. Wussten Sie aber, dass der Energydrink-Hersteller Monster ein Sponsor von Woods ist? Oder der große indische Motorradhersteller hero? Diese Konzerne gehen leider unter, weil sie nicht auf das Testimonial eingehen. So hätte Nespresso George Clooney einfach beim Kaffeemachen filmen können. Stattdessen hat das Unternehmen mit Clooneys Image (als Frauenschwarm) gespielt – und einen enormen Erfolg erzielt.

Printprodukte (Zeitungen, Plakate, Bücher…)
Für Unternehmen rentiert es sich aus meiner Sicht kaum mehr in Werbung bei Tageszeitungen zu investieren. Wer unbedingt auf Print-Kanäle setzen will, weil er etwa der Überzeugung ist, das Gefühl von zerknittertem, durchnässten Papier zwischen den Fingern ist auch abseits der Literatur unausweichlich, der kann (und soll in meinen Augen) auf Nischenmagazine ausweichen. Spontan fällt mir „brand eins" (www.brandeins.de) ein. Es ist eines der bekanntesten Wirtschaftsmagazine im deutschsprachigen Raum. Es gibt unzählige in bestimmten Branchen erfolgreiche Magazine und Fachzeitschriften. Etwa Landwirtschaftsmagazine (Landwirt.com), Medizinmagazine (Deutsches Ärzteblatt, diverse Fachmagazine in Fachverlagen wie Springer Medizin) oder Magazine von Flugzeugtechnik bis Psychologie aktuell. Achten Sie vor Ihrer Investition (besonders für PR-Zwecke) auf die Reichweite des Mediums und auf die Auflagenstärke (wobei Sie die verkaufte Auflage beachten müssen, die gedruckte Auflage ist nicht relevant).

Wir müssen keine Statistiken bemühen, um festzustellen, dass die nachkommenden Generationen mit Print nicht mehr allzuviel anfangen werden. Auch die Zahl der Buchleser nimmt ab. Das muss alles aber nicht zwangsläufig bedeuten, dass es mit dem geschriebenen Wort dem Ende zugeht. Die Aufmerksamkeit verlagert sich. Angebote wie E-Reader (etwa Kindle) erweitern die Textkanäle. Und tatsächlich: Gelesen wird heutzutage so viel wie noch nie zuvor. Social-Media-Channels, Webinhalte – alle bauen sie primär auf dem Content-Format Text auf, weil Text ein schnell zu erfassendes Format ist. Man muss nicht den gesamten Absatz lesen, um wesentliche Punkte aufnehmen zu können.

Eine Offline-Variante, die ich gelegentlich gerne empfehle, sind die guten alten Briefe. Wenn Sie private Adressen haben, die Sie auch kontaktieren dürfen, oder die Adresse der Büros Ihrer Geschäftspartner und Kunden – schicken Sie doch einmal einen Brief! Sie werden positiv überrascht sein. Denn die meisten

Briefkästen sind heutzutage nahezu leer bzw. mit Werbung oder Rechnungen verstopft. Wie schön ist es da, plötzlich von einem Brief oder Päckchen überrascht zu werden.

Geschenkpakete sind ein Phänomen! Wir werden neugierig und wollen wissen, was drin ist (selbst in Fällen bei denen wir wissen, was wir bestellt haben). Dieses Phänomen haben Wissenschaftler 2015 in fünf Experimenten bestätigt. Demnach erscheinen Produkte, die in einer Box verpackt sind, für uns immer attraktiver und lösen Glücksgefühle und Erwartung aus. Egal, ob wir den Inhalt kennen oder die Box sogar durchsichtig ist. Allein die Tatsache, dass etwas nicht sofort berührt werden kann und wir uns darum erst bemühen müssen, löst positive Gefühle aus (Sun et al. 2015).

Outdoor-Werbewände und Litfaßsäulen
Riesige LED-Wände an den Straßen kennen wir alle. Auf ihnen können Videos, Bilder und Audios abgespielt werden. Neben den modernen Varianten existieren aber nach wie vor auch Litfaßsäulen und Plakatwände – und beides sollten Sie nicht ignorieren. Für Produktwerbung oder Eventankündigungen sowie für sehr regionale Veranstaltungen sind Plakate eine wichtige Option. Dabei folgen sie dem alten Aufmerksamkeitsprinzip: grell und auffällig gestaltet müssen sie sein, und an einem Ort platziert, der gut besucht ist. Zudem bieten Plakate immer die Möglichkeit ein wenig mit Guerilla-Elementen zu spielen. Es lassen sich Codes platzieren, kryptische Nachrichten und Schnitzeljagden initiieren, die im Rahmen von Kampagnen die User zu mehr Aktivität auffordern können. Denken Sie ruhig quer und überlegen Sie, wie Sie die digitale und reale Welt verbinden können.

Immobilien
Der Wert von Immobilien ist nicht nur materiell. Vor allem als Werbeträger werden Immobilien in meinen Augen unterschätzt. Besonders, wenn sie entlang stark befahrener Routen liegen. Das können klassische Werbemotive in Fenstern sein oder auch Aufsteller auf Grundstücken (wie zum Beispiel Anhänger mit Plakaten versehen, die auf unbebaute Flächen gestellt werden). Aber nicht nur die Außenflächen bieten Werbemöglichkeiten. In leerstehenden Wohnungen, die häufig besichtigt werden, können Maklerbüros oder Eigentümer Produktwerbung anbieten (man denke nur an gut besuchte Wohnungsbesichtigungen in Großstädten wie Berlin oder Wien). Stiegenhäuser, Türen, Böden – in Absprache und unter Zustimmung aller Beteiligten würde sich viel anbieten. Durch neue Technologien wie Augmented Reality oder Virtual Reality muss man dafür nicht einmal bauliche Maßnahmen treffen. Es reicht, wenn der User sein Device über die entsprechende Stelle hält. Die Infos sieht er auf seinem Display. Überlegen Sie, wie Sie Immobilien als Werbeträger einsetzen könnten.

1.4.4   Socia-Media-Channels in Asien

Wird im europäischen Raum von Content und Content-Marketing gesprochen, beziehen wir uns auf Plattformen aus Europa und den USA. In Asien aber ist die digitale Landkarte eine andere. Besonders in China. Wenn man nun über Content spricht und behaupten möchte, sich auszukennen, sollte man auch einen Überblick über die restlichen Angebote dieser Welt haben. Ich nehme Sie deswegen mit auf einen kurzen Asien-Ausflug, um Ihnen die dortigen wichtigsten Content-Plattformen vorzustellen.

China
China hat für jedes uns bekannte soziale Netzwerk ein chinesisches Pendant. Die Chinesen wissen, wie man die besten Aspekte und Funktionen unserer sozialen Netzwerke miteinander kombiniert, verbessert und neue innovative Features hinzufügt. Das größte soziale Netzwerk in China ist WeChat mit über 1 Mrd. Nutzer (Stand: Q3/2018). Im Durchschnitt verbringen die Chinesen 70 min täglich auf WeChat, das oft als Facebook Chinas bezeichnet wird. WeChat ist aber viel mehr. Es ist eine Kombination aus Facebook, Tinder, WhatsApp, Pinterest und Uber. Außerdem können WeChat-User direkt via App Rechnungen bezahlen, Geld empfangen und senden, und sogar Investments tätigen. WeChat ist somit der digitale Knotenpunkt im Leben der Chinesen. Westliche Social-Media-Plattformen wie Facebook, Twitter, Instagram, YouTube etc. sind in China nicht verfügbar. Zumindest nicht offiziell (über VPN-Verbindungen kann man dennoch darauf zugreifen, auch wenn das nicht immer legal ist).

Japan
Dass soziale Medien wortwörtlich soziale Hilfe leisten können, beweist das Kommunikationsportal LINE aus Japan. Die Entstehungsgeschichte ist die Vorlage für einen Hollywoodfilm: Beim großen Erdbeben im Jahr 2011 wurde die japanische Telekommunikationsinfrastruktur stark beschädigt. In der Not wurde ein Internet-basierter Messenger entwickelt. LINE war geboren. Innerhalb von nur 18 Monaten hatte LINE 100 Mio. User, 6 Monate später bereits 200 Mio. 2013 wurde LINE das größte soziale Netzwerk Japans. Heute hat LINE über 700 Mio. User aus Japan, Korea, Taiwan, Thailand und Indonesien.

Korea
Vor noch nicht einmal zehn Jahren tummelten sich Koreaner in ausschließlich koreanischen sozialen Netzwerken. Mini-Blogging-Seiten wie Cyworld waren extrem beliebt, aber ausschließlich in Korea bekannt. Heute sehen wir ein

anderes Bild: Facebook ist allgegenwärtig im Leben der Koreaner. Das amerikanische Unternehmen hat die Konkurrenten komplett vom Markt verdrängt
und ist mittlerweile das größte soziale Netzwerk in Korea. Dicht gefolgt von
Instagram, was ebenfalls zu Facebook gehört, und vor Googles YouTube. Die
einzigen koreanischen sozialen Anwendungen, die sich in Korea behaupten
konnten, sind koreanische Messenger Apps wie Kakao Talk. WhatsApp und
Kakao Talk sind sich sehr ähnlich. Im Unterschied zu WhatsApp, hat Kakao
Talk bereits ein Werbeprogramm für Firmen eingeführt. Kakao Talk hat über
41 Mio. Nutzer und laut Betreiberwebsite sind über 97 % aller Smartphone-
Besitzer aktive User auf Kakao Talk.

1.5 So entstehen gute Inhalte: Das 1 × 1 der Content-Creation

Ich muss Sie gleich zu Beginn enttäuschen: Die goldene Regel, die Ihnen künftig brillanten Content garantiert, gibt es nicht. Man kommt der eierlegenden
Wollmilchsau aber sehr nahe, wenn man versteht, warum gewisse Inhalte besser performen als andere, und wie man solche Inhalte aufbaut. Das ist natürlich
noch kein Garant für den durchschlagenden Erfolg, man kann die Wahrscheinlichkeit unbedeutender Inhalte wesentlich reduzieren. Deshalb gebe ich Ihnen auf
den kommenden Seiten einen Überblick über die Struktur von Inhalten: Wie sind
sie aufgebaut? Was muss man beachten? Welche Elemente machen guten Content
aus? Grundsätzlich muss man im Kopf behalten, dass Content höchst individuell
und ausschließlich vom Kontext abhängig ist. Nun leben wir in einer globalisierten Welt, in der unzählige Kulturen aufeinanderprallen: die Kultur des Lesens, des
Essens, des Schreibens, des Kaufverhaltens, des Autofahrens bis hin zur Kultur der
Computernutzung. Um Content zu erzeugen, der die Menschen anspricht, muss
man also immer zuerst wissen, wen man adressieren will. Die Kenntnis seiner Zielgruppe ist nach wie vor erfolgsentscheidend. Noch wichtiger sind heutzutage aber
die Kenntnisse über die einzelnen Buyer Personas.

Zielgruppen und Buyer Personas
Buyer Personas sind Personenprofile, die von Ihrer Zielgruppe abgeleitet werden.
Zielgruppen unterscheiden sich nach soziodemografischen und psychologischen
Merkmalen richten (zum Beispiel: Wo sind die Personen her und gehören sie
zu den Early Adoptern?). Buyer-Persona-Profile sind fiktive Charaktere, z. B.:
Maria, 33, verdient 70.000 EUR pro Jahr und leitet ein Team von 15 Personen in

einer Sales-Abteilung. Sie setzt sich für den Umweltschutz ein, interessiert sich für Fotografie und macht gerne Tauchurlaube. Solche Profile werden auf Basis von Interviews und Marktforschungen erstellt. Allerdings darf man Buyer Personas nicht überbewerten. Oft handelt es sich um willkürlich gewählte Beispiele, die in keiner Weise repräsentativ sind. Dennoch setzen besonders Konzerne gerne auf diese fiktiven Charaktere, um ihre Vorhaben intern und ihren Vorgesetzten gegenüber untermauern zu können. Viel zu oft wird dabei der Spirit des Unternehmens und der Produkte vergessen – und so entstehen Inhalte, die die realen Personen langweilen.

Schon Henry Ford sagte einst über seine Kunden im übertragenen Sinne „Hätte ich sie gefragt, was sie wollen, hätten sie gesagt: schnellere Pferde." Erzeugen Sie Content, der Ihnen liegt, der Ihnen gefällt und hinter dem Sie stehen. Schaffen Sie Informationen mit Mehrwert und machen Sie das mit einer Kontinuität, selbst wenn sich Feedback erst nach einer längeren Eingewöhnungsphase einstellt.

Content folgt den Grundsätzen der Kommunikation. Diese Grundsätze wurden von Paul Watzlawick definiert. Watzlawick, der in Österreich geboren wurde, danach nach LA, Kalifornien in die USA auswanderte, war Psychologe und gilt als einer der Urväter der Kommunikationswissenschaften. Er hielt schon früh fest, dass Kommunikation alleine vom Empfänger bestimmt wird. In meinen Augen führt die Missachtung genau dieses Grundsatzes zu den zahlreichen Problemen, vor denen Marketingmenschen heute stehen. Sie müssen dafür Sorge tragen, den Geschmack Ihrer Kunden und User zu treffen und sie gleichzeitig mit originären Inhalten zu unterhalten. Wie Sie das schaffen? Indem Sie folgende Faktoren bei der Content-Erstellung beachten und kennen:

- Der Sinn, der Zweck, die Zielgruppe – die Entdeckungsphase
- Die Story
- Die Emotionen
- Der Zeitpunkt
- Der Zufall
- Das Budget

1.5.1   Der Sinn, der Zweck, die Zielgruppe – die Entdeckungsphase

Bevor Sie loslegen und „mal machen", setzen Sie sich besser hin und überlegen: Was ist der Sinn meiner Content-Creation? Was ist der Zweck und welche

Zielgruppe wollen Sie erreichen? Nehmen Sie sich Zeit für die Ausarbeitung dieser Fragen, sie sind essenziell. Die Ungeduld ist jener Faktor, der schon viele Kampagnen erfolgreich hat scheitern lassen. Großartige Inhalte erschaffen Sie nicht von heute auf morgen, schon gar nicht in ein paar Stunden während eines Workshops. Aus meiner Erfahrung gesprochen: Wenn ich mit der Beratung eines Kunden beginne, starten wir mit einer Entdeckungsphase, die zwischen 2 und 5 Wochen dauert, je nach Größe des Unternehmens.

Das passiert in der Entdeckungsphase:

- **Sinn und Zweck festlegen:** Warum soll der Content erstellt oder verändert werden? Wie sehen die konkreten Ziele und Erwartungen auf Unternehmensseite aus und wie sehr entsprechen diese der Realität? Häufiges Problem: Klienten sprechen von Content-Entwicklung und meinen in Wahrheit Programmierarbeiten, oder einfache SEO-Arbeiten. Solche Unklarheiten müssen im Vorfeld durch klärende Gespräche und Workshops ausgeräumt werden.
- **Interne Prozesse kennenlernen:** Wie funktioniert die Produktentwicklung im Unternehmen? Wie sind die Salesprozesse definiert und wie sieht die Marketingstrategie aus? Wie werden Produkte gegenüber Kunden beschrieben und verkauft? Wer hat dabei welche Verantwortung und wie ist die Hierarchie aufgebaut?
- **Businessmodell, Lead und Sales-Vorgaben:** Welche Vorgaben auf Basis des Geschäftsmodells sind einzuhalten? Welchen Zweck verfolgt die Firma mit den Angeboten und wie müssen diese Vorgaben im Content abgebildet sein? Will sich die Firma Informationen leisten, oder steht der reine Produktverkauf ohne Service im Fokus? Diese ehrlichen (sehr internen) Vorgaben müssen bekannt sein. Sie sind oft der Hauptgrund, warum letztendlich Content und Realität nicht übereinstimmen. Etwa, wenn toller Service im Onlineshop versprochen wird, intern allerdings die Devise gilt, so wenig Kundenanfragen wie möglich zu- und durchzulassen. Ich will hier nicht das Geschäftsgebaren beurteilen, sondern darauf hinweisen, dass man in letzterem Fall nicht zu viel Wert auf Client-Content legen sollte.
- **Budget:** Der wichtigste Punkt ist wie immer die Geldfrage. Was ist ein Unternehmen bereit auszugeben und wie viel steht überhaupt zur Verfügung? Viele Unternehmen haben hoffnungslos überzogene Erwartungen an Content, bei einem viel zu niedrigen Budget. Diese Differenzen müssen im Vorfeld geklärt und ausgeräumt werden.

1.5.2   Reden wir über die Story!

Es ist der meistgeliebte und meistgehasste Begriff sowie die Kraft hinter viralen Kampagnen und großen Siegen in Wirtschaft und Politik: Storytelling. Wie man gute Geschichten erzählt, das wussten schon die Griechen. Überhaupt zieht sich die Bedeutung von guten Storys durch den Evolutionsverlauf wie ein roter Faden. Klar im Vorteil ist, wer seine Anliegen in eine emotionale Erzählung verpacken kann. Feldherren, wie Könige und Kaiser, aber auch Familienoberhäupter oder ganz banal Kleinkinder, die auf die Tränendrüse drücken, wenn sie etwas erreichen wollen. Wer Storytelling beherrscht, kann viel gewinnen. Denn egal, wie viel Geld man in Werbung steckt, eine perfekte Story gewinnt immer. Deswegen ist es unerlässlich, die Grundzüge des Storytellings zu kennen.

Die Story ist das Herzstück jeder Form von Content. Wie Storytelling genau funktioniert, erzähle ich an späterer Stelle. Für jetzt begnügen wir uns damit: Ohne Geschichte – kein Content. Selbst die technische Anleitung für die Inbetriebnahme einer Fettabsaugungsanlage folgt einer Storyline: vom Einschalten über das erfolgreiche Fettabsaugen bis hin zum Ausschalten. Verlieren Sie Ihre Geschichte niemals aus den Augen. Was wollen Sie erzählen und warum? Ist Ihre Geschichte erzählenswert? Erzeugen Sie zuerst den Bedarf an einer Geschichte, dann liefern Sie die Erzählung dazu.

1.5.3   Zeigen Sie Emotionen!

Eine Story, die keine Emotionen weckt, ist keine Story. Sorgen Sie dafür, dass Bedürfnisse Ihrer Zielgruppe(n) befriedigt werden. Ist es Neugier? Oder Sensationslust? Einfach Unterhaltung oder eine Gedankenanregung? Möchten Sie den Mutterinstinkt ansprechen oder den männlichen Beschützerinstinkt? Egal, was es ist, werden Sie sich vorher klar darüber, was Ihre Geschichte bewirken soll. Auch informative Artikel können Bedürfnisse befriedigen (etwa Neugier oder Wissensdrang). In jedem Fall: Geben Sie Ihren Abnehmern etwas Neues mit, lehren Sie sie etwas, das sie noch nicht kennen. Oft werde ich gefragt, warum Storys von Bloggern in sozialen Netzwerken so erfolgreich sind, obwohl sie ja nur ihren Alltag dokumentieren. Genau deshalb: Hier wird der Voyeurismus befeuert. Man gibt es möglicherweise nicht gerne zu, aber man lauscht und tratscht gerne über das Leben der anderen (wie an früherer Stelle erwähnt, weil man durch Tratsch selbstreflektierend wird). Man spitzt die Ohren, wenn in der U-Bahn das Pärchen nebenan zu streiten beginnt, riskiert immer wieder verstohlene Blicke in Klatschmagazine und selbst der ab- und aufgeklärteste Mensch, lässt sich ab und zu von griffigen Headlines mitreißen. Die Neugier der Menschen darf nie unterschätzt werden und ist ein großer Erfolgsmotor für Content. Viele Unternehmen geben zu wenig über sich preis. Es wird zu wenig intim, so skurril das klingen mag. Die Menschen wollen überrascht werden. Sie wollen etwas, was sie aus dem Unternehmensalltag nicht kennen und etwas, das auch ihren eigenen Alltag belebt.

1.5.4 Der Zeitpunkt

Eine emotionale, berührende Story zu planen, ist eine Herausforderung. Besonders wenn es darum geht, den richtigen Zeitpunkt zu erwischen. Das gilt sowohl für positive als auch negative Effekte. Eine Überschwemmung hat große Teile eines Landes heimgesucht? Zu diesem Zeitpunkt würde die Kampagne für Swimmingpools ziemlich floppen. Doch kann man den richtigen Zeitpunkt planen? Ja – mit Einschränkungen. Die meisten Menschen folgen in ihrem Leben bestimmten Ritualen, abhängig von Beruf, Ausbildung, Vorlieben. Große Ereignisse wie Sportveranstaltungen, Konzerte, Weihnachts- und Sommersaisonen etc. beeinflussen diese entsprechend. Hier kann man sich an den Kalendern und Erfahrungen des Handels orientieren: Wann sind welche Feiertage und Ferien? Wann finden besondere Ereignisse statt? Wann kaufen Menschen tendenziell mehr und wann weniger etc.?

Auch wenn wir alle Individuen mit speziellen Eigenheiten sind: Wir verhalten uns doch ähnlich. Deshalb ist die Verhaltenspsychologie so interessant, wenn es um das Vermarkten von Content geht.

Neuro-Marketing macht es derzeit vor: Es zeigt auf Basis von wissenschaftlich fundierten Erkenntnissen, wie man Menschen Produkte verkaufen kann, indem man ihre Instinkte anregt, ihre Sehnsüchte und vor allem ihre Hirnareale aktiviert. Entsprechend wichtig ist es, die Psyche zu verstehen, um Inhalte entsprechend aufbereiten zu können. Dabei geht es nicht nur um die Botschaften, sondern auch um die Umgebung. Beispiele sind: User sehen sich bei Suchergebnissen hauptsächlich die ersten drei Links an. An Regentagen boomen Verkaufsplattformen, weil Menschen dann eher dazu neigen, Dinge zu kaufen und sich nicht von Freizeitaktivitäten oder gemütlichen Abenden im Biergarten ablenken lassen. Produkte und Werbung im Blickfeld (und auf Sichthöhe der Menschen) ist effektiv, weil die wenigsten sich die Mühe machen und ihre Umgebung erforschen. An späterer Stelle komme ich noch im Detail auf die menschliche Psychologie zu sprechen.

1.5.5 Budget übertrumpft Zufall

Doch dann gibt es noch etwas, das nennt sich Zufall! Man kann ihn nicht planen und auch nicht steuern. Selbst Wissenschaftler beißen sich daran die Zähne aus. Trotz fortschreitender Technik und unfassbar genialen Innovationen, gibt es diesen ungewissen Faktor, der alles in unserem Leben bestimmt – der Zufall (manche mögen andere Bezeichnungen dafür haben). Dabei gibt es Menschen, die behaupten, auch den Zufall planen zu können und im Griff zu haben. Allerdings, und das räume ich gerne ein: Der Zufall lässt sich auch in der digitalen Welt bestechen.

Sie wundern sich, warum große Marken scheinbar spielend einfach zu erfolgreichen Kampagnen kommen? Sowohl offline als auch in den sozialen Netzwerken? Durch sehr viel Geld. Sie können es selbst testen, wenn Sie möchten: Legen Sie eine Facebook-Page an und bieten Sie Tickets für „Ihr erstes großes Auftaktseminar" (oder was immer Sie verkaufen möchten) an. Investieren sie 12.000 EUR in eine 6-wöchige Facebook-Kampagne und Sie werden in Windeseile eine große Anhängerschar um sich haben. Selbst die Ticketverkäufe werden beachtlich sein. Sie sind kein Großunternehmen oder haben gerade nicht 12.000 EUR für einen Selbstversuch übrig? Dann müssen Sie auf richtig guten Content und den Zufallen setzen. Natürlich kann man mit Guerilla-Kampagnen bekannt werden, auf Growth Hacking setzen. Doch aus eigener Erfahrung gesprochen: Ich habe zahlreiche solcher Projekte begleitet und selbst verschiedene Methoden eingesetzt. Am Ende zählt die Qualität Ihres Angebots und die Höhe des Budgets.

1.5.6 Fazit: Gibt es eine Anleitung für guten Content?

Sind die eben genannten Punkte wirklich ausreichend, um perfekten Content zu kreieren? Nein, natürlich nicht. Guter Content entsteht und passiert durch ein Zusammenspiel vieler Faktoren. Ob Content erfolgreich ist, hängt ganz stark mit dem Kommunikator zusammen. Wer verbreitet den Content, in welcher Qualität und Intensität? Sie werden einem Unternehmen niemals neutrale Wirtschaftsnachrichten abkaufen, genauso wenig, wie Sie einem Sportmedium Wirtschaft-Know-how abnehmen werden. Ein Fitness-Blogger, der über Wissenschaftsthemen berichtet? Grenzwertig, der muss schon sehr viel beweisen, damit das durchgeht. Sie sehen: Schubladendenken filtert. Will man diese Filterblasen durchbrechen, muss man sie von innen aufstechen. Man will Fitness- und Wissenschaftsthemen zusammenführen? Dann müssen Sie die User durch spannende und fundierte Inhalte unterhalten und informieren. Sie werden zunächst separate Kanäle schaffen müssen, um beide Zielgruppen ansprechen zu können, ehe man sie später zusammenführt. Menschen sind faul. Neue Dinge stören sie. Deshalb muss man bei neuen Konzepten vorsichtig sein: Einerseits muss man rasch handeln und beweisen, dass es auch anders geht. Andererseits muss man das Verhalten der Menschen respektieren und darf sie nicht gleich überfordern. Manche Konzepte sind schrill und genial, durch ihre Verrücktheit verschrecken sie aber zu viele, um jemals richtig erfolgreich werden zu können.

Content-Entwicklung funktioniert also nach dem Trial & Error-Prinzip. Allerdings muss es ein Prinzip sein, das gewissen Regeln der Kommunikation folgt, damit überhaupt die Chance auf Erfolg gegeben ist.

1.6   Basics Storytelling

Ohne Storytelling keine Menschheit! Stellen Sie sich eine Welt ohne Erzählungen und Geschichten vor. Unvorstellbar oder? Wie sehr wir an die Gabe gebunden sind, unsere Vergangenheit und Zukunft mit Geschichten zu bewältigen, beweist folgendes Beispiel vom Stamm der Pirahã. Der ehemalige Missionar und heutige Universitätsprofessor für Linguistik in Illinois, Daniel L. Everett, erforschte das Kommunikationsverhalten vor Ort und löste mit seinen Behauptungen 2005 eine Diskussion unter Sprachforschern aus. Laut seinen Erkenntnissen haben die Pirahã weder Zahlwörter, noch Bezeichnungen für Farben, keine Unterscheidung zwischen Mutter und Vater sowie keine Nebensätze. Das Volk, das im Amazonas von Brasilien lebt, lebt im Hier und Jetzt, unterscheidet zwischen wenig und viel, leitet Farbbezeichnungen von Dingen ab wie Blut, Sand oder Kohle, hat für beide Elternteile nur ein Wort und spricht nur in Hauptsätzen. So kam es, dass eine einzige Frage der Eingeborenen den Missionar Everett von seinem Glauben abbrachte: als er von den Pirahã gefragt wurde, warum er ihnen von Jesus erzählen wolle, wenn es niemanden gäbe, der ihn jemals gesehen hat (Nowotny 2018).

Everetts Thesen sind umstritten. Viele Linguisten gehen heute davon aus, dass uns komplexe Sprachstrukturen genetisch gegeben sind. Everett geht davon aus, dass die Sprache des Volkes von der Lebensweise geprägt wird. So wurde er vom Volk selbst gebeten, ihnen das Rechnen beizubringen. Doch auch nach mehreren Monaten gelang es niemandem bis zehn zu zählen oder einfache Rechnungen durchzuführen. Everett begründet das damit, dass die Pirahã keine Verwendung für Rechnungen in ihrem Alltag haben. Sie leben im Hier und Jetzt und beschäftigen sich nur mit dem Jagen und Sammeln. Zudem lasse die restliche Sprachstruktur einfache Arithmetik nicht zu, weil dafür grammatikalische Rekursion notwendig ist. Diese Geschichte macht deutlich: Die Fähigkeit zu Erzählen, komplexe Sätze zu bilden, auf die Vergangenheit zurückgreifen zu können und sprachlich in die Zukunft zu blicken, hat uns Menschen zu den hochentwickelten Wesen gemacht, die wir heute (mit Einschränkungen) auch sind.

Was bedeutet das alles für Ihren Content? Zuerst müssen Sie verstehen, dass das Erzählen von Geschichten wesentlich ist, um Informationen zu transportieren. Dann müssen Sie verstehen, dass Ihre Fähigkeit zum Storytelling Ihren Erfolg bestimmt – und letztendlich müssen Sie sich diese Fähigkeiten aneignen, wenn Sie wirklich besser werden wollen als Ihre Konkurrenz. In diesem Kapitel erläutere ich Ihnen die wesentlichen Punkte, die eine Geschichte lesens-, hörens-, sehens- oder erlebenswert machen. Dazu muss man sich gar nicht bis zu den alten Griechen zurückkämpfen, auch im 21. Jahrhundert gibt es hervorragende Storyteller, deren Regeln wir befolgen sollten. Allen voran das wunderbare Animationsstudio Pixar (seit 2006 im Disneykonzern, dem König unter den Storytellern). Mit zahlreichen Oscar-Auszeichnungen und Nominierungen für Filme wie Incredibles, Toy Story oder Monster AG prämiert.

Gute Storys sind universell und menschlich
Richtig gute Geschichten orientieren sich an menschlichen Ereignissen und Gefühlen. Es sind Auszüge aus Situationen, die uns im täglichen Leben berühren, angereichert mit viel Fantasie und Abenteuer. Gute Geschichten müssen universell einsetzbar sein. Sie machen Geschichten für Menschen, also bleiben Sie menschlich!

Gute Storys sind einfach, haben eine klare Struktur und ein klares Ziel
Vereinfachen, vereinfachen, vereinfachen! Das sind die drei Grundregeln für jede gute Geschichte. Sie wollen möglichst viele Infos unterbringen, das Publikum will aber ganz was anderes – nämlich einen einfach zu verstehenden Faden, bei dem jeder ganz leicht mitfiebern kann. Das gilt übrigens selbst für komplexe Filme wie Shutter Island (mit Leonardo Di Caprio). Der Zuseher kann der Grundfrage schnell folgen: Ist der Protagonist selbt verrückt oder nicht?

Der Begründung, warum das so einfach ist, beruht auf den bereits erwähnten Grundprinzipien des Storytellings. Die einfachste Variante: Es gibt einen Helden, der ein emotional aufgeladenes Problem löst. Etwa Batman, der Gotham City aus den Fängen des Bösen befreit und gleichsam den Tod seiner Eltern rächt. Oder Goethes Faust, der, um das Universalwissen zu erlangen, sogar einen Pakt mit dem Teufel schließt, den er später wieder rückgängig machen will.

Es gibt verschiedene Möglichkeiten der Erzählweise:

- **Die 5-Akte Dramaturgie nach Gustav Freytag:** Der Literaturwissenschaftler hat diese Technik 1863 entwickelt. Sie folgt einem einfachen Muster: Einleitung, Steigerung, Höhepunkt, Fall oder Umkehr und Katastrophe (Freytag 1969).
- **Die Heldenreise:** Heutzutage sehr beliebt, wenn man den Helden auf seiner Entwicklungsreise begleitet. Meistens sind Heldenreisen mit persönlichen Problemen oder Liebesgeschichten der Helden verbunden. Die Struktur bezieht sich dann auf die Entwicklungsgeschichte des Charakters.
- **The Story Spine von Kenn Adams:** Der Drehbuchautor und Buchautor Adams hat die wohl bekannteste Form des Storytellings entwickelt:

1. Es war einmal…
2. Jeden Tag…
3. Eines Tages…
4. Deshalb…
5. Bis schlussendlich…

The Story Spine führt uns in den Alltag des Protagonisten ein, zeigt uns die Routine. Bis etwas diese plötzlich unterbricht. Es kommt also zur Steigerung oder wie es Kenn Adams nennt – zum „Event". Danach folgt bei ihm „The Middle", also die Mitte. Dort erfährt man die Auswirkungen dieses Bruchs auf das Leben des Protagonisten. Im Höhepunkt löst der Charakter diese Probleme (oder nicht). Schlussendlich, am Ende, hat der Protagonist Erfolg oder nicht – und eine neue Routine setzt ein. Das klassische Ende ist der große Kuss, nach dem die beiden Personen ein glückliches und zufriedenes Leben führen.

Ein Charakter, mit dem man mitfiebern kann

Menschen lieben Charaktere, mit denen sie sich identifizieren bzw. mit denen sie mitfiebern können. Also muss der Protagonist Ecken und Kanten haben und ein Wesen besitzen, in dem sich möglichst viele Menschen wiederfinden. Denn die besten Geschichten appellieren direkt an unsere Emotionen, die nur geweckt werden, wenn wir uns mit dem Inhalt identifizieren können. Auch wenn der Markt ein überschaubarer ist, so kann man beispielsweise für Horror-Splatter-Filmfans einfacher Inhalte erstellen, weil man weiß, was erwartet wird. Eine Liebeskomödie, die möglichst viele Menschen unterhalten soll, ist wesentlich schwieriger zu produzieren.

Die eben genannten Elemente des Storytellings sind für jeden Content-Ttyp gültig. Eine Geschichte wird durch ihren Aufbau und die Erzählweise spannend. Denken Sie an Kabarettisten und Comedians: Sie setzen ihre Körpersprache, ihre Stimme, teilweise visuelle Elemente auf einer Bühne ein, um Geschichten zu erzählen. Die wirklich Guten sind deshalb lustig, weil sie gute Storys erzählen und wissen, wie sie sie erzählen müssen. Machen Sie den Versuch in Ihrem Freundeskreis: Suchen Sie sich einen Witz aus und lassen Sie diesen von zwei Menschen erzählen. Selbst wenn Sie den Witz kennen, wird die Art der Darbietung darüber entscheiden, ob Sie lachen oder nicht.

1.7   Basics der menschlichen Kommunikation

Völlig unabhängig in welcher Branche Sie arbeiten – ohne Kommunikation geht nichts mehr. Legen Sie nach folgender Frage eine kurze Nachdenkpause ein: Wie lange ist es her, dass Sie in irgendeiner Weise kommuniziert haben?

Manche von Ihnen werden bis eben nicht aufgehört haben zu kommunizieren. Womöglich liegt Ihr Smartphone griffbereit neben diesem Buch, oder Sie lesen das Buch ohnehin auf Ihrem Smartphone, eReader oder Laptop, sitzen in Ihrem Büro, reden zwischendurch mit Freunden, Familie oder Kollegen. Das ist nicht weiter tragisch, sondern Normalität in unserer hyper-kommunikativen Welt. Denn wie alles, unterliegt auch die Kommunikation einem steten Wandel (Bruhn 2018).

Die erste Sprache
Vor 1,7 Mio. Jahren entwickelte sich die erste Sprache, die Protosprache. Sie bestand nur aus Gesten und Lauten. So brachten sich unsere Vorfahren gegenseitig die Nutzung der neu erschaffenen Werkzeuge bei. Mit Daten und Fakten war damals kein Feuer zu machen. Wenn wir dabei von Content sprechen wollen, so entsprach dieser eher dem Brusttrommeln der Gorillas. Und weil wir Menschen nicht unbedingt zu den Schnell-Lernern gehören (auf Evolutionsebene), grunzten unsere entfernten Verwandten knapp 1,6 Mio. Jahre vor sich hin. Sprache, die im Ansatz an unsere heutige erinnert, entwickelte sich erst zurzeit der Homo sapiens. Danach dauerte es noch einmal 94.000 Jahre bis wir auf die Idee kamen unsere Erlebnisse schriftlich weiterzugeben. Etwa vor 6000 Jahren entstanden die ersten echten Schriftsysteme, deren Existenz heute belegbar ist (Höhlenmalereien ausgenommen). Vor 3200 Jahren kam dann die Keilschrift – und wenn man sich Fundstücke ansieht, stellt man schnell fest: die Menschen von damals notierten sich Ereignisse und Informationen in Form von Symbolen. Sie verbanden eine kurze Geschichte mit jedem Symbol, jedes Zeichen referenzierte

auf ein Ereignis, das den Menschen aus dem echten Leben bekannt war. Das gilt bis heute: Mittlerweile können wir zwar abstrakteste Gedanken und Theorien in Zahlen, Statistiken und mit komplizierten Begriffen ausdrücken. Am schnellsten nehmen wir Informationen auf (und merken sie uns), wenn wir sie mit einem realen und emotionalen Erlebnis verknüpfen können. Beispiel Kartenzählen: Profis im Kartenzählen merken sich nicht die Karten an sich, sondern verknüpfen jede einzelne mit einem Erlebnis oder einem Gegenstand. So ist die Pik Dame etwa ein Apfel, der Herz König eine Banane. Unser Hirn verarbeitet Begriffe, die wir in unserem Alltag nutzen, wesentlich einfacher.

Emotionen schlagen Fakten
Die Tatsache, dass Emotionen gegen Fakten haushoch gewinnen, ist wissenschaftlich belegt. Eines der ersten Experimente dazu führte im Jahr 1996 Larry Cahill durch, damals Professor am Center for Neurobiology and Learning an der University of California in Irvine. Er zeigte Probanden insgesamt 24 Filmszenen. 12 davon neutral und 12 emotional aufwühlend. Während sich die Versuchspersonen die Sequenzen ansahen, maß Cahill die Gehirnaktivitäten mit einer Positronen-Emissions-Tomographie. Nach einer Pause von drei Wochen befragte der Professor die Teilnehmer zu ihren Erinnerungen. Die emotionalen Szenen waren durchgehend präsent, die neutralen vergessen. Fazit: Emotionen bleiben im Gedächtnis.

Entwicklung der Kommunikation
Schauen wir uns die rapide Entwicklung der Kommunikation in den vergangenen 80 Jahren an (Bruhn et al. 2009).

- **Phase der unsystematischen Kommunikation in den 1950ern:** In dieser ging es Unternehmen ausschließlich um die Produkte und deren Verkauf. Die Kommunikation spielte damals eine kleine Rolle und wenn, dann nur im Sales.
- **Phase der Produktkommunikation in den 1960ern:** Das Zeitalter des Verkaufs. Kommunikation diente hier ausschließlich als Unterstützung des Vertriebs. Verkaufskommunikation war der Schlager. Die Werbung erblühte. Von PR, interner oder externer Organisationskommunikation war zu dieser Zeit noch nichts zu hören.
- **Phase der Zielgruppenkommunikation in den 1970ern:** Allmählich erkannten die Unternehmer aber, dass es nicht nur eine große Kundengruppe gab, sondern viele kleine. Man begann den Markt in Gruppen aufzuteilen. Es wurde versucht die Kundengruppen mit speziellen Botschaften zu erreichen und es fand eine Art Annäherung hin zu Kommunikationstheorien statt.

- **Phase der Wettbewerbskommunikation in den 1980ern:** Man erkannte, dass die verschiedenen Botschaften unterschiedliche Wirkungen erzielten und mitunter einen echten Vorteil für das Produkt herausarbeiten konnten. Also setzte man auf klare Botschaften, die man über alle möglichen Kanäle zu transportieren versuchte.
- **Phase des Kommunikationswettbewerbs in den 1990ern:** Der Marketing-professor Manfred Bruhn spricht in seinem Buch „Kommunikationspolitik" beim Marketing von einem „Übergang vom Produkt- zum Kommunikations-wettbewerb." (Bruhn 2018) Durch das Aufkommen des Internets und durch die wachsende Bedeutung des Fernsehens wurde die Bedeutung von Kommunikation größer. Der mediale Druck auf Unternehmen wuchs, man musste schneller und professioneller reagieren. Gleichzeitig wurde erkannt, dass man die neuen Möglichkeiten für positive Kommunikation einsetzen kann.
- **Phase der Digitalkommunikation seit 2000:** Die Kommunikation hat sich grundlegend geändert. User und Kunden stehen im Zentrum, Unternehmen sind transparent geworden und müssen den Ansprüchen ihrer Zielgruppen entsprechen. Besonders der letzte Schritt hin zur Digitalkommunikation hat einen grundlegenden Wandel und den Beginn des absoluten Kommunikations-zeitalters eingeläutet. Das Internet wurde zum Treiber der Kommunikations-evolution. Die Onlinewelt ist real geworden, was wiederum die Relevanz von Content verstärkt hat.

Entwicklungsphasen der digitalen Kommunikation
- **Phase des Content-Marketing seit 1999:** Warum gerade 1999? In diesem Jahr kam das berühmte Spiel Moorhuhn auf den Markt. Sie erinnern sich: das Shooterspiel bei dem man Moorhühner erwischen musste und das jede Menge Büros lahmgelegt hat. Wenige wissen, dass es sich dabei um die Kampa-gne des Whiskeyproduzenten Johnny Walker handelte. Das wurde allerdings unzureichend kommuniziert und Johnny Walker als Marke ging hinter den Millionen digitalen Moorhuhnleichen unter. Doch der Grundstein und die Vor-lage zu digitalem Content-Marketing waren gelegt.
- **Phase der Social-Media-Kommunikation seit 2003:** Mit dem Aufkommen der sozialen Medien, insbesondere Facebook ab 2003 und YouTube spätes-tens ab 2006, bekamen digitale Inhalte eine größere Bedeutung. Besonders Unternehmen sahen darin eine kostenlose Möglichkeit ihre Inhalte zu ver-breiten. Parallel entdeckten die Social-Media-Plattformen selber eben diese Unternehmen als Cash Cows und begannen mit der Monetarisierung. Daraus entwickelte sich eine eigene Branche und der Professionalisierungsgrad der Social-Media-Kommunikation stieg.

- **Phase der Personalisierung seit 2010:** Mit dem Fortschritt der Technologien und der von Google, Facebook, Amazon und Co. initiierten Big-Data-Welle, begann der Individualisierungstrend. Alle digitalen Inhalte werden seither auf den User abgestimmt. Seit 25. Mai 2018 wird seitens der Europäischen Union mit der Datenschutzgrundverordnung (DSGVO) versucht, gegenzusteuern. Sie regelt die Weitergabe von persönlichen Daten von EU-Bürgern genau und zwingt Unternehmen zu einem verantwortungsbewussten Umgang, bei Androhung von Strafen bis 20 Mio. EUR. Inwieweit sich die Verordnung in der aktuellen Form über die Jahrzehnte durchsetzen wird und wie viel davon bleibt, wird die Praxis zeigen.
- **Die Content-Phase bzw. die Phase der digitalen Inhalte seit 2012:** Ausgangspunkt ist die Google-Trend-Statistik: Seit Januar 2012 steigt die Suche nach *Content-Marketing* massiv. Im Januar 2013 stand die Beliebtheit bei dem Wert 33. Die Anfragen erreichten 2017 zweimal und 2018 einmal den Wert 100, was für die höchste Beliebtheit eines Themas steht. Doch Google-Trends alleine reichen für eine Erklärung nicht aus. Den endgültigen Ritterschlag hat Content durch die sozialen Medien erhalten. Weniger aber jene Inhalte, die von privaten Personen gepostet worden sind, sondern die Inhalte, die von Medien geteilt wurden und werden. Die sozialen Medien haben den Bedarf an guten und viralen Inhalten verstärkt. Hat davor ein einfacher Blogeintrag ausgereicht, so wuchs bald der Hunger nach knackigen Headlines und leicht leserlichen Texten mit abwechslungsreichen Layouts. Danach folgte die Video-Welle. Kurz aber aussagekräftig mussten sie sein. Der Siegeszug der sogenannten Erklärvideos begann. Zusätzlich gewannen Podcasts an Bedeutung, die sich über soziale Medien einfacher verbreiten ließen und spätestens seit Spotify und Co. einen noch höheren Stellenwert erhalten haben. Diese Entwicklungen übten auf klassische Medienhäuser und Unternehmen massiven Druck aus. Unternehmenskommunikation orientiert sich heute mehr denn je an journalistischen Grundsätzen: kurz, knackig, informativ. In den kommenden Jahren wird sich dieser Trend verstärken und verselbstständigen.

Enthemmungseffekt nach John Suhler

Die digitale Kommunikation ist noch sehr jung. Zwar teilt sie viele Elemente mit der Offline-Kommunikation, spielt dabei aber nach anderen Regeln. Diese Unterschiede führen oft zu einem ungewünschten Kommunikationsverhalten, was wir heute als Hassposting oder Trolling bezeichnen. Teilweise lässt sich das gestörte Kommunikationsverhalten in der Onlinewelt laut John Suler auf sechs Faktoren zurückführen. Diese sechs Faktoren fasste er bereits 2001 zusammen unter der Bezeichnung „Enthemmungseffekt" (Bartlett 2015).

- **Dissoziative Anonymität:** Die Handlungen können keiner Person zugeordnet werden.
- **Unsichtbarkeit:** Man bleibt unkenntlich, das Aussehen sowie (Körper-)Sprache bleiben verborgen.
- **Asynchronität:** Andere können die Handlung nicht in Echtzeit sehen (Anmerkung: Dieser Punkt gilt aufgrund der Zunahme von Livestreaming-Aktivitäten und Echtzeit-Kommunikation mittlerweile nur noch eingeschränkt).
- **Solipsistische Introjektion:** Man kann das Verhalten und die Absichten anderer nur vermuten, weil man sie nicht beobachten kann (Anmerkung: Hier ist das reale Verhalten durch körperlichen Ausdruck gemeint).
- **Dissoziative Vorstellungskraft:** Es handelt sich nicht um die Realität; es handelt sich nicht um reale Menschen.
- **Minimalisierung von Autorität:** Man kann tun und lassen was man will; es gibt keine Regeln.

Die Kluft zwischen echter Welt und digitalem Raum ist seit seinen Untersuchungen im Jahr 2001 größer geworden. Auf der anderen Seite sind und werden Realität und Onlinewelt immer stärker miteinander verbunden. Die digitale Kommunikation ersetzt somit häufig bereits unsere menschliche. Die digitale Wirklichkeit heute ist nämlich eine viel kommunikativere als jede unserer Wirklichkeiten der Vergangenheit. Wir kommunizieren ständig, mit verschiedenen Mitteln und über verschiedene Kanäle. Umso erstaunlicher, dass viele die Grundlagen der Kommunikation noch immer nicht verstehen und anwenden können – und sich wundern, weshalb sie missverstanden oder gar überlesen, überhört oder übersehen werden.

1.8 Richtig kommunizieren: Missverständnisse überwinden

Um die eben erwähnten Missverständnisse auszuräumen, möchte ich folgend die Grundlagen der menschlichen Kommunikation kurz und knapp erklären. „Um sich selbst zu verstehen, muss man von einem anderen verstanden werden. Um vom anderen verstanden zu werden, muss man den anderen verstehen" (Hora 1959). Dieser Satz stammt von Thomas Hora, Begründer der Metapsychiatrie.

Wir leben nach dem systemischen Prinzip der Rückkopplung
Unsere Kommunikation ist systemisch und stark vom Prinzip der Rückkopplung und vom Prinzip der Redundanz(en) geprägt. Wir achten darauf wie A auf B

wirkt, also wie wir selbst beispielsweise auf unser Gegenüber wirken. Doch wir vergessen, dass wir nicht in einem linearen System leben – wir achten also viel zu selten darauf, wie unser Gegenüber auf uns zurückwirkt. Denn sobald A auf B wirkt, wirkt B durch irgendeine Reaktion auch zurück. Denn unser Gesprächspartner reagiert auf unsere Inhalte, wirkt somit auf uns zurück. So geht das munter weiter und wir wiederholen bestimmte Muster ständig.

Etwas anschaulicher erklärt: Die Erklärung eines Backofens wird ohne viel Fachkenntnis und wahrscheinlich anhand einer einfach formulierten Anleitung funktionieren und von jedem angewendet werden können, der der Sprache mächtig ist. Ganz anders die Erklärung einer Herz-Lungen-Maschine, die auch medizinische Kenntnisse erfordert und Zusatzerklärungen, die ohne eine gemeinsame medizinische Wissensbasis unverstanden bleiben. Anderes Beispiel: Einen Actionfilm in finnischer Sprache wird man auch als Person verstehen, die der finnischen Sprache nicht mächtig ist. Ein französisches Drama verlangt profunde Sprachkenntnisse. Warum aber sind manche Dinge scheinbar so einfach zu kommunizieren, während wir bei komplexeren Strukturen oft das Handtuch werfen? Weil wir unfähig sind über Kommunikation zu kommunizieren (Watzlawick et al. 2000).

Warum wir uns in der Kommunikation oft verzetteln (selbst, wenn wir uns fest das Gegenteil vornehmen) wissen wir bis heute nicht wirklich. Eine mögliche Erklärung gibt Watzlawick selbst, wenn er davon spricht, dass Menschen Chaos verursachen. Denn Menschen würden stets bereits Ideen für Tatsachen halten. Vereinfacht gesagt: Sobald Sie in einem Meeting eine Idee haben, die sie gerne diskutieren wollen, wird ein anderer eben diese Idee für bare Münze halten. Es werden Emotionen und Fakten vermischt – was man übrigens gut am Thema der Fake-News sehen kann. Wir wissen, dass Emotionen gegen Fakten gewinnen. Es reicht also oft schon aus, eine Tatsache kurz zu hinterfragen und ihr eine emotionale Idee gegenüberzustellen. Somit nimmt erneut jeder etwas anderes wahr. Die Fakten können also völlig richtig sein, doch die transportierten Nebenbotschaften können Einfluss darauf nehmen, wie die Inhalte letztendlich ankommen und aufgenommen werden.

Kommunikation hat immer zwei Aspekte
Kommunikation hat immer einen Inhalts- und einen Beziehungsaspekt. Man kommuniziert nie neutral. Man kann die Übermittlung der Inhalte steuern und entscheiden, wie man auftritt, wie man spricht, welche Tonlage man anschlägt und was man sagt. Man kann allerdings nur äußerst selten den Beziehungsaspekt beeinflussen, also den Kontext in dem man sich mit seinem Gegenüber (oder mehreren Personen) befindet. Sie haben ein ganz genaues Bild von Ihrem Kommunikationspartner und so hat auch Ihr Kommunikationspartner ein

bestimmtes Bild von Ihnen. Dieses Verhalten beeinflusst Ihre Kommunikation. Viele Faktoren spielen hier eine Rolle, wie der erste Eindruck, die Sprache, Hierarchieebene, das Geschlecht und selbst scheinbar banale Dinge wie Mode, Schmuck oder sogar Frisur. Umgelegt auf Unternehmen heißt das einmal mehr: Kennen Sie zuerst Ihre Zielgruppe bevor Sie kommunizieren.

Interpunktion entscheidet über den Kommunikationsverlauf (metakommunikatives Axiom)
Unter Interpunktion verstehen die Kommunikationswissenschaften subjektive Standpunkte der Kommunikationspartner. Das einfachste und bekannteste Beispiel ist der Dialog eines streitenden Paares: Der Mann geht von einem anderen Standpunkt aus als seine Frau und somit beginnt eine Endlosschleife. Diese kann nur durchbrochen werden, wenn sich ein Kommunikationspartner vollständig aus dem Dialog zurücknimmt. Selbstverständlich gibt es auch gemeinsame Standpunkte, dann sind Interpunktionen kongruent. So lange, bis es erneut zu Abweichungen kommt – die aber völlig natürlich sind. In der Fachsprache wird dieses Phänomen als metakommunikatives Axiom bezeichnet, basierend auf den Forschungen von Paul Watzlawick, Janet Beavin und Don D. Jackson.

Kommunikation ist sowohl analog als auch digital
Hier ist das 4. Axiom von Paul Watzlawick gemeint, das menschliche Kommunikation grundsätzlich in analoge und digitale Kommunikation aufteilt. Analoge Kommunikation kann man vereinfacht mit Körpersprache erklären. Mimik wie Stirnrunzeln etwa ist analog, oder eine abwehrende Handbewegung. Diese Art der Kommunikation ist allerdings mehrdeutig und das macht die Verständigung kompliziert. Digitale Kommunikation meint unsere Mitteilungsmöglichkeiten wie Sprache oder Schrift. Wir wissen, was der Begriff Tisch bezeichnet, auch wenn das Objekt – der Tisch – selbst nicht von dieser Bezeichnung beeinflusst wird. So könnte ein Tisch auch ganz anders heißen (was in anderen Sprachen ja der Fall ist). Mit digitaler Kommunikation können wir Inhalte transportieren, was mit analoger Kommunikation nicht oder nur sehr schwer möglich ist (versuchen Sie den Begriff Axiom pantomimisch zu beschreiben).

Symmetrische und komplementäre Kommunikation
Mit dieser Annahme, nämlich dem 5. Axiom von Watzlawick, wird es etwas komplexer. Sie besagt, dass unsere Kommunikation symmetrisch oder komplementär sein kann. Heißt vereinfacht: Wenn Sie versuchen, jemandem möglichst ähnlich zu sein, der Person bereits im Gespräch entgegenzukommen und Meinungen zu teilen, dann handelt es sich um symmetrische Kommunikation.

Wenn Sie versuchen, jemanden im Voraus zu ergänzen, seine Gedanken auszuführen (oder überhaupt glauben, diese zu kennen) kommunizieren Sie komplementär. Beispiele für symmetrische Kommunikation sind Diskussionsteilnehmer aus der gleichen Interessensblase. Komplementäre Kommunikation ist zwischen Eltern und Kindern zu beobachten oder zwischen Lehrern und Schülern. Zu starke komplementäre Kommunikation kann zu Abhängigkeiten zwischen den Personen führen. Es ist auch möglich diese Formen in positivem Sinne für seine Kommunikation zu nutzen. Etwa, indem man bewusst auf Symmetrie in einer Social-Media-Diskussion achtet oder komplementäre Kommunikation in der Kundenservice-Kommunikation einsetzt. Dazu benötigt es aber einiges an Erfahrung, Fingerspitzengefühl und deshalb sollten Laien keine Experimente wagen.

Der Empfänger und der Sender
Kommunikation wird immer vom Empfänger bestimmt. Das besagt eine goldene Regel der Kommunikationswissenschaften. Das bedeutet: Derjenige, der die Nachricht hört, sieht, liest und aufnimmt, entscheidet darüber, wie er sie aufnimmt und welche Bedeutung sie hat. Wenn Sie jemandem etwas erzählen sind Sie der Sender. Sie senden Ihre Nachricht über einen Kommunikationskanal an Ihren Kommunikationspartner. Dieser wiederum ist der Empfänger. Egal wie Sie etwas meinen, betonen, formulieren – wie die Information ankommt, entscheidet der Empfänger durch seine Interpretation. Hierbei spielt der erste erwähnte Punkt, der Beziehungsaspekt, eine große Rolle. Sie sehen also: Kommunikation ist komplex und viele Bereiche sind miteinander verwoben. Wer gut kommunizieren können will, muss die Methoden, die Theorien und Feinheiten kennen und die Einzelheiten verstehen und anwenden können. Vor allem aber benötigen Sie eines, wenn Sie wirklich gut kommunizieren können wollen: Menschenkenntnis und Empathie.

Fazit zur menschlichen Kommunikation
Kommunikation kann man nur sehr schwer in Formeln und Thesen pressen. Wie hier eben angeführt, gibt es Grundregeln, die eine Orientierung bieten. Eine verlässliche Struktur können auch sie nicht schaffen. Das hängt mit der Individualität unserer Kommunikation zusammen. Zwar neigt unsere heutige Gesellschaft zu einer Normierung der Menschen, d. h. eine Gleichschaltung in Kommunikation, Verhalten und Präsentation, doch (glücklicherweise) gibt es noch genügend, die sich an diese Vorgaben nicht halten und ihrem eigenen Stil folgen. Auch Ihnen möchte ich raten sich nicht zu sehr vom Auftritt anderer beeinflussen zu lassen. Lassen Sie sich inspirieren, aber finden Sie Ihre eigene Art der Kommunikation.

Nur Ecken und Kanten bleiben im Gedächtnis und machen sympathisch (sofern Sie es mit dem Anecken nicht übertreiben).

Was aber enorm wichtig ist, und zwar vor jeder Art der Kommunikation: Die eigene Außenwirkung genau zu kennen: Wie wird man wahrgenommen, gesehen, gehört? Welche Signale sendet man unbewusst, welche Botschaft vermittelt man durch Körpersprache oder Kleidung? Viele vergessen das und wundern sich, weshalb ihre Botschaften nicht ankommen. Sie können gut angezogen und perfekt vorbereitet zu einer Präsentation erscheinen. Wenn Ihre Brille schief sitzt, Ihr Sakko einen Fleck hat und Ihre Schuhe ungeputzt sind, Sie Mundgeruch haben oder einen Pickel auf der Stirn, werden Sie weder Ihre Kompetenz noch Ihr Wissen vor einer schlechten Präsentation bewahren. Doch wie erhält man einen neutralen Blick von außen? Sie fotografieren sich, filmen sich, nehmen Ihre Stimme auf. Das ist der erste und einfachste Schritt. Danach hören Sie sich um, was die Menschen von Ihnen denken. Das gilt für Personen und Unternehmen gleichermaßen. Der Blick von außen ist Gold wert und sollte regelmäßig abgefragt werden. Das ist auch ein Grund, weshalb Berater und Coaches maßgeblich zum Erfolg von Unternehmen beitragen. Als Externe haben sie den Blick aus der Vogelperspektive auf das Unternehmen. Gerade weil sie die Gepflogenheiten der Unternehmen noch nicht verinnerlicht haben, erkennen Sie Verhaltensmuster schnell und können beurteilen, ob diese sinnvoll sind oder nicht (Delhees 1994).

1.9 Basics der Psychologie und der Verhaltenspsychologie

Wie aus dem vorangegangenen Punkt herauszulesen ist, hängen Psychologie und Kommunikation eng zusammen. Weil wir fast immer sozial kommunizieren, interagieren wir auch. Selten findet Kommunikation nur zum alleinigen Zweck der „Zur-Kenntnis-Bringung" statt. Das passiert am ehesten zwischen Maschinen und Computern, auf Basis von Maschinensprache. Die binäre Kommunikationsform bestehend aus 0 und 1 ist interpretationsbefreit. Sonst schafft schon jeder Kontext an sich einen Interpretations- und Interaktions-Spielraum. Selbst, wenn wir eine Unfallmeldung aufnehmen, entscheidet unsere Tagesverfassung, der Ort und viele andere Faktoren, wie wir mit der Meldung umgehen. Sind wir möglicherweise gerade noch vor zwei Stunden auf derselben Strecke unterwegs gewesen? Oder nehmen wir die Meldung mit Schulterzucken auf, weil wir Tausende Kilometer entfernt sind? Kommunikation wird von unserer Psyche beeinflusst – und umgekehrt beeinflusst sie unsere Psyche: Wie wir kommunizieren, was wir sagen und tun, wie wir uns bewegen, wie wir sitzen, schauen, reden, gehen und gestikulieren – all das und noch viel mehr, bis hin zur Auswahl der Inhalte, die wir verbreiten.

Wer sich mit der menschlichen Psyche beschäftigt und weiß, wie Kommunikation sich auswirkt und was man mit ihr auslösen kann, kann dieses Wissen für seine Unternehmens- und Verkaufskommunikation einsetzen. Wenn Sie sich mit Verhaltens- und Verkaufspsychologie beschäftigen wollen, gibt es zahlreiche unterhaltsame und gleichsam wissenschaftlich fundierte Literatur wie etwa das Buch „Rainy brain, sunny brain" von Elaine Fox, das sich mit der Thematik der Auswirkung von positiven und negativen Gedanken und Verhaltensweisen auf unser Hirn beschäftigt. Außerdem empfehle ich „An Introduction to Brain and Behavior" von Bryan Kolb, Ian Whishaw und G. Campbell Teskey. In diesem Buch beschränke ich mich auf grundlegende Begriffe, die Sie vermutlich auch aus Ihrer Praxis kennen.

Reaktives und operatives Verhalten

Es gibt zwei wesentliche Verhaltensweisen zwischen denen wir unterscheiden: das reaktive Verhalten und das operative Verhalten. Beim reaktiven Verhalten reagieren wir auf einen äußeren Einfluss. Das Augenzucken, wenn uns ein Licht blendet oder das Frösteln inklusive Gänsehaut, wenn uns kalt wird. Beim operativen Verhalten sprechen wir von Verhaltensweisen, die wir bewusst steuern können. Das operative Verhalten wird gesteuert von unserem Willen und beeinflusst unsere Umgebung. Doch operatives Verhalten kann wiederum von externen Faktoren beeinflusst werden. Etwa im Supermarkt, wenn wir an den Regalen entlanggehen. Wir nehmen jene Produkte wahr, die in Augenhöhe platziert wurden. Ein Grund übrigens, warum Kinderprodukte tiefer platziert werden – weil Kinder aufgrund ihrer Größe oder aus dem Kinderwagen heraus einen anderen Blickwinkel haben. Reaktives Verhalten kann provoziert werden durch Gerüche oder Licht- bzw. Musikeffekte. In Supermärkten wird sehr viel mit beiden Faktoren gearbeitet. So sorgen Sprays für bessere Frischegerüche in der Obstabteilung und entsprechende Supermarktmusik für entspanntes Kaufverhalten.

Der Prozess des Kaufens und des Verkaufens ist eine soziale Interaktion und stark kommunikationsabhängig. Sie wollen mit Ihrem Content User anziehen und aus ihnen Kunden machen? Dann müssen Sie etwas liefern, das die Menschen überzeugt. Das geht am besten mit Inhalten, die bereits von sich aus gewisse Reize provozieren. Was, glauben Sie, überzeugt einen Autokäufer mehr? Eine zehnseitige technische Beschreibung des Fahrwerks oder ein schnell geschnittenes, ansprechendes Video von einer Testfahrt inklusive Beschreibung der neuen Funktionen des Wagens? Die Antwort fällt nicht schwer. Kniffliger wird es aber, wenn es um indirekte Produktwerbung geht. Etwa bei Firmenblogs.

Hier muss man die Zielgruppe schon genauer kennen und Inhalte bieten, die einerseits professionell sind, aber auch unabhängig und neutral wirken. Dann sollten sie noch den richtigen Impuls auslösen, um den Content-Konsumenten unaufdringlich in die richtige Richtung zu lenken.

Eine gute Stütze bei der Planung Ihres Contents kann das AIDA-Modell (Attention, Interest, Desire, Action) sein. Es wurde 1898 als Leitfaden für sogenannte Überzeugungsgespräche vom Elmo Lewis entwickelt und stellt die Basis der Verkaufspsychologie dar. Diese Art der Verkaufskommunikation bzw. Verkaufspsychologie folgt gewissen Prinzipien:

1. **Das Prinzip der Gegenseitigkeit:** Auch als Reziprozität bekannt. Dieses Prinzip besagt, dass Menschen voneinander abhängig sind. Die einfachste Form ist das Tauschverhalten. Erbringt jemand für einen anderen eine Leistung, so wird eine Gegenleistung erwartet. Heutzutage wird eine Leistung in Form von Geldzahlungen erwidert, es kann sich aber auch um Tauschleistungen handeln. Im Verkauf ist dieses Prinzip besonders wichtig. Geben Sie zuerst, bevor Sie nehmen. Sie werden (meistens) etwas zurückbekommen. In der Kundenbeziehung können das kleine Giveaways sein. Beispielsweise gratis E-Books und Whitepapers, die im Gegenzug für die Kontaktdaten des Users verschenkt werden. Da die User einen unmittelbaren Nutzen gratis erhalten, stört es sie nicht ihre Kontaktdaten weiterzugeben. Diese User sind für Unternehmen besonders wichtig, weil sie bereits ihr Interesse bekundet und dem Unternehmen eine gewisse Expertise zugeschrieben haben sowie gewillt sind, etwas zu kaufen.

2. **Das Prinzip der Sympathie:** Wer uns sympathisch ist, dem gegenüber verhalten wir uns offener und unkritischer. Wir hinterfragen weniger und somit ist das Prinzip der Sympathie für den Verkauf ausschlaggebend. Ein potenzieller Kunde wird nur zum tatsächlichen Kunden, wenn Sympathie auf beiden Seiten vorhanden ist. Wer sympathisch wirken will, setzt auf Lob und Ähnlichkeit (symmetrische und komplementäre Kommunikation – Sie erinnern sich). Werden wir gelobt, fühlen wir uns wohl. Und noch wohler fühlen wir uns in der Gegenwart von Menschen, die uns ähnlich sind und mit denen wir uns identifizieren können. Übertreiben Sie es aber nicht, denn die Grenze zur Anbiederung ist schmal. Behalten Sie sich Ihren unverwechselbaren Charakter. Das gilt auch für Inhalte. Ich halte zum Beispiel wenig davon, anderen nach dem Mund zu reden. Seien Sie sympathisch und offen, freundlich in der Kommunikation, aber gleichzeitig bestimmend und lassen Sie sich nicht von Ihrer Meinung abbringen. Sie müssen nur vorsichtig sein, mit Ihren einzigartigen Botschaften niemanden unmittelbar vor den Kopf zu stoßen. Sympathisch wirken Sie mit einer Meinung dann, wenn diese gleichzeitig einen

kleinen Teil der Meinung Ihres Gegenübers inkludiert und eine fundierte Erklärung bietet. Vermeiden Sie aber unbedingt dogmatische Botschaften. Auch Sie wollen von Ihrem Gegenüber nicht gemaßgeregelt und bevormundet werden.

3. **Das Prinzip der Knappheit:** Menschen neigen dazu, Dinge als wertvoller anzusehen, wenn sie nur in begrenzter Zahl verfügbar sind. Ein berühmtes Beispiel ist Gold. Es gibt weltweit nur begrenzte Vorkommen, entsprechend hoch ist der Wert seit Jahrtausenden. Angenommen, Sie setzen nun auf das Prinzip der Knappheit und reduzieren bewusst Ihre Stückzahlen oder Ihre verfügbare Zeit (bei Dienstleistern). Je knapper die Ressource, desto begehrter wird sie – vorausgesetzt man vermarktet sie entsprechend gut. Für Ihren Content heißt das: Lassen Sie immer ein (kleines) Fragezeichen stehen, damit die User am Ende aktiv auf Sie zukommen, weil sie mehr wissen wollen.

4. **Das Prinzip der Autorität:** Sind Sie einmal als Experte anerkannt, können Sie den Menschen alles erzählen. Das klingt hart und etwas arrogant, doch für Inhalte ist das Prinzip der Autorität enorm wichtig: Wird ein Blog von einem Nobody geschrieben oder von jemandem, der sich bereits einen Namen gemacht hat? Deshalb setzen viele Firmen und Marken sehr gerne auf Kooperationen mit bekannten Opinionleadern. Verschaffen Sie sich Autorität in dem Sie Ihre Inhalte über entsprechend angesehene Channels veröffentlichen. Werden Sie selbst zum Experten.

5. **Das Prinzip der Konsistenz:** Was liegt, das pickt! Ein Kunde, der bereits eine Interaktion mit Ihrem Unternehmen bzw. Ihrer Marke gesetzt hat, neigt eher dazu, weitere durchzuführen. Er wird eher bereit sein, Kaufhandlungen zu tätigen. Wer sich einmal entschieden hat, will seine Entscheidung sehr selten rückgängig machen. So ticken die meisten Menschen. Wir entscheiden uns nicht sehr gerne um. Setzen Sie beispielsweise bei Newslettern auf Opt-out, statt auf Opt-in. D. h. der User muss sich bewusst abmelden, statt bewusst anmelden.

6. **Das Prinzip der Herde:** Es ist Mittag. Ihr Magen knurrt. Zeit für einen Happen. Sie schlendern die Straße entlang – mit einem Ziel: etwas Neues und vor allem Leckeres zu entdecken. Das erste Lokal, an dem Sie vorbei gehen ist offen, aber leer – kein gutes Zeichen. Sie gehen weiter, erreichen das nächste Lokal – es ist voll. Viel schlimmer noch: Vor dem Geschäft hat sich eine Warteschlange gebildet. Sie erfahren, dass die Wartezeit mindestens 45 min beträgt. Dennoch entscheiden Sie sich zu bleiben und bemerken bald, dass die Schlange hinter Ihnen noch weiter wächst. Menschen sind Herdentiere und orientieren sich am Verhalten anderer. Wenn wir viele Menschen in einem Restaurant sitzen sehen oder sogar vor dem Restaurant warten sehen, gehen

wir automatisch davon aus, dass das Essen gut sein muss. Manche Firmen lassen ihre Kunden deshalb ganz bewusst warten. Das gilt umso mehr in Zeiten von Social Media und Online-Marketing. Je mehr Menschen Ihren Content liken, teilen oder kommentieren, desto höher ist die Wahrscheinlichkeit, dass andere Menschen sich Ihren Content genauer ansehen werden. Die Voraussetzung dafür ist und bleibt die Qualität.

Vermarktungspsychologie in der Praxis

Wie man die Kenntnis über die menschliche Psyche für die Vermarktung seiner Inhalte nutzen kann, zeigen die folgenden zwei Beispiele:

- **Above the fold:** Es ist der wohl älteste und bewährteste Verkaufstrick – die Platzierung von Content dort, wo er vom User bzw. Kunden zuerst gesehen wird. In der Fachsprache nennt man das Above the fold. Dieser Begriff, der übersetzt „Über der Falte" heißt, stammt aus den Anfängen der Zeitungsära. Damals kamen große Formate auf den Markt. Sie waren in der Mitte gefaltet. Inhalte, die auf der Vorderseite unter dem Titel und somit über der Falte standen, wurden naturgemäß zuerst wahrgenommen. Für den Onlinebereich wurde dieses Konzept übernommen. Above the fold bezeichnet bei einer Website jenen Bereich, der dem User zuerst angezeigt wird. Besonders bei Google kann man das Above-the-fold-Prinzip sehr gut beobachten. Der Suchmaschinenbetreiber hat schnell erkannt, dass lediglich die ersten Ergebnisse große Beachtung finden. Entsprechend begehrt und teuer sind diese Werbeplätze. Wohin User ihren Blick richten, hängt aber nicht nur mit der Psychologie, sondern auch mit technischen Veränderungen zusammen. So wurden die rechten Werbeflächen, die lange Zeit bei Google zu sehen waren, mittlerweile entfernt. Der Grund liegt in der großen Nutzung von Google mit mobilen Endgeräten. Auf einem Tablet oder Smartphone werden rechte Randspalten nicht angezeigt, also gehören die AdWord-Werbeplätze ins Archiv der Digitalgeschichte.
- **Der erste Eindruck zählt:** Entscheidungen dauern nur Millisekunden. Dass der erste Eindruck zählt, das sagen nicht nur unsere Mütter und Schwiegermütter. Alexander Todorov und Janine Willis, beide Forscher an der renommierten Princeton University, haben in einer Studie aus dem Jahr 2006 bewiesen: Sympathie entwickeln wir in 100 ms – und es ist in der Folge nahezu unerheblich, wie lange wir mit einer Person zu tun haben, wir ändern unsere Meinung nicht mehr. Im Gegenteil, wir neigen dazu, negative Elemente zu betonen, je länger wir Zeit miteinander verbringen (Willis und Todorov 2016). Dieses Phänomen beschränkt sich nicht nur auf zwischenmenschliche Begegnungen. Eine von Google finanzierte Studie an der Universität Basel hat

2011 ergeben: Wir entscheiden über Website-Inhalte in nur 0,05 s. Das sind 50 ms – und damit nimmt sich unser Hirn noch weniger Zeit als für eine Person (Tuch et al. 2012)

Die Forscher kamen weiter zur Erkenntnis, dass Inhalte mehr Ablehnung erfahren, je komplexer sie werden. User haben sich über die Jahre an einheitliche Website-Designs angepasst. „Never change a winning team" stimmt in diesem Bezug voll und ganz. Je komplexer und außergewöhnlicher die Aufmachung wird, desto höher ist die Wahrscheinlichkeit, dass sich User damit unwohl fühlen. Das bedeutet allerdings nicht, dass neue Konzepte generell abgelehnt werden. Man sollte Änderungen jedoch behutsam vornehmen. Bei Firmenwebsites kann man allerdings sehr oft das Gegenteil beobachten. Da wird von heute auf morgen das gesamte Design umgestellt, was viele Kunden und User verärgert. Zielführender wäre eine Schritt-für-Schritt-Umstellung, die zudem einen weiteren Vorteil hat: Man hat automatisch ein Live-Testing und kann das Design und den Content bei Bedarf noch anpassen, ohne veritable Auswirkungen auf Userseite befürchten zu müssen.

1.10   Basics SEO, Web und Technik

Wer guten Content liefern will, muss ein technisches Grundverständnis mitbringen. Sie müssen wissen, was ein Content-Management-System ist und welche derzeit verwendet werden. Sie müssen sich mit Mailing-Software auskennen und Bildbearbeitung verstehen, Video-Editing zumindest vom Zusehen kennen, genauso wie Audio-Editing und Grundzüge von HTML und CSS. Sie müssen also verstehen oder verstehen lernen, wie Content technisch umgesetzt bzw. erstellt wird und wie technische Strukturen den Erfolg der Vermarktung beeinflussen (Stichwort Suchmaschinenoptimierung). Keine Sorge, Sie müssen keine Website programmieren können, oder zum Photoshop-Profi mutieren. Aber Sie sollten wissen, wie die digitale Kommunikation funktioniert.

Dieses Buch bietet einen guten Überblick über die Welt der Content-Erzeugung. Daher möchte ich in diesem Kapitel auch Grundzüge technischer Anforderungen erklären. Allerdings ist mir das hier nur knapp möglich. Erstens, weil eine umfassende Einführung in die technischen Rahmenbedingungen und Systeme den Rahmen sprengen würde, und zweitens, weil sich die technische Realität so schnell ändert, dass ich mit der Aktualisierung des Buches nicht mehr nachkommen würde. Wenn Sie aktuelle Informationen haben möchten, können Sie sich aber gerne via Mail oder LinkedIn an mich wenden.

Guter Content braucht solide technische Infrastruktur

Kommen wir zum Punkt: Sie wundern sich, dass Ihre Blogeinträge in der Such-maschinenanfrage nicht auftauchen? Sie wollen wissen, weshalb Ihre Marke keine Social-Media-Relevanz hat, obwohl Sie Ihres Glaubens nach so viele gute Inhalte veröffentlichen? Oder wollen Sie einfach einmal verstehen, warum Ihre Content-Berater beim Anblick Ihrer digitalen Channels die Hände über dem Kopf zusammenschlagen?

Ich mache es ganz einfach, ohne technischen Schnickschnack: Stellen Sie sich vor, Sie fahren mit einem 20 Jahre alten Auto, das 55 PS hat, auf der Auto-bahn und werden von einem Sportwagen mit 500 PS überholt. Würden Sie mei-nen, dass Sie eine Chance haben, den Sportwagen einzuholen, einfach, indem Sie das Gaspedal lange genug durchdrücken? Weshalb aber glauben Sie dann, dass Sie mit einer völlig veralteten, unstrukturierten, dilettantischen oder fehlerhaften IT-Infrastruktur Ihrer Konkurrenz die Stirn bieten können?

Sie wollen mehr User auf Ihrer Website, mehr Kunden im Shop, weigern sich aber Geld für Google-Werbung und technische Updates auszugeben? Sie erwarten sich Top-Rankings Ihrer Webinhalte, verfügen aber über keinerlei Werbebudget, haben eine veraltete Website, Bilder haben den falschen Ausschnitt, zu geringe oder zu hohe Auflösung? Sie müssen sich klar machen, dass wir in einem Zeitalter leben, in dem IT-Security und ein gutes Webdesign genauso wich-tig sind wie eine solide gebaute und feuerfeste Fabrikshalle.

Ich möchte, dass Sie sich Gedanken darüber machen, wie es mit Ihrer Marke, Ihrem Unternehmen, Ihrem Auftritt in fünf bis zehn Jahren aussieht, wenn Sie so weitermachen wie bisher. Wird es Ihre Firma noch geben? Wird es Ihren Job noch geben? Werden Ihre Produkte und Angebote überhaupt noch relevant sein? Die digitale Welt ist mit der realen Welt vollständig verwoben und nur Narren verkennen die Relevanz oder behaupten, es handle sich dabei um ein zeitlich begrenztes Phänomen. Wir befinden uns in einem Wandel, der zeigt: Wir müssen unsere bisherigen Standards überdenken. Zu den Basis-Standards eines Unter-nehmens gehören eben eine gute IT- und Webinfrastruktur. Eine Website, die SEO-optimiert ist, auf dem neuesten System aufbaut, mobil und responsive und die die Möglichkeit bietet, vollständig mit Social-Media- und AI-Channels zu verschmelzen. Dazu gehören Chatbots und Voicebot-Anwendungen, Web-Apps und Smartphone-Apps. Zu einer guten Infrastruktur gehört auch eine reibungslose Betreuung. Ich spreche von Menschen, die eine Ahnung von der Materie haben und nicht von Praktikanten, die mal geringfügig und nebenbei die Website und die Facebookpage betreuen. Ich hoffe, Sie nehmen Ihre Marke ernst? Dann ist es höchste Zeit, dass Sie Ihren Onlineauftritt ernst nehmen und ihn an der hohen Qualität Ihrer Konkurrenz und Ihrer Produkte messen. Es sei denn, Sie können auf Seriosität und Qualität verzichten. Dann können Sie an dieser Stelle das Buch zuklappen und weglegen. Wenn Sie mir zudem eine Mail schicken, mit einer nachvollziehbaren, fundierten Erklärung, warum Sie auf Seriösität, Qualität und mehr Umsatz verzichten können, erhalten Sie einen kostenlosen Beratungstag von mir (diese Wette verliere ich nie, glauben Sie mir).

„Ich bin doch nur ein kleines Unternehmen, wozu der ganze Aufwand?"
Mit dieser Frage werde ich ständig konfrontiert. Meistens von Einzelunternehmern oder mittelständischen Betrieben. Viele davon im B2B-Bereich, in dem sie sich kaum um die Außenwirkung kümmern mussten – bisher. Wie bereits oben erwähnt ist der digitale Auftritt längst mehr als eine Visitenkarte. Je nach Branche kann er Kundenportal sein, Lieferantenplattform oder eben ein Informationskanal. In jedem Fall ist die digitale Präsenz einer Marke (Website, Social Media, Apps…) ein gebündelter Sales-Channel. Lassen Sie diese Chance(n) nicht ungenutzt. Wie informieren Sie sich über Produkte, Dienstleistungen, Personen und Marken? Ich nehme an, über digitale Kanäle.

Warum stecken Sie Zeit in die Produktentwicklung, in die Aufbereitung, in die Vermarktung? Weil Sie erfolgreich sein und Ihren Kunden etwas Einzigartiges bieten wollen. Und exakt aus demselben Grund müssen Sie sich um eine funktionierende technische Infrastruktur kümmern, damit künftig auch Ihr Content erfolgreich sein und Ihre Kunden begeistern kann – damit im Umkehrschluss diese Ihre einzigartigen Produkte kaufen.

- **Content-Management-System:** Damit sind Content-Verwaltungssysteme wie WordPress, neos oder Typo3 gemeint. Viele Firmen verwenden individuelle Systeme zur Verwaltung ihrer Inhalte. Mit einem CMS können Inhalte auf Websites wie Texte, Videos, Bilder etc. erstellt und bearbeitet werden. Das einfachste Prinzip eines CMS ist Ihr LinkedIn-Profil oder Ihr Facebook-Account. Sie erstellen Content oder laden Inhalte hoch, veröffentlichen sie und stellen diese so einer breiten Öffentlichkeit zur Verfügung.
- **Programmatic Advertising:** Vor vielen Jahrzehnten haben Sie, um Werbung in Medien zu buchen, einen Werbeplatz gekauft. Inserate in Zeitungen oder Werbespots bei TV- und Radiosendern. Bis vor einigen Jahren funktionierte das im Internet ähnlich. Sie fragten bei einem Medium um einen Werbeplatz an und bekamen Preise für die jeweiligen Werbeplätze. Diese zahlten Sie, oder nicht (oder Sie haben verhandelt). Diese Methoden waren teuer, zeitintensiv und Sie konnten sich nie sicher sein, ob sie auch Ihre Zielgruppe und die gewünschte Zahl an potenziellen Kunden erreichen. Der sogenannte Streuverlust war hoch. Streuverlust heißt: Es werden viele Personen von Ihrer Werbung erreicht, wovon

aber nur ein Bruchteil Ihrer Zielgruppe entspricht und in Leads umgewandelt werden kann. Mit Programmatic Advertising ist das alles anders. Vereinfacht dargestellt funktioniert das so: Sie nutzen eine Software bzw. Plattform, über die sämtliche Medienhäuser und Online-Werbepartner erreicht werden können. Anstatt direkt und mühsam mit den Partnern zu verhandeln, legen Sie über die Software fest, wie viel Sie bereit sind etwa pro Tausend Sichtkontakte auszugeben. Nehmen wir an, Sie wollen in einer großen Tageszeitung auf der Startseite zu sehen sein und sind bereit, dafür 80 Cent zu zahlen. Nun hat dieses Medium selbst einen Preis für seinen Startseitenplatz festgelegt. Angenommen, es sind 50 Cent. Sobald dieser Werbeplatz zu haben ist, wird er versteigert. Generell basiert Onlinewerbung (Programmatic Advertising) auf einem Bidding-System, also Versteigerungsprinzip. Das Medium will 50 Cent haben. Sie bieten 80 Cent. Klingt soweit gut. Nun kommt aber ein Konkurrent und sagt, ihm ist dieser Platz 1 EUR wert. Sie haben sich aber bereits im Vorfeld ein Maximum von 80 Cent gesetzt. Also gehen Sie leider leer aus. Wobei das nicht automatisch schlecht sein muss. Denn nur, weil jemand mehr zahlt heißt es nicht, dass er mehr User auf seine Seite bekommt. Damit man überhaupt erst mehr User generiert, muss man noch tiefer in die Trickkiste greifen. Ganz vereinfacht mit Cookies und Tracking-Pixel. Angenommen, Sie schicken einen Newsletter aus und verankern darin einen sogenannten Pixel, der das Leseverhalten jedes Empfängers registriert. Damit können Sie nachsehen, ob der Empfänger den Newsletter geöffnet und gelesen hat, was er gelesen hat und welche Links er geklickt hat. Diese Informationen werden im Hintergrund gespeichert. Nun wieder zurück zur Werbesoftware: Angenommen, ein User hat sich für einen Artikel aus Ihrem Newsletter besonders interessiert. Dann können Sie für künftige Werbemaßnahmen Parameter festlegen. Etwa, dass nur jene Personen die Werbung erhalten sollen, die sich für dieses Produkt interessiert haben. Sie kennen das Phänomen selbst: Sie haben etwas gegoogelt und plötzlich wird Ihnen dazu auf anderen Seiten Werbung angezeigt. Genau so funktioniert das. Über ein Cookie wird gespeichert, dass Sie nach einem bestimmten Produkt und Begriff gesucht haben. Diese Information wird ausgelesen und wenn Sie nun eine Medienseite mit Werbeflächen besuchen, wird dort erkannt: Halt! Uns besucht ein User, der sich soeben für diesen Begriff interessiert, und wir haben dazu Werpepartner, die für dieses Produkt Werbung anzeigen lassen wollen. Das ist zugegeben eine sehr einfache Erklärung, aber dient dazu, Laien die Basis von Programmatic Advertising näher zu bringen. Wenn Sie selbst solche Kampagnen erstellen wollen rate ich Ihnen dringend dazu, Profis zu engagieren.

- **Suchmaschinenoptimierung (SEO):** Content-Marketing und Suchmaschinenoptimierung sind strategisch eng miteinander verbunden. Wenn Ihr Geschäft nicht über Google zu finden ist, existiert es quasi nicht – zumindest virtuell nicht. Ein gutes Ranking auf Google ist für viele Unternehmen überlebenswichtig. Besonders für Handelsunternehmen. Sind Ihre Produkte via Google auffindbar und mit anderen vergleichbar, kann das nur von Vorteil sein. Dafür muss aber Ihr eigener Onlineshop gut gerankt sein. Also müssen Sie in die Optimierung der Auffindbarkeit Ihrer Onlineangebote über Google investieren. Beispiel: ein Unternehmen, das Giveaways wie Kugelschreiber, Kaffeebecher, Lanyards usw. herstellt und bedruckt. Für diese Art von Geschäft ist es überlebensnotwendig, bei Suchbegriffen wie „Werbeartikel" oder „bedruckte Werbeartikel" auf Google ganz oben gefunden zu werden. Aber auch für alle anderen gilt: eine gute Suchmaschinenoptimierung schadet nie.

- **Suchmaschinenwerbung (SEA):** Der Unterschied zwischen SEO, SEA und SEM: SEO, also Suchmaschinenoptimierung, meint Maßnahmen für die organische Reihung von Inhalten. Organisch bedeutet, dass dafür nicht bezahlt wird, sondern der hohe Wert des Contents an sich gute Rankings erzielt. Also investiert man in Suchmaschinenoptimierung, wenn Inhalte über die Suchmaschine besser und einfacher gefunden werden sollen. Suchmaschinenwerbung wiederum wird SEA genannt, also Search Engine Advertisement. Gemeinhin wird dafür aber der Überbegriff SEM verwendet, Search Engine Marketing (manche zähle auch SEO zu SEM). SEA bzw. SEM wiederum ist zu vergleichen mit klassischer Werbung und meint den Einsatz von Werbegeldern zur Verbesserung des Rankings. Die Suchmaschinenwerbung führt dazu, dass eine Werbeanzeige auf einem der obersten Plätze der Suchergebnisse erscheint. Wichtig ist dabei zu erwähnen, dass Suchmaschinenwerbung nicht in Konkurrenz zu organischen Suchmaschinenergebnissen steht. Sie ist allerdings um ein Vielfaches teurer.
- **Tagging:** Tagging hilft bei der Kategorisierung und Auffindbarkeit von Inhalten. Jeder Inhalt bekommt einen Tag, also eine Markierung. Wir unterscheiden zwei Arten von Tags: Blog Tags und Social Tags. Auf Social Media haben sich außerdem Hashtags etabliert, um Inhalte zu einem Thema im gesamten Social Network zu aggregieren.
- **Linkbuilding:** Inhalte werden untereinander auf wertvollen Websites verlinkt. Der Algorithmus von Google funktioniert in etwa so: Inhalte, zu denen oft verlinkt wird, werden als relevanter eingestuft. Inhalte, zu denen kaum verlinkt wird, scheinen der Suchmaschine dagegen weniger relevant. Das sagt natürlich noch nichts über die Qualität der Inhalte an sich aus. Es kommt nicht nur auf die Anzahl der Links an und wie oft auf sie verlinkt wird, sondern auch, woher diese Links kommen. Google qualifiziert jede Website und seine Inhalte nach Vertrauenswürdigkeit und Relevanz. Newsseiten wie die *New York Times*

oder der *Spiegel* werden von Google als sehr relevant und vertrauenswürdig kategorisiert – weil Inhalte dieser Seiten seriös sind, eine hohe Qualität aufweisen und zudem von sehr vielen Menschen geteilt werden. Websites von Universitäten und anerkannten Bildungseinrichtungen sind ebenfalls relevant und vertrauenswürdig.

Auch Sie haben die Möglichkeit, Ihre Website relevant zu machen und nachhaltig auf Google gut zu ranken. Was Sie dafür machen müssen? Ausgezeichneten Content erstellen und gut vermarkten.

Literatur

Online-Quellen

Foma Trendmonitor. (2017). https://www.bvdw.org/fileadmin/bvdw/upload/publikationen/foma/BVDW_FOMA_Trendmonitor_2017.pdf. Zugegriffen: 1. Dec. 2018.

Kolowich, L. (2017). 16 video marketing statistics to inform your 2019 strategy. https://blog.hubspot.com/marketing/video-marketing-statistics. Zugegriffen: 1. Apr. 2019.

Liebel, C. (2017). Progressive Web Apps, Teil 1: Das Web wird native(er). https://www.heise.de/developer/artikel/Progressive-Web-Apps-Teil-1-Das-Web-wird-nativ-er-3733624.html. Zugegriffen: 16. Dec. 2018.

LoCascio, R. (2018). The sudden death of the website. https://techcrunch.com/2018/02/13/the-sudden-death-of-the-website/?guccounter=1. Zugegriffen: 29. Nov. 2018.

Martinescu, E., Janssen, O., & Nijstad, B. A. (2014). Tell me the gossip: The self-evaluate function of receiving gossip about others. https://www.ncbi.nlm.nih.gov/pubmed/25344294. Zugegriffen: 12. Dec. 2018.

Maybin, S. (2017). Busting the attention span myth. https://www.bbc.com/news/health-38896790. Zugegriffen: 1. Dec. 2018.

Nelson, R. (2018). Global app revenue topped $18 billion last quarter, up 23% year-over-year. https://sensortower.com/blog/app-revenue-and-downloads-q3-2018. Zugegriffen: 15. Dec. 2018.

Nielsen.com. (2014). Changing channels Americans view just 17 channels despite record number to choose from. https://www.nielsen.com/content/corporate/us/en/insights/news/2014/changing-channels-americans-view-just-17-channels-despite-record-number-to-choose-from.html. Zugegriffen: 28. Nov. 2018.

Nowotny, M. (2018). Glücklich ohne Zeit und Zahlen. https://science.orf.at/stories/2899422/. Zugegriffen: 18. Dec. 2018.

Salmon, F. (2018). The future of television is…more television, Wired.com. https://www.wired.com/story/netflix-new-tv-television-future-jeffrey-katzenberg/. Zugegriffen: 16. Dec. 2018.

Spiegel Online. (2018). Bild der ersten geschickten Mail in Deutschland. http://www.spiegel.de/images/image-2307-gallery-uhfg.jpg. Zugegriffen: 14. Dec. 2018.

Statista.com. (2019). Dauer der täglichen Radionutzung in Österreich von 2008 bis 2018 (in Minuten). https://de.statista.com/statistik/daten/studie/315028/umfrage/taegliche-radionutzung-in-oesterreich/. Zugegriffen: 14. Apr. 2019.

Sun, Y., Hou, Y., & Wyer, Jr., R. S. (2015). Decoding the opening process. *Journal of Consumer Psychology, 25*(4), 642–649. https://onlinelibrary.wiley.com/doi/abs/10.1016/j.jcps.2015.01.007. Zugegriffen: 14. Apr. 2019.

The Monitor Report. (2019). Children media use and purpose. http://www.childwise.co.uk/reports.html#monitorreport. Zugegriffen: 10. Apr. 2019.

Trackmaven.com. (2016). Analysis points to major shift in digital marketing efficacy. https://trackmaven.com/press/trackmaven-analysis-points-to-major-shift-in-digital-marketing-efficacy/. Zugegriffen: 28. Nov. 2018.

Tuch, A. N., Presslaber, E. E., Stöcklin, M., Opwis, K., & Bargas-Avila, J. A. (2012). The role of visual complexity and prototypicality regarding first impression of websites: Working towards understanding aesthetic judgments. https://static.googleusercontent.com/media/research.google.com/en/us/pubs/archive/38315.pdf. Zugegriffen: 1. März 2019.

Wikipedia. (2018). Digital content. https://en.wikipedia.org/wiki/Digital_content. Zugegriffen: 26. Sept. 2018.

Wikipedia. (2019a). www.wikipedia.org. Zugegriffen: 1. März 2019.

Wikipedia. (2019b). www.wikipedia.de. Zugegriffen: 26. Jan. 2019.

Willis, J., & Todorov, A. (2016). First impressions: Making up your mind after a 100-ms exposure to a face. https://journals.sagepub.com/doi/abs/10.1111/j.1467-9280.2006.01750.x. Zugegriffen: 19. Dec. 2018.

Offline-Quellen

Bartlett, J. (2015). *The Dark Net. Unterwegs in den dunklen Kanälen der digitalen Unterwelt* (1. Aufl.). Kulmbach: Plassen.

Bauer, H. H., Grether, M., & Sattler, C. (2001). *Werbenutzen einer unterhaltenden Webseite – Eine Untersuchung am Beispiel der Moorhuhnjagd.* Mannheim: Mannheim Verlag.

Bruhn, M. (2018). *Kommunikationpolitik. Systematischer Einsatz der Kommunikation für Unternehmen* (9. Aufl.). München: Vahlen.

Bruhn, M., Esch, F. R., & Langner, T. (Hrsg.). (2009). *Handbuch Kommunikation. Grundlagen – Innovative Ansätze – Praktische Umsetzungen* (1. Aufl.). Wiesbaden: Gabler.

Delhees, K. H. (1994). *Soziale Kommunikation- Psychologische Grundlagen für das Miteinander in der modernen Gesellschaft.* Opladen: Westdeutscher Verlag.

Freytag, G. (1969). *Die Technik des Dramas, unveränderter Nachdruck.* Darmstadt: Autorenhaus.

Hora, T. (1959). Tao, Zen and Existential Psychotherapy. *Psychologia, 2,* 236.

Watzlawick, P., Beavin, J., & Jackson, D. (2000). *Menschliche Kommunikation. Formen, Störungen, Paradoxien.* Bern: Huber.

Erfolgreichen Content produzieren und vermarkten

2

Zusammenfassung

Authentischer Content ist erfolgreicher Content. Ergo muss Content authentisch sein, um erfolgreich zu sein. Das liest und hört man überall. Nur, wie erstellt man authentischen Content? Soll man jede Lapalie veröffentlichen? Sind Blogartikel noch authentisch genug und was ist mit Instagram und Co.? Zuerst: Lassen Sie sich nicht aus der Ruhe bringen. Authentischer Content ist nichts anderes als Content, der nach dem einfachen Prinzip erstellt wird: „Reden ist Silber, Schweigen ist Gold!". Man macht erst die Klappe auf, wenn man was zu sagen hat. In diesem Kapitel nehme ich Sie an der Hand und führe Sie durch den Content-Dschungel. Von den richtigen Methoden zur Ideenfindung, bis hin zur Strategieerstellung und der Umsetzung sowie der Analyse im Anschluss. Dieses Kapitel ist praxisorientiert und geht auf anschauliche Beispiele ein, um die jeweiligen Schritte besser darstellen zu können.

Das Leben ist ein einziger Verkaufsprozess. Egal was Sie machen, Sie verkaufen – und kaufen. Egal, ob Produkte, Dienstleistungen, Meinungen, Attitüden oder Informationen und Storys. Merken Sie sich gut, was ich jetzt schreibe: Wenn Sie an Content denken, denken Sie nicht zuerst an die Inhalte, sondern an den Verkauf! Ich beginne zunächst mit einem kleinen Ausflug in die Welt der Verhandlungstaktiken, der Ihnen ein besseres Verständnis für die Bedeutung guter Kommunikation veranschaulichen soll.

Aber keine Sorge, Sie müssen nicht zum Marktschreier werden. Nein, Sie müssen nur zum guten Kommunikator werden. Denn das macht einen guten Verkäufer aus. Im Grunde genommen kommunizieren und verhandeln wir permanent. Immer wollen wir unsere Inhalte durchsetzen. Überlegen Sie: Egal, wie wir miteinander in Kontakt treten, immer geht es einem Kommunikationspartner darum, ein Interesse

© Springer Fachmedien Wiesbaden GmbH, ein Teil von Springer Nature 2019
F. Schauer-Bieche, *Der Content-Coach,*
https://doi.org/10.1007/978-3-658-26655-4_2

oder eine Botschaft durchzusetzen. Selbst die Antwort auf die Frage „Wie geht es dir?" (wenn sie ernst gemeint ist), oder eine berufliche Auskunft, eine Information usw. Selbst belangloser Smalltalk ist in reduzierter Form Verhandlung. Wenn wir über das Wetter sprechen, so sagen wir über unsere Körperhaltung, die Stimmlage, den Augenkontakt etc. sehr viel über das eigentliche Ziel aus: Wollen wir mit der Person gegenüber in ein tiefergehendes Gespräch treten? Wollen wir den Kontakt möglichst rasch unterbinden? Hier verhandeln wir dann sehr subtil. Ähnlich funktioniert es digital. Ein Text, ein Video, ein Podcast – jedes Format buhlt in seiner Form und mit seinen Vorzügen um Aufmerksamkeit. Eine griffige Headline, die ersten Sekunden eines Videos, die ersten Töne einer Audiodatei – alle diese Dinge entscheiden über Erfolg oder Misserfolg der Botschaft.

Das Harvard-Konzept

Wie eng Verhandlungstaktiken mit Kommunikation verbunden sind, beweist eines der bekanntesten Verhandlungsprinzipien: das Harvard-Konzept. Das Konzept wurde 1981 vom amerikanischen Rechtswissenschaftler Roger Fisher und William L. Ury begründet. Sie haben ihre Erkenntnisse im Buch „Getting to Yes" formuliert, im Deutschen erschienen unter dem Titel „Das Harvard-Konzept". Es ist eine erfolgreiche Methode zur friedlichen Einigung von Verhandlungssituationen mit einem sogenannten Win-Win-Ergebnis, also einem zufriedenstellenden Ergebnis für beide Seiten.

Wie sich das Konzept von anderen abhebt: Der größtmögliche Nutzen für beide steht im Vordergrund und eine Kommunikation auf sachlicher Ebene. Die persönlichen Beziehungen bleiben außen vor, es geht nur um den Gegenstand der Verhandlung. Die Methode bezieht sich auf das 3. Axiom der Kommunikationswissenschaften von Paul Watzlawick: Die Interpunktion von Ereignisfolgen (bereits an früherer Stelle des Buches erwähnt). Noch einmal kurz erklärt: Jede Kommunikation ist eine Reaktion auf etwas. Denn jedes Verhalten ist Kommunikation. Interpunktion bezeichnet dabei den Auslöser für das eigene Verhalten, also: Ihr Verhalten auf die Reaktion bzw. die Mitteilung durch Ihren Gesprächspartner. Dieses Verhalten wird als Interpunktion bezeichnet. Es ist Ausgangspunkt für Ihre Reaktion, die wiederum eine weitere, neue Mitteilung für Ihren Gesprächspartner zur Folge hat.

Noch einfacher: Sie erzählen Ihrem Beziehungspartner etwas, woraufhin Ihr Partner zu streiten beginnt. Als Folge dessen ziehen Sie sich zurück. Ihre Stille stört Ihren Partner, der daraufhin erneut reagiert, worauf auch Sie mit einer Reaktion antworten. Das kann sich beliebig lange fortsetzen, wie Sie bestimmt wissen. Um das zu vermeiden, empfehlen Fisher und Ury im Harvard-Konzept folgende vier Schritte:

1. **Trennen Sie die Sachfrage von Ihren Gesprächspartnern:** Lösen Sie den Menschen vom Problem. Jeder Mensch denkt und handelt anders. Auch wenn es Muster geben mag, denen jeder folgt, so werden Eindrücke stets unterschiedlich verarbeitet. Dabei sind die Gefühle oft die dominierenden Filter. Das rationale Denken setzt erst an viel späterer Stelle ein. Ist ein Gespräch von Beginn an persönlich aufgebaut, wird es bei allen Beteiligten gewisse Vorstellungen und Gefühle hervorrufen, die in weiterer Folge den Verlauf dominieren. Trennen Sie jedoch bewusst den diskutierten Gegenstand von der persönlichen Ebene, können alle Beteiligten neutral an die Sache herangehen. Wichtig: Der Beginn der Gespräche muss vereinbart werden. Es muss jedem Gesprächspartner bewusst sein, dass alle Themen, die fortan besprochen werden, sich einzig und allein um „die Sache" drehen. So vermeidet man erneut Falschinterpretationen.

2. **Konzentrieren Sie sich auf die Interessen Ihrer Gesprächspartner, nicht auf ihre Meinungen:** Jeder Mensch hat zu jedem Thema eine eigene Meinung bzw. Position. Um nicht in eine endlose Diskussion über Denkansätze und Ansichten zu geraten, konzentrieren Sie sich ausschließlich auf die Interessen Ihres Gegenübers, nicht auf die eigenen. Dieses Prinzip gilt natürlich vor allem für geschäftliche Situationen. Aber selbst im privaten Bereich kann man so unnötige Streitereien vermeiden. So gerät man nie in die verzwickte Lage zwei unterschiedliche Wertesysteme miteinander vereinen zu müssen – das gelingt nämlich nie ohne grobe Kompromisse und persönliche Kränkungen. Das bedeutet nicht, dass Sie Ihre Meinung vernachlässigen oder gar fallen lassen sollen. Doch stellen Sie sie in den ersten Verhandlungen nach hinten und versuchen Sie zuerst herauszufinden, was Ihr Gesprächspartner durchsetzen und haben möchte. Sobald Sie Ihre Position mitverhandeln prallen nämlich zwei Meinungen aufeinander und die meiste Zeit wird dafür verschwendet, die jeweilige Position durchzuboxen. Folglich hört man dem Gegenüber gar nicht mehr zu. Das Harvard-Konzept schlägt den besten Weg vor: Man macht sich die unterschiedlichen Meinungen bewusst und arbeitet die Interessen gemeinsam aus, die sich daraus ergeben. Holen Sie Ihren Partner dabei ruhig in Ihr Boot. Dieses Prinzip ist auch mit den Grundsätzen von Design Thinking vereinbar, wo man grundlegend davon ausgeht, was der User und Anwender am Ende haben möchte und nicht, was man selbst durchsetzen will.

3. **Erarbeiten Sie Entscheidungsmöglichkeiten für den beiderseitigen Vorteil:** Die klassische Win-Win-Situation. Jeder bekommt etwas, das ihm nützt, niemand wird benachteiligt. Auf der Suche nach den besten Lösungen muss klar sein: die eine und richtige Lösung gibt es nicht, es gibt stets Alternativen. Es gibt für jeden ein Stück vom Kuchen – immer! Lassen Sie sich nicht begrenzen.

Auch nicht durch vermeintlich begrenzte Ressourcen wie knappe Budgets oder fehlende Zeit. Probleme löst man am besten gemeinsam, nie alleine. Gegenseitige Unterstützung ist der Weg zu einer optimalen Win-Win-Situation.

4. **Legen Sie objektive Kriterien fest:** Bestehen Sie auf einen Kriterienkatalog, der die Beurteilungskriterien festlegt. Beispiele dafür sind ethische Normen oder Gesetze. Sie können auf Basis von bestehenden Gesetzen und Regeln selbst Kriterien entwickeln, die als objektive Gradmesser für beide Seiten gelten. So vermeiden Sie Entscheidungen, die bloß auf Meinungen bzw. Positionen beruhen. Entwickeln lassen sich solche Kriterien am besten mit Hilfe von erfahrenen Beratern, die gleichzeitig als Mediatoren zur Seite stehen. So kommt keiner der beiden Verhandlungspartner in eine unangenehme Situation.

2.1   Vorbereitung

Ob Content gut und erfolgreich wird, entscheidet ausschließlich die Vorbereitung. Wie in einer Profiküche entscheidet die Aufbereitung und Qualität der Zutaten über den Geschmack und das Niveau des Essens. In diesem Kapitel finden Sie eine Auflistung der wichtigsten Zutaten für Ihren Content, dessen Planung und Umsetzung.

2.1.1   Zielgruppenanalyse

Ich werde nicht müde es zu betonen. Das Wichtigste im Content-Business ist es, seine Abnehmer gut zu kennen. Nur wer seine Zielgruppe kennt, kann Aktionen setzen, die nachhaltig erfolgreich sind. Die Zielgruppenanalyse wird sehr oft und gerne vergessen. Schuld daran ist eine Besserwisser-Mentalität vieler Unternehmer und Manager. Ein fataler Fehler. Jedes Format und jeder Channel hat sein ganz eigenes Publikum, das wiederum eigene Anforderungen stellt. Lassen Sie Analysen und Umfragen anfertigen, bevor Sie sich an die Content-Planung machen. Es muss keine Volkszählung werden, es reichen bereits einfache Erhebungen und die Analyse von vorhandenem Datenmaterial Ihrer digitalen Kanäle. Sie sollen danach auch bitte nicht Ihre Inhalte ausschließlich nach den Wünschen der Zielgruppe(n) erstellen – sondern die Themen und Interessen dieser kennen. So sparen Sie sich bereits bei der Planung Ihres Contents sehr viel Zeit, Ressourcen und Geld. Denken Sie etwa an Steve Jobs, der bei der Entwicklung des ersten iPhones dem User-Trend folgte (ein kleiner Computer zum Mitnehmen), aber bei der Gestaltung seinen eigenen Visionen (ein einziger Button zum Bedienen des gesamten Geräts, der Home-Button). Oder Starbucks-Mitgründer Howard Schultz, der stets betont, dass Starbucks nicht Kaffee verkauft, sondern die Kaffepause – also das Ambiente und das Drumherum. Um diese Ansagen machen zu können, bedarf es aber einer Analyse und der Klärung der Frage, wen man mit seinem Angebot ansprechen möchte. Bitte vernachlässigen Sie das nie, es ist der größte Fehler, den ich auch in meinem Berufsalltag immer wieder erlebe. Nehmen Sie sich lieber etwas mehr Zeit für die Beantwortung dieser Frage, statt einen Schnellschuss zu tun. Wie aber filtern Sie die für Sie relevanten User heraus? In dem Sie Ihre Usermenge auf Basis folgender Eckpunkte analysieren:

- Job (Einkommen und Funktion)
- Geschlecht
- Wohnort (Stadt/Land)
- Alter
- Informationsverhalten (Wie informiert sich die Person, über welche Channels?)
- Welcher Content kann diesen Personen weiterhelfen?
- Kundenbefragung zu Ihrer Marke (Wie und warum kam es zur Kaufentscheidung? Wie kam der Kunde mit der Marke in Berührung? Wie und wovon hat er sich beeinflussen lassen? Feedback?)

2.1.2 Unternehmensstruktur, Leitbild und Vision

Ohne Vision und Leitbild kann man keine Botschaften formulieren. Klären Sie immer zuerst diese Fragen: Was wollen Sie sagen? Was wollen Sie Ihren Usern mitteilen? Nachdem Sie die Zielgruppe kennen, müssen Sie deren Vorlieben und Ansprüche mit Ihrem Leitbild verbinden können. Das wiederum funktioniert nur, wenn Sie ein klares Bild von Ihrer Marke haben.

- **Struktur im Unternehmen:** Wer hat das Sagen? Wie sind die Rollen verteilt? Guter Content lebt von Know-how und klarer Aufgabenteilung. Die Annahme, dass jeder alles können muss funktioniert maximal in einer Simulationsumgebung und ist in der Realität sehr oft der Grund dafür, dass Unternehmen schlechte Inhalte produzieren. Ein Texter muss kein guter Bildbearbeiter sein und umgekehrt. Ein sehr guter Filmer muss kein Drehbuchautor sein, und der Webdesigner muss sich auch nicht automatisch als Social-Media-Manager zweckentfremden lassen. Schaffen Sie Strukturen, sodass jeder seine Rolle im Gefüge hat und sich in dieser frei entfalten kann. Versuchen Sie nicht, mehrere Rollen in einer zusammenzufassen. Ich bin der festen Überzeugung, dass die eierlegende Wollmilchsau ebenso häufig anzutreffen ist wie der Yeti. Wir können nicht alles können. Jene, die vorgeben professionelle Multitasker zu sein, lassen mindestens eine Rolle unerfüllt. Multitasking gehört ins Reich der Mythen. Je mehr Tasks wir parallel aufmachen, desto schneller sinkt unsere Leistungs- und Konzentrationsfähigkeit. Versuchen Sie einen guten Blogbeitrag zu schreiben, während Sie Heavy-Metal-Musik hören und alle fünf Minuten ihre E-Mails lesen und beantworten. Es ist unmöglich. Konzentrieren Sie sich lieber auf ein Ding und setzen Sie sich einen bestimmten Zeitrahmen dafür. Geben Sie dieses Verhalten Ihrem Team weiter.

- **Nur wo ein Wille ist, da ist auch ein Weg:** Sie müssen das Content-Thema ernst nehmen, nur dann werden Sie gute Inhalte erzeugen. Bevor Sie halbherzig an das Thema herangehen, lassen Sie es lieber bleiben – oder holen Sie sich jemanden von außen, der Ihnen die komplette Arbeit abnimmt und umsetzt. Aber „schnell mal ein bisschen Content erstellen" wird zu wenig Erfolg führen.

2.1.3   Technische Voraussetzungen

Guter Content lebt von Ideen, deren kreativen Umsetzungen und einer guten technischen Infrastruktur, um die Verbreitung zu gewährleisten. Bevor Sie die ersten großen inhaltlichen Würfe planen, sorgen Sie dafür, dass Ihnen die entsprechende technische Basis zur Verfügung steht. Ich habe hier eine Anforderungsliste zusammengestellt, die die Basics abdeckt. Klären Sie diese Fragen mit Ihren IT-Beratern.

Provider und Webspace
- Wo hosten (speichern und lagern) Sie Ihre Inhalte?
- Wo (auf welchen Servern) sind Ihre Daten gespeichert (innerhalb der EU?)
- Wie schnell sind die Server?
- Wie sicher sind die Server?

Content-Management-System
- Welches Content-Management-System (CMS) nutzen Sie, um Ihren Content zu verwalten? Die gängigsten sind WordPress, Joomla, Drupal, Typo3, neos.
- Welches Shopsystem nutzen Sie für Ihre e-Commerce-Aktivitäten?
- Welche Content-Formate werden Sie hauptsächlich veröffentlichen? Mehr Texte, mehr Videos, mehr Audio? Machen Sie sich im Vorfeld schlau, welches System am besten zu Ihren Anforderungen passt.

Informationsarchitektur Ihrer Website
- Entspricht Ihre Website den gängigen Standards (und ist auch barrierefrei)?
- Ist die Seite so aufgebaut, dass eine Suchmaschinen-Optimierung problemlos möglich ist?
- Wenn beide Fragen mit nein beantworten werden müssen: Haben Sie bereits Experten an der Hand, die Ihnen eine neue Website bauen können? Sie können sich gerne für Empfehlungen an mich wenden.
- Kann externer Content eingebaut werden, etwa von sozialen Medien?
- Ist die Website responsive, also problemlos von mobilen Geräten anzusehen?
- Ist die Menüführung übersichtlich?
- Ist die Seitengeschwindigkeit optimiert (können User schnell auf Ihrer Website surfen?)

SEO-Website
SEO-Optimierung ist das A und O. Konzipieren Sie Ihre Website bereits zu Beginn so, dass Sie allen Anforderungen entspricht, um problemlos über Suchmaschinen gefunden zu werden. Auch Landingpages sollten einfach anzulegen sein und problemlos auf Suchmaschinen ausgespielt werden. Eine gute SEO-Struktur Ihrer Seite spart Ihnen viel Geld und sorgt für organische Reichweite. Vergessen Sie an dieser Stelle aber auch nicht die SEA-Maßnahmen, also Suchmaschinen-Werbung (planen Sie ein Budget ein und setzen Sie bereits früh genug Kampagnen auf!).

Responsive Website-Design
Jeder zweite User erreicht heutzutage Ihre Website über sein Tablet oder Smartphone – jedenfalls über ein mobiles Endgerät. Deshalb hat ein responsives Website-Design besonders hohen Stellenwert. Achten Sie darauf, dass mobile User einfach zu allen Informationen kommen, dass Bildgrößen angepasst und Menüs kompakt dargestellt werden. Am besten konzipieren Sie von Anfang an Ihre Website für die mobile Ansicht. Nach vielen Jahren der bunten Bilder und aufwendigen Animationen gilt mittlerweile: weniger ist mehr. Die beste Website packt die wesentlichen Informationen auf ganz wenige Unterseiten.

Video Hosting
Setzen Sie auf Videos, benötigen Sie eine Plattform auf der Sie Ihre Inhalte hosten können. Es versteht sich von selbst, dass YouTube und Vimeo hier die erste Wahl sind. Natürlich können Sie Ihre Videos auch auf eigenen Servern hosten, um auf Nummer sicher zu gehen. Seien Sie sich aber bewusst, dass Sie dann mehr Budget benötigen, weil Ihre Server einiges mehr an Hardwareleistung hergeben müssen, als für ein vergleichbar harmloses Hosting einer Website mit Bildern und Texten.

Social Media-Accounts

Verfügen Sie über alle relevanten und notwendigen Social-Media-Accounts, um Ihren Content reichweitenstark ausspielen zu können? Machen Sie sich Gedanken, welche Social-Media-Auftritte Sie wirklich benötigen und welche davon Sie tatsächlich mit Content bespielen können. Es macht keinen Sinn, beispielsweise auf Twitter vertreten zu sein, wenn Sie nicht mehrmals täglich Updates zu bieten haben oder auch Ihre Kundenanfragen keine große Dringlichkeit aufweisen. Möglicherweise haben Sie langlebige, ansehnliche Produkte. Dann können Sie eindrucksvolle Fotos und Videos auf Instagram, YouTube oder Pinterest verbreiten. Oder haben Sie eine sehr junge Zielgruppe? Dann nutzen Sie Snapchat und neue Social-Media-Plattformen, die noch eher einen spielerischen Charakter aufweisen. Sie müssen auf keinen Fall auf jeder Plattform vertreten sein. Das beste Beispiel ist Facebook: B2B-Anbieter können mittlerweile nahezu vollständig auf Facebook verzichten. Facebook an sich ist nur noch für einige B2C-Produkte relevant. Viele Unternehmen verzichten aber bereits in diesem Segment auf Facebook. Ein Beispiel ist die UniCredit-Bankengruppe, die seit 1. Juni 2019 auf Auftritte auf Facebook und Instagram sowie WhatsApp verzichtet. Ob Facebook das mit seinen neuen Entwicklungen wie bessere Business-Nutzung oder End-to-End-Verschlüsselung bzw. private Gruppen wieder ändern können wird, werden wir 2020 und 2021 sehen.

DSGVO

Wenn Sie von Europa aus agieren, Ihr Firmensitz in Europa ist oder Sie europäische User und Kunden haben, dann müssen Sie sich an die 2018 erlassene DSGVO, also die Datenschutzgrundverordnung der EU halten. Ihre Seite braucht jedenfalls einen eigenen Bereich, der genau anführt, welche Daten über Ihre Seite erhoben werden. Verwenden Sie Cookies? Haben Sie Tracker im Einsatz? Erkundigen Sie sich ganz genau, auch bei Datenschutzexperten. Infos dazu finden Sie schnell über eine einfache Google-Suche. Wesentliche Fragen, die Sie sich aber für Ihren Unternehmens- und Markenauftritt fragen müssen:

- Sind Ihre digitalen Inhalte in der EU bzw. auf EU-Servern gehostet? (zu empfehlen!)
- Welche relevanten User-Daten greifen Sie ab und wie und wo speichern Sie diese?
- Was passiert mit diesen Daten, wie werden sie verwertet und verwendet?
- Benötigen Sie wirklich alle Daten, die Sie aktuell abfragen oder vorhaben abzufragen? (weniger ist mehr, mittlerweile auch bei Daten!)

Digital Asset Management System (DAM)
Organisieren Sie Ihre Medieninhalte wie Videos und Fotos oder Audios über
eine einheitliche Datenbank, individuell auf Ihre Bedürfnisse zugeschnitten. So
genannte DAMs sind weiterentwickelte Content-Management-Systeme, die es
Ihnen ermöglichen, nach bestimmten Inhalten gezielt zu suchen und diese direkt
in Content-Management-Systemen wie WordPress zu importieren. Der führende
Anbieter im Segment Enterprise Content Management ist „opentext". Für kleinere
Unternehmen und Projekte gibt es zahlreiche Alternativen. „neos" beispielsweise
ist gleichzeitig Content-Management-System und DAMS.

Zugang zu Foto- und Videodatenbanken
Sie werden nicht für jeden Content einen Fotografen zur Hand haben oder beauf-
tragen wollen (bzw. finanziell dazu in der Lage sein). Es gibt Momente, in denen
Sie dazu gezwungen sind, auf sogenannte Stockphotos zurückzugreifen. Das
sind Fotos aus einer Bilddatenbank. Gestellte Bilder, die als Sujets (also Symbol-
bilder), für verschiedene Situationen dienen. Sie kennen diese Bilder von allen
möglichen Informationsplattformen. Hauptsächlich eingesetzt von Medien, werden Stockbilder gerne auch von Unternehmen verwendet, um Content-Lücken zu
füllen. Haben Sie sich schon gefragt, warum auf manchen Firmenwebsites exakt
dieselben Bilder zu finden sind? Das liegt daran, dass jene Fotos über Plattformen
zu kaufen sind. Bekannte Plattformen sind www.shutterstock.com, www.gettyi-
mages.com oder im deutschsprachigen Raum www.fotolia.de.

Analysetools wie Google Analytics
Um die Reichweite und die Effizienz Ihres Contents bewerten zu können, müssen
Sie Ihre Zugriffszahlen messen können. Soziale Medienplattformen bieten ihre eigenen integrierten Tools an. Wenn Sie die Zugriffe auf Ihre Webchannels oder Newsletter messen möchten, brauchen Sie eigene Tools (wobei viele Newsletter-Anbieter
selbst eigene Analysemöglichkeiten integriert haben). Insgesamt ist die beliebteste,
einfachste und bekannteste Möglichkeit Google Analytics. Wenn Sie Ihre Daten
nicht an Google weiterleiten möchten, können Sie eine maßgeschneiderte Lösung
entwickeln lassen. Oder Sie setzen auf Tools wie Matomo/Piwik, ETracker oder
Open Web Analytics. Am besten setzen Sie sich mit einer Webagentur zusammen
und lassen sich über die Möglichkeiten aufklären.

Copywriting Tools
Das sind Tools, die Texter bei ihrer Arbeit unterstützen. Eine Vorreiter-Software
in diesem Bereich ist Acrolynx. Dabei handelt es sich um eine Software, deren

künstliche Intelligenz Texte analysieren kann. Dabei erkennt die Software den linguistischen Wert sowie grammatikalische Strukturen und kann Empfehlungen zur Verbesserung abgeben. Im Rahmen meiner Recherchen für dieses Buch habe ich ein Interview mit Gründer und CEO Andrew Bredenkamp geführt. Für ihn ist klar: In Zukunft wird der Stil von Texten immer wichtiger, besonders wenn man an Chatbots und automatisierte Texte denkt. Ganz abgesehen von seiner Software, hat mich vor allem eine Aussage fasziniert, nämlich, dass Text zu oft unterschätzt werden. Am Ende basiere alles auf Texten und als Marke müsse man sicherstellen, dass man Kontrolle über seine Kommunikation hat. Deshalb sei der Einsatz von Text-Software unerlässlich. Ganz so uneingeschränkt sehe ich es persönlich nicht. Ein Copywriting Tool kann keinen Profitexter ersetzen oder Sie zu einem machen. Einen breiten Wortschatz zu haben, gute Idiome und Phrasen zitieren und verwenden zu können, das muss ein Textprofi schon selbst können. Bei einer Schreibblockade oder schwierigen Themen können sie praktisch sein, um Anregungen für neue Formulierungen zu bekommen. Andere wiederum können dabei helfen, die Tonalität auf ein einheitlich hohes Level zu heben und es zu halten. Die Entwicklung geht allerdings dahin, dass Schreibprogramme und Content-Management-Systeme viele der einfachen Textarbeiten (wie das Taggen, Keyword-Suche und Keyworder-Analyse) abnehmen werden oder es bereits können. Autoren-Software wie Final Draft für Drehbuchautoren oder etwa Scrivener für Buchautoren sind überragende Hilfen, die allerdings nicht als Copywriting Tools einzuordnen sind.

Speech-to-text-Tools (Diktiersoftware)
Sie sprechen, der Computer schreibt. Wer die Diktierfunktion von Android- oder Apple-Smartphones bereits getestet hat, weiß was ich meine. Für kurze Business-Texte oder Mails ist das wunderbar. Bei längeren Texten kommt es auf viele Faktoren an, ob sich ein Einsatz eines solchen Diktier-Tools lohnt. Erstens erstellt jeder seine Texte ganz individuell. Ich zum Beispiel bevorzuge beim Schreiben das Gefühl der unter Druck meiner Finger nachgebenden Tasten. Ich schreibe, analysiere, lösche, schreibe erneut – bis der Text passt. Andere haben ihre Texte bereits nahezu vollständig im Kopf. Für solche Autoren sind Diktier-Tools ein enormer Vorteil. Zweitens hängt es von der Aussprache ab: Jemand, der in der Lage ist Hochdeutsch zu sprechen, ohne dialektische Einfärbung, wird mit Software kein Problem haben. Nach wie vor zeigt sich aber umgekehrt, dass Menschen, die mit starker Färbung sprechen, von diesen Tools nicht verstanden werden. Natürlich entwickelt sich die Software weiter. Es ist aber davon auszugehen, dass das Diktieren überhand nehmen wird, da nachkommende Generationen überwiegend nur noch die Sprachfunktionen nutzen und Gadgets sowie Smartphones und Tablets fast ausschließlich per Sprachbefehl steuern.

Newsletter-Systeme
Bevor Sie überhaupt eine Zeile schreiben und an Ihre User und Kunden verschicken wollen, brauchen Sie eine Plattform, über die Sie Ihre Newsletter-Abon-
ennten verwalten. Ihre Mailings brauchen quasi ein Zuhause. Dieses schaffen
Sie mit internationalen Anbietern wie mailchimp.com oder deutschen Services
wie Newsletter2go oder CleverReach. Sie finden auch viele kleinere Anbieter,
die gute Alternativen darstellen können, je nach Ihren Anforderungen. Auch hier
gilt: Recherchieren und vergleichen Sie! Achtung: Die DSGVO schiebt vielen
Möglichkeiten einen Riegel vor, also achten Sie bei der Wahl Ihres Anbieters
genau darauf, ob er die Vorgaben einhält. Besonders, wenn Mailadressen und
weitere Kontaktdaten Ihrer User ins EU-Ausland übertragen werden, ist Vorsicht
geboten.

2.1.4 Das Know-how kommt mit den richtigen Leuten: Personelle Voraussetzungen

Wenn Sie wirklich guten Content haben möchten, dann brauchen Sie entsprechend
ausgebildete Leute dafür. Profis für Texte, Videos, Audios und Co. Würden Sie Ihr
Kind in einen Kindergarten ohne pädagogisch geschultes Personal geben? Würden
Sie ein Lokal aufsuchen, in denen Menschen kochen, die ihren Geschmackssinn
verloren haben? Würden Sie in einen Bus einsteigen, der jemandem gelenkt wird,
der noch nie zuvor ein Fahrzeug gelenkt hat? Vermutlich nicht. Dieselbe Grund-
satzfrage sollten Sie sich auch in Bezug auf die Erstellung Ihres Contents stellen.

Wenn Sie einen internen Content-Hub aufbauen möchten bzw. Ihre Content-Creation selbst in die Hand nehmen möchten, müssen Sie folgende Positionen
mit Experten besetzen, die daraufhin wiederum ihr eigenes Team zusammenstellen:

1. **Head of Content and Communications** – verantwortlich für die Teamleitung,
   die Kommunikation intern/extern sowie die Content-Strategie (gleichwertig mit
   der Position eines Marketingleiters und Leiter der Kommunikationsabteilung,
   meistens Teil der Geschäftsführung oder des Vorstandes)
2. **Head of Ads and Data Analysis** – verantwortlich für die Implementierung
   von Datenanalyse, Advertising-Kampagnen und Auswertung der Daten und
   Statistiken.
3. **Head of SEO** – verantwortlich für die Optimierung aller Inhalte für Suchmaschinen, die Implementierung der erforderlichen SEO-Tools und Strukturen
   sowie die Überwachung und Analyse der Texte hinsichtlich SEO-Anforderungen.

4. **Head of Social Media** – verantwortlich für alle Kanäle auf sozialen Medien inklusive Konzept- und Strategieerstellung, Beauftragung von Content-Entwicklern wie Textern, Videospezialisten, Grafikern, Auswertung von Tools und Statistiken

5. **Head of Texts and Words (Texter):** Verantwortlich für alle Textinhalte sowie Content-Konzepte, für Copywriting-Elemente, sowie für Drehbücher oder Moderationen.

6. **Head of Graphics and Visualisations (Grafiker)** – verantwortlich für alle grafischen Prozesse und Visualisierungen sowie die Corporate Identity in Abstimmung mit Head of Content und Communication und Head of Texts, Beauftragung von Grafikern.

Anmerkung: Position 1 und 5 können in Ausnahmefällen verschmelzen, abhängig von der Größe des Unternehmens und des Teams und somit der Verantwortung, die der Head of Content and Communications zu tragen hat. Sonst sind alle Positionen extra zu besetzen.

Wer soll sich das leisten können?
Eine Frage, die ich sehr oft höre. Interessanterweise häufig von Großkonzernen, weniger von Klein- und Mittelbetrieben. Letztere wissen nämlich schon längst, dass sie ohne guten Content nicht mehr konkurrenzfähig sein können (und jene, die es ignorieren, sind nicht lange am Markt.) Selbstverständlich ist mir bewusst, dass Kleinbetriebe nicht einfach ein mehrköpfiges Team einstellen können. Manche Berater würden an dieser Stelle vorschlagen, die oben angeführte Liste an Positionen zu kürzen und lediglich eine einzelne Person einzustellen, möglicherweise zwei, die sich um alles kümmern. Dieser Weg wird von vielen gegangen und ist in meinen Augen der falsche. Dieses Verhalten führt dazu, dass von einer Person alles abverlangt wird, was unmöglich ist. Es leidet der Content, dann die Motivation, später das Image der Firma und somit der wirtschaftliche Erfolg.

Wenn Sie sich kein Content-Team leisten können, stellen Sie sich lieber eine grundlegende Frage: Wie viel Content benötige ich wirklich, um meine Produkte oder Dienstleistungen anzupreisen und ordentlich darzustellen? Wie schon öfter erwähnt, bin ich ein Anhänger der Weniger-ist-Mehr-Theorie. Anstatt auf allen Social-Media-Plattformen vertreten zu sein, eine Website mit Blog, einen Podcasts und einen YouTube-Channel bedienen zu wollen, reduzieren Sie auf jene Kanäle, für die Sie ohne enormen Zusatzaufwand Inhalte erstellen können. Sollten Sie jemanden im Unternehmen haben, der ein nachgewiesener Content-Profi ist, oder sollten Sie selbst einer sein, können Sie durchaus einiges selbst machen bzw. sich in einem Workshop schulen lassen. Das ist besonders für kleine Unternehmen kostensparend, setzt aber Grundinteresse und Können im Bereich der Content-Entwicklung voraus. Aus einem grafisch Unbegabten wird niemand einen Grafiker machen. Aus einem Textmuffel wird nie ein Texter werden. Und aus einem Geizhals wird niemals ein Content-Guru. Denn Content-Gurus wissen: Gute Arbeit kostet Geld. Egal in welchem Bereich.

2.1.5 Kein Plan? Kein Content! Die 7 W-Fragen der Content-Entwicklung

Sie können sich theoretisch auf alles vorbereiten. Ob Sie es dann wirklich können, werden Sie nur wissen, wenn Sie es tun. Also machen Sie! Und fangen Sie damit an, diese 7 W-Fragen zu beantworten. Nehmen Sie sich Zeit, beziehen Sie Ihre Mitarbeiter und Kollegen ein, ziehen Sie Berater hinzu. Diese Fragen sind im Wesentlichen alles, worauf Ihre Content-Strategie und alle weiteren Pläne aufbauen müssen:

Die 7 W-Fragen des Contents
- Warum? (Warum mache ich das überhaupt?)
- Für wen? (Wer soll etwas von meinen Inhalten haben?)
- Wofür? (Wofür sollen meine Inhalte benutzt werden? Commerce, Info, Entertainment…Branding?)
- Was und wo? (Welche Content-Formate soll ich wählen und über welche Channels verbreiten?)
- Wer? (Wer erstellt meine Inhalte?)
- Wann? (Wann spiele ich meinen Content aus?)
- Wie? (Wie vermarkte ich meinen Content?)

2.2 Aller Anfang ist schwer: Content-Strategie in 8 Schritten

Bei der Erstellung einer Content-Strategie gibt es viele Dinge, die Sie beachten müssen. Die folgenden 8 Schritte richten sich an jene, die eine komplett neue Strategie aufsetzen und entsprechende Strukturen schaffen müssen. Wer bereits über Strukturen oder eine Strategie verfügt, kann sich Anregungen holen. Im Idealfall gleichen Sie Ihre bestehende(n) Strukturen und Ihre bestehende Strategie mit den folgenden Punkten ab. Sie erfahren wie Sie Ihre Ziele richtig definieren und formulieren, wie Sie die Zielgruppe dazu erheben, eine Content-Analyse

Ihrer bestehenden Inhalte durchführen, eine Content-Redaktion bzw. einen Content-Hub aufbauen, wie Sie neue, frische Ideen finden, diese umsetzen, in einen Content-Plan verpacken und schließlich vermarkten. Am Ende widmen wir uns der Erstellung eines funktionierenden Revisionsprozesses.

Zu jedem der folgenden Punkte finden Sie Unmengen an Literatur, Workshops oder Seminare und Fortbildungen. Das beginnt bei der Marktanalyse, der Erstellung von Leitbild- und Organisationsstrukturen, betrifft die Content-Analyse und geht hin bis zum Sales-Prozess. Als Content-Coach sehe ich meine Aufgabe darin, Sie bei der Wahl Ihrer Mittel zu begleiten. Für Details dazu sollten Sie sich in weiterer Folge Experten an Ihre Seite holen oder sich in den einzelnen Themengebieten entsprechend weiterbilden.

2.2.1 Schritt 1: Ziele definieren

Bevor Sie sich mit der Frage nach dem geeigneten Content beschäftigen, benötigen Sie ein klares Ziel vor Augen. Sie können natürlich das beliebte Allerweltsziel „Ich möchte reich werden" auf Ihren Content umlegen und sagen „Ich möchte viele User haben." Das machen in der Tat gar nicht so wenige Unternehmen, weshalb die Zahl an Negativbeispielen für Content-Kampagnen unermesslich ist. Sie können aber auch arbeiten wie die Profis und ganz klare Ziele formulieren:

- In einer perfekten Welt, wie würde der Erfolg Ihrer Inhalte aussehen?
- Was will ich mit meinem Content in einem Jahr, in drei Jahren und sieben Jahren erreicht haben?
- Welche Ziele kommen Ihnen spontan in den Sinn?

Eine fehlende Zieldefinition ist in den meisten Fällen die Ursache, warum Projekte scheitern. Das beginnt bei einer Angebots-Nachfrage-Schieflage. Ich habe ein gutes Produkt entwickelt, sagen Sie. Doch gibt es Abnehmer? Ich habe einen vermeintlich guten Inhalt entwickelt. Doch gibt es überhaupt eine Mehrheit, die dieser Inhalt interessiert? Und wie unterscheidet sich Ihre neue Lösung in innovativer Hinsicht von bestehenden? Einfach zu sagen „Sie ist besser!", das ist zu wenig. Sie müssen bieten, was sonst niemand bietet.

Wie wird man einzigartig? Indem man sich treu bleibt und Dinge kommuniziert, die einen selbst betreffen und betroffen machen. Und Betroffenheit muss nichts Negatives sein. Lassen Sie sich zurückfallen und denken Sie nach: Welche Themen beschäftigen Sie jeden Tag? Welche davon besonders oft? Über welche Themen machen Sie sich besonders häufig und intensive Gedanken? Verknüpfen Sie die Ergebnisse mit Ihren Content-Wünschen. Wozu sollten Sie der nächste Lebensmittelhersteller sein, der Rezepte und Kochvideos veröffentlicht? Seien Sie doch lieber der Lebensmittelhersteller, der die User mit auf die Reise zum Ursprung der Zutaten nimmt. Seien Sie der Lebensmittelhersteller, der Livestreams aus ausgewählten Produktionsstätten anbietet. Seien Sie der Lebensmittelhersteller, der sich Gedanken um seine Umwelt macht und die User mit auf eine Reise auf die Straßen nimmt und zeigt, dass herumliegende Verpackungen ganz und gar nicht im Sinne Ihres Unternehmens sind.

Ihre Ziele definieren sich fast von selbst. Sie müssen sich nur mit ihnen auseinandersetzen. Lassen Sie sich nicht von betriebswirtschaftlichen Bedürfnissen leiten und blenden. Ja, wir alle müssen verkaufen, um Geld zu verdienen und wir haben unsere klaren ökonomischen Ziele. Jeder gute Verkäufer wird aber einräumen: Sie werden nicht einen einzigen Händedruck erhalten, wenn Sie mit Zwang und auf Druck verkaufen wollen. Erfolgreiche Verkäufer erkennen, was Ihre Kunden brauchen und haben wollen. Erfolgreiche Content-Produzenten wissen, was die Konsumenten haben wollen. Sie wissen um die Macht der sozialen Ziele ebenso Bescheid. Geben Sie, dann erhalten Sie das Doppelte zurück, in verschiedenen Formen. Sollten Sie sich bei der Zielentwicklung unsicher sein oder sich nicht auskennen, lassen Sie sich gerade in dieser wichtigen Phase von Profis beraten. Oder versammeln Sie Ihre wichtigsten Vertrauten und Mitarbeiter zu einem Workshop. Sammeln Sie Ideen und Eindrücke. Nur gemeinsam werden Sie herausfinden, was die Mehrheit von Ihren Inhalten erwartet.

Ziele definieren nach der SMART-Methode
Wenn Sie ein Mensch sind, der sich lieber an Methoden orientiert, kann ich Ihnen die SMART-Methode zur Zielfindung empfehlen. SMART steht für:

- **S – Spezifisch**
  - Was genau soll erreicht werden?
  - Eigenschaftsbeschreibung des Ziels
- **M – Messbar**
  - Woran und wie möchte ich meine Zielerreichung messen?
- **A – Akzeptiert**
  - Ist das Ziel für Externe ansprechend und motivierend?

- **R – Realistisch**
  - Wie realistisch und machbar ist das Ziel?
  - Kann das Ziel mit den vorhandenen Ressourcen erreicht werden und wenn nicht, ist es schaffbar, die fehlenden Ressourcen zu organisieren?
- **T – Terminiert**
  - Bis zu welchem Fixtermin soll das Ziel erreicht werden?
  - Gibt es Etappenziele?

2.2.2   Schritt 2: Zielgruppe definieren

Jetzt haben Sie Ihre Ziele definiert. Nun wenden wir den Blick auf jene Personen, die Ihr Vorhaben betrifft: Ihre Zielgruppe! Wenn die falschen Adressaten angesprochen werden, knallen diese Ihnen die Türe so schnell vor der Nase zu, so schnell können Sie gar nicht Cost per click sagen. Es gibt mehrere Wege, um Zielgruppen zu definieren. Ich habe im Folgenden die für meine Arbeit wichtigsten Methoden aufgelistet und kurz umrissen.

Zunächst: Was eine Zielgruppe ist, sollte Ihnen klar sein. Für jene, denen es nur kurz entfallen sein mag, ist eine Zielgruppe eine Gruppe von definierten Personen, die Sie mit Ihren Produkten und Messages erreichen wollen.

Die Zielgruppenanalyse
Durchgeführt werden sollten diese Analysen von darauf spezialisierten Firmen. Weshalb? Bei einer Analyse, die von internen Kräften durchgeführt wird, kann es zu Verfälschungen kommen. Bei dieser Analyse werden Sie bereits auf Fragen zu folgenden, umrissenen Methoden angesprochen werden. Vor all denen steht noch die entscheidende Frage, welche Zielgruppe ihr Unternehmen per se anspricht. Sind Sie B2B- oder B2C-ausgerichtet, also sprechen Sie Businesskunden oder Privatkunden an? Diese Antwort leitet auf entscheidend unterschiedliche Wege.

Beginnen wir mit den Privatkunden (B2C)
Es gibt vier wesentliche Merkmale zur Einteilung Ihrer Zielgruppen:

- Demografisch: Alter, Geschlecht, Wohnort, Familienstand, Größe des Haushalts
- Sozioökonomisch: Einkommen, Beruf, Bildung
- Psychografisch: Wünsche, Motivation, Meinung(en), Lebensstil und Werte
- Nach dem Kaufverhalten: Mediennutzung, Preis, Zufriedenheit

Buyer-Persona- und Persona-Profiler-Prinzip
Mit dem Persona-Profiler-, oder auch Buyer-Persona-Prinzip, wird ein fiktiver Kunde geschaffen. Eine fiktive aber reale Eigenschaften aufweisende Person, die repräsentativ für eine Käuferschicht steht. Durch die genaue Beschreibung dieser Person und die Beschreibung ihres Kaufverhaltens und Verhaltens, erhält man eine anschauliche Übersicht über die wesentlichen Kriterien der entsprechenden Zielgruppe, die von der Person repräsentiert werden soll. Die Profile der Personen umfassen die Ziele, Probleme und Biografie sowie eine Persönlichkeitsskala, nach der man Extrovertiertheit, Introvertiertheit, analytisches und kritisches Denken, konservative oder liberale Ansichtsweisen oder passive bzw. aktive Charakterzüge unterscheiden kann. Je nach Branche und Unternehmen variieren die Ausführungen der Profile.

Zielgruppenanalyse bei Businesskunden (B2B)
Die wesentlichen Kriterien bei einer Kundenanalyse sind folgende:

• Mitarbeiteranzahl des Unternehmens
• Umsatz des Unternehmens
• Branche

Darüber hinaus gibt es auch bei B2B-Kunden viele Filter, die man anwenden kann, um seine Zielgruppe zu finden. Etwa, ob es sich um etablierte Unternehmen handelt oder um Unternehmen in der Gründung. Sind es Start-ups mit einem Team oder Ein-Personen-Unternehmen? Will man Familienunternehmen ansprechen (etwa, wenn man aus dem M&A-Bereich kommt) oder möchte man nur AGs bedienen? Und schließlich sollten sie auf die Zielgruppen Ihrer Zielgruppe achten – stimmen die Parameter auch mit Ihren Zielen und Ihrem Leitbild überein? Sie können hier beliebig tief ins Detail gehen. Verlieren Sie aber das Ziel nicht aus den Augen: Zweck der Übung ist es, Ihre Zielgruppe zu finden, nicht auszuschließen.

Offensichtliche vs. effektive Zielgruppe
Behalten Sie immer im Auge, wer Ihr Produkt kaufen soll und wer dabei über den Kauf entscheidet. Im B2B-Segment ist das klassische Beispiel: Der Chef entscheidet über den Kauf einer neuen Kaffeemaschine. Welche Marke gekauft wird und welcher Kaffee verwendet wird, das entscheidet die Sekretärin oder in großen Unternehmen der Einkauf bzw. eine dafür installierte Abteilung. Bei privaten Personen können Babys Ihre Zielgruppe sein, doch die Produkte müssen die Mütter und Väter ansprechen, die sie kaufen. Also müssen Sie mit Ihren Maßnahmen die Eltern erreichen.

Behalten Sie also immer das Wesentliche im Blick: Wer kauft Ihnen Ihr Produkt ab, unterzeichnet Ihr Honorar, hat die Hoheit über das Budget? Lassen Sie die für Ihren Umsatz Zuständigen nicht aus den Augen. Sie sichern Ihr Überleben und Ihren Erfolg.

2.2.3 Schritt 3: Pre-Content-Audit und Pre-Content-Analyse

Sie haben nun ein klares Ziel vor Augen und wissen, wen Sie erreichen wollen. Nun gilt es, sich einen Überblick zu verschaffen. Bevor Sie sich mit neuem Content beschäftigen gilt es, eine Status-quo-Analyse durchzuführen. Schauen Sie sich an, was Sie bereits haben und an welchem Punkt Sie stehen. Das nennt man Pre-Content-Audit oder Pre-Content-Analyse. Sie sichten vorhandenes Material und begutachten es auf Tauglichkeit für Ihre neuen Content-Ziele.

Haben Sie bereits eine Website, inklusive Downloadmaterial, Social-Media-Kanäle und Blogbeiträge, dann gehen Sie alles Schritt für Schritt durch. Markieren Sie jene Inhalte, die Sie wiederverwerten wollen. Überlegen Sie, was Sie mit den einzelnen Content-Teilen machen können, welche wiederaufbereitet werden könnten, möglicherweise in neuen Formaten. Notieren Sie sich Ideen dazu und lassen Sie Ihren Gedanken freien Lauf. Klammern Sie sich nicht an bestehendes Design, Textlängen, Videoformate oder andere Formen. Beurteilen Sie ausschließlich die Inhalte, losgelöst von Format und Layout. Wichtig: Sofern Ihre bisherige digitale Struktur bestehen bleibt, also Sie keinen Relaunch des Webauftritts planen, beachten Sie, dass alter Content suchmaschinenrelevant ist (SEO). Je nachdem, wie gut Ihre bisherige Struktur SEO-optimiert worden ist, macht es oft mehr Sinn, alte Einträge bestehen zu lassen und nur geringfügig zu ändern – besonders wenn diese ein gutes Ranking erzielen.

Die wichtigsten Kennzahlen bei einem Content-Audit (gilt auch für Post-Content-Audit)
- **SEO-Optimierung und Organische Rankings:** Organische Reichweite bedeutet unbezahlte Reichweite. Lässt sich durch eine gute SEO-Optimierung und daher durch den Einsatz von wertvollen Keywords erreichen. Prüfen Sie Ihren Content auf die Wertigkeit von Keywords. Wie sieht es mit Ihrer SEO-Optimierung aus?
- **Backlinks:** Wie viele Backlinks gibt es? Welche Content-Formate und welcher Content sind am stärksten verlinkt? Welche sind besonders hochwertig?
- **Zugriffszahlen:** Wie viele User konsumieren die Inhalte?

- **Nutzerverhalten auf Ihren Channels (Analytics):** Wie verhalten sich die User auf Ihren Channels? Was klicken sie zuerst an, wie lange bleiben sie auf Content-Elementen und wo enden die meisten User Journeys?
- **Social-Media-Auswertungen:** Werten Sie die Analysen auf Ihren Social-Media-Channels aus. Wie viele Zugriffe gab es? Wo waren die meisten Zugriffe zu verzeichnen? Welche Themen und Content-Formate haben am besten performt? Welche Inhalte werden besonders oft geklickt und konsumiert? In welchem Bezug stehen diese Inhalte zu Ihren Produkten und der gewünschten Zielgruppe? Welche Rankings weisen die einzelnen Inhalte auf und wie könnten sich diese ggfs. verbessern, wenn man die Inhalte verändern würde? Wie viele Links von anderen Websites und Channels auf Ihre Inhalte gibt es und wie wertvoll sind die?

Sie können nach Wunsch auch Kennzahlen von Werbekampagnen einfließen lassen, um die Wertigkeit des Contents besser zu erfassen. Wesentlich ist eine gute organische Reichweite, d. h. eine Reichweite, die ohne bezahlte Werbung, nur durch Qualität des Contents und durch die dadurch generierte Reichweite erzielt worden ist.

2.2.4   Schritt 4: Die Content-Redaktion: Strukturierung und Planung des Content-Hubs

Guter Content braucht Planung. Nachdem Sie in den ersten drei Schritten die Grundsteine gelegt haben, geht es nun an den Mauerbau. Diese Mauer nennt sich Content-Redaktion (oder Content-Hub) und ich ordne ihre Wichtigkeit noch vor der Ideenfindung und vor der Content-Strategie ein. Das hat einen Grund: Ihre Ideen und Ihre Strategien sowie Pläne helfen nichts, wenn Sie niemanden haben, der diese umsetzen kann.

Sie kennen es aus eigener Erfahrung: Es ist ein wunderbarer Tag. Die Ideen fließen, man hat bereits mehrere Seiten mit spannenden Content-Themen gefüllt und hat auch Teaser, Headlines, Snippets im Kopf. Nur: Am Ende kann man gerade einmal 10 % selbst abdecken. Für die Erstellung der restlichen Content-Ideen benötigt man externe Hilfe. Wenn man diesen Support nun erst einmal suchen muss, sich Angebote einholen, auf die Inhalte einige Wochen warten muss, dann ist die Euphorie schnell dahin und Inhalte verlieren an Wert oder Gültigkeit. Sie wissen zuvor auch nicht, wie Ihre Helferlein arbeiten werden. So können tolle Ideen schnell zu miserablem Content werden, wenn ihn die falschen Leute erzeugen. Deshalb ist mein dringender Rat: Legen Sie immer (immer!) im

Vorfeld fest, wer Ihren Content erstellen wird und wie der Redaktionsfluss intern aussehen soll. Dabei definieren Sie die Rollen genau, besonders jene von externen Agenturen und Dienstleistern (für eine bessere Planbarkeit). Klären Sie diese Pläne auch mit diesen Personen vorher ab und halten Sie das in Verträgen fest. Glauben Sie mir, das wird Ihnen viel Ärger ersparen, auch wenn es zunächst Aufwand bedeutet.

2.2.5   Schritt 5: Ideenphase und Themenfindung

Kommen wir zur Königsdisziplin: Kreativität. Wie findet man richtig gute Themen, die User mitreißen? Wie schüttelt man guten Content aus dem Ärmel? Es gibt zahlreiche Herangehensweisen zur Ideenfindung. Ich setze gerne auf Design Thinking und habe daraus meine eigene Vorgehensweise abgeleitet, die ich Ihnen näherbringen möchte:

1. Aller Anfang ist schwer. Beginnen Sie einfach mit einer simplen Liste und brainstormen Sie so viele Themen wie möglich. In dieser ersten Phase ist das Ziel Quantität, nicht Qualität. Bringen Sie Ihre innere kritische Stimme zum Schweigen, und lassen Sie Ihre Ideen fließen. Ein sehr hilfreiches Tool: Answer the public (www.answerthepublic.com). Sie geben einfach ein relevantes Keyword in die Suchleiste ein, und das Tool generiert sofort eine Liste der am häufigsten gesuchten Fragen im Internet für Sie. Somit sehen Sie auf einen Blick, wonach genau gesucht wird.
2. Sind Sie fertig? Dann erstellen Sie aus Ihrer Brainstorming-Wolke eine Liste mit genau 52 Themen. Warum gerade 52? Das Jahr hat 52 Wochen. Sie teilen also jeder Woche gewisse Themen zu. Lassen Sie sich dabei ruhig von Jahreszeiten, Feiertagen etc. beeinflussen. Immerhin soll der Content ja auch für reale Ereignisse abgestimmt und relevant sein.
3. Lassen Sie diese Liste von mindestens zwei unabhängigen Personen (gerne mehr) prüfen und holen Sie sich Feedback zu den Themen. Dann interviewen Sie die Personen und fragen ganz genau nach. Zu jedem einzelnen Thema. Notieren Sie sich alles dazu. Externe Meinungen sind gerade im Bereich Content Gold wert.
4. Haben Sie ein größeres Team zur Hand? Oder verfügen Sie über vertrauenswürdige Kontakte? Dann lassen Sie die Liste herumgehen und bitten Sie um Anregungen. Wichtig ist, dass Sie Anregungen erhalten, keine Korrekturen! Je mehr Inhalte Sie sammeln, desto besser.

Übrigens ist das nur eine von vielen Möglichkeiten, um Ideen zu sammeln und Brainstorming zu betreiben. Wenn Sie sich näher mit Design-Thinking-Konzepten auseinandersetzen wollen, empfehle ich Ihnen die Website www.designthinking-tank.at vom Wiener Design-Thinking-Experten Rudolf Greger sowie sein Buch „6 sätze über design" (Links finden Sie auf der eben genannten Website). Außerdem empfehle ich Ihnen das „Design Thinking Playbook" u. a. von Design-Thinking-Mitbegründer Larry Leifer, siehe www.dt-playbook.com.

2.2.6 Schritt 6: Content-Plan umsetzen

Sie haben Ihre 52-Wochen-Themenliste finalisiert? Dann folgt der nächste wichtige Schritt: der Content-Plan. Content regelmäßig zu produzieren und zu veröffentlichen ist mit einem hohen Aufwand verbunden. Die einzige Möglichkeit, diesen Aufwand so kosteneffizient wie möglich zu halten, ist es, einen Content-Plan zu erstellen, und sich diszipliniert an diesen zu halten.

Ein Content-Plan ist das Herzstück in der Content-Strategie: So schaffen Sie es, eine Regelmäßigkeit in der Content-Produktion und im Publishing aufrecht zu erhalten, unabhängig von den jeweils operativ tätigen Protagonisten Ihres Teams. Eine Content-Strategie ist ein Marathon und der Content-Plan ist dabei das Wasser, die Schuhe und der richtige Laufstil in einem. Er hilft Ihr Content-Marketing nachhaltig zu etablieren. Spontane Postings schießen oft am Ziel vorbei und sind meist wenig durchdacht. Daher mangelt es ihnen aufgrund der kurzfristigen Erstellung am geeigneten Umfeld zur Einbettung. Mit einem Content-Plan können Sie zielgerichtet Inhalte für Ihr Publikum zum richtigen Zeitpunkt auf allen relevanten Kanälen veröffentlichen. Außerdem können Sie rechtzeitig Kooperationen starten bzw. Ihre Kooperationspartner ins Boot holen, um die Verbreitung zu steigern.

Für einen übersichtlichen und wirksamen Content-Plan reichen eine Tabelle und darin die Bewertung folgender Variablen aus:

- Datum zur Veröffentlichung
- Wer erstellt den Content (Name/Firma)
- Wer pflegt den Content ein (Name des Content-Managers)
- Arbeitstitel des Inhalts und Kurzbeschreibung
- Content-Format: Text, Video, Audio
- Kanal: Website, Facebook, Instagram, LinkedIn, YouTube, Twitter etc.
- Call-to-Action: Welche konkrete Handlung soll das Zielpublikum vollziehen?
- Status: *in Bearbeitung, Entwurf fertig, in Revision, Freigabe, Bewerbung*

Der Content-Plan hilft auf einen Blick zu erfassen, welche Themen erledigt, welche offen und welche in Bearbeitung sind. Welche Inhalte wo und wie veröffentlicht werden, wer die Veröffentlichung übernimmt und zu welchem Zeitpunkt. Sie können somit genaue Planungen Ihrer Ressourcen vornehmen und sind nicht von spontanen Launen der User oder Kollegen bzw. Vorgesetzten abhängig. Außerdem ermöglicht ein fixer Plan mehr Freiheit in der Erstellung von tatsächlich spontanen Elementen, etwa für unerwartete Ereignisse oder neue, größere Ideen. Nun kann die Produktion der Inhalte erfolgen.

2.2.7 Schritt 7: Vermarktungs- und Marketing-Strategie(n) erstellen

Sie haben Ihre Ideen, Ihren Content-Plan und Ihre Inhalte produziert – und das alles auf Basis einer durchdachten Strategie. Bravo! Sie sind auf dem besten Weg, ein Content-Profi zu werden und Ihre Konkurrenz gnadenlos abzuschütteln. Doch als werdender Profi ist Ihnen nun auch klar: Es folgt jetzt erst der schwerste Schritt – nämlich die Vermarktung der Inhalte. Wie überall im Leben entscheidet der Verkauf letztendlich über Erfolg oder Misserfolg eines Produktes. Da ist Content keine Ausnahme. Investieren Sie ebenso viel Geld und Zeit in die Vermarktung, wie in die Erstellung. Bedenken Sie: Was bringt Ihnen der beste Content, wenn ihn niemand sieht, liest oder hört? Und bitte verabschieden Sie sich von der Idee, dass Sie Ihre Inhalte via Social Media gratis verbreiten können. Das war gerade einmal zum Beginn des Facebook-Hypes möglich (in den USA ab 2005 bis 2009 und am D-A-CH-Markt von 2010 bis 2012) und selbst damals schon mehr als kompliziert. Heute gilt: Je mehr Geld Sie in die Vermarktung investieren, desto mehr Kontakte kommen dabei heraus. Man hört es nicht mehr gerne, aber: Es ist wie in der guten alten Print- und TV-Welt. Je größer das Werbebudget, desto größer die Resonanz. Allerdings mit einem Unterschied: Heute muss man intelligent werben und das Budget strukturiert einsetzen. Immerhin wirbt man nicht mehr nur auf zwei, drei, vier Kanälen sondern im Bestfall auf mehreren Hunderten, auf denen Werbung ausgespielt wird. Stichwort: Programmatic Advertising.

Bevor wir zur Vermarktung kommen, fassen wir noch einmal zusammen, welche Fragen Sie bisher bereits beantworten können sollten:

- Wie sieht meine Zielgruppe aus?
- Welche Ziele verfolge ich mit der Verbreitung der Inhalte an meine Zielgruppe(n)?
- Wie sieht der Status quo meiner Inhalte aus?
- Wie sieht meine Content-Strategie aus?

- Welche Formate und Channels werde ich wählen, um meinen Content zu verbreiten?
- Wer erstellt mir meinen Content?
- Wie sieht mein Content-Plan aus?
- Was unterscheidet meine Inhalte von der Konkurrenz?

Nun kommen wir zur Vermarktung und zur essenziellen Frage: Wie erstelle ich eine gute Vermarktungsstrategie?

1. Sollten Sie die Vermarktung in Ihrer Strategie noch immer nicht berücksichtig haben, tun Sie das jetzt! Entwickeln Sie eine genaue Strategie, wie Sie Ihre Inhalte vermarkten wollen, welche Tools und Kanäle Sie dafür benötigen, welche Kooperationen Sie eingehen möchten usw. Fassen Sie Ihre Vermarktungspläne übersichtlich zusammen.

2. Nun erweitern Sie Ihren Content-Plan um einen eigenen Vermarktungsplan, der auf den geplanten Inhalten basiert.
   Ihr Vermarktungsplan sollte folgende Variablen umfassen: verfügbares Gesamtbudget, verfügbare Vermarktungspartner und Channels sowie Zeitraum/Zeitstrahl. Danach brechen Sie den Plan herunter: Weisen Sie jedem Content, den Sie bewerben wollen, eine Budgetgröße, einen Zeitraum und eine Vermarktungsmaßnahme (bspw. Programmatic oder Kooperation oder TV-Werbung) zu. Der Vermarktungsmaßnahme weisen Sie wiederum eine Notiz hinzu, wo die Details zur Kampagne zu finden sind. Wenn Sie ganz übersichtlich arbeiten wollen, ergänzen Sie Ihren Vermarktungsplan und einen Plan für die einzelnen Werbe- und Vermarktungsmaßnahmen.

3. Starten Sie mit der Vermarktung! Egal, welche Schritte Sie geplant haben, jetzt ist Zeit, diese umzusetzen. Je nachdem wie umfangreich Ihre Strategie ist und welchen Aufwand Sie betreiben wollen, werden Sie personelle Unterstützung benötigen. Berücksichtigen Sie das bei der Strategieerstellung.

2.2.8   Schritt 8: Evaluations- und Revisionsprozess definieren

Gepostet und vergessen? Keineswegs. Ihr Content muss ständig überwacht und überarbeitet werden. Bedenken Sie auch diese Rollen in Ihrer Planung. Digitale Inhalte bieten die Möglichkeiten, auf Veränderungen angepasst werden zu können, was sie auf der anderen Seite pflegeintensiv macht. Etwa wenn sich Zahlen und Statistiken ändern oder Angaben ergänzt werden sollen. Integrieren Sie erstens einen Evaluationsprozess, der Ihre Inhalte ständig auf Brauchbarkeit prüft und andererseits einen Revisionsprozess. Das bedeutet, dass Ihre Mitarbeiter in definierten Abständen die Inhalte prüfen und gegebenenfalls abändern müssen. Idealerweise wird das von einer internen Rolle erledigt. Von einer Person, die sich ausschließlich um die Content-Revision kümmert und Expertise in den Bereichen Lektorat und Content-Review mitbringt. Damit stellen Sie zwei Dinge sicher: Ihre Inhalte bleiben immer aktuell und es werden nur Inhalte veröffentlicht, die Ihrer Kommunikationsstrategie entsprechen.

Sie können die Evaluations- und Revisionsprozesse natürlich in einer Rolle zusammenfassen. Wichtig ist weiterhin, dass die ständige Analyse nicht nebenbei, sondern mit vollem Fokus auf die Inhalte passiert. Sobald Sie die Überprüfung schleifen lassen, wird die Qualität leiden. Das funktioniert wie bei Serviceintervallen bei Autos oder Anlagen. Werden diese nicht ständig gewartet, schleichen sich immer mehr Fehler ein, bis es zum kompletten Stillstand kommt.

2.3   Die Ideenfindung: Methoden für das kreative Arbeiten

Neuen Content zu planen und zu erstellen kann herausfordernd sein – selbst für erfahrene Content-Berater und Content-Creator. Wir alle haben stets den Anspruch, etwas Neues zu schaffen, das Mehrwert schafft. Jede Sekunde werden große Mengen an Text, Video und Podcasts hochgeladen. In Anbetracht dieser Fülle, stellt sich immer mehr die berechtigte Frage: Benötigen wir überhaupt noch mehr Content? Und darauf kann ich klar antworten: Ja. Es gibt sehr viel Content, genauso wie es viele Milliarden Menschen gibt. Doch niemand ist so wie Sie. Genauso wird kein Content, der da draußen existiert, exakt Ihre Bedürfnisse befriedigen. In diesem Kapitel zeige ich Ihnen, wie Sie auf neue Ideen für Content kommen. Eines vorweg: Wie bereits unter Punkt 2.2.5 erwähnt, bin ich ein großer Anhänger der Design-Thinking-Methode und der Provokationstechnik nach Edward de Bono. Im Folgenden möchte ich mich aber auf konkrete Content-Methoden fokussieren, die Sie so vermutlich noch nicht kennengelernt haben. Das ist auch der Grund, warum ich diesen Techniken ein weiteres Kapitel gewidmet habe.

2.3.1 Ihre Content-Geheimwaffe: Deep Research

Recherche? Langwierig, nervenaufreibend, langweilig. Ich verstehe Sie gut, Sie wollen sofort mit neuem Content loslegen. Sie wollen Ihre User begeistern und zeigen, was Sie können. Am besten noch heute, statt morgen. Doch in der Content-Creation-Phase ist das Zauberwort Geduld. Ein Begriff, der in unserer Zeit nicht mehr viel Aufmerksamkeit bekommt. Einer der Hauptgründe, warum die meisten Unternehmen mit Content-Marketing und Social-Media-Marketing scheitern ist, dass sie sich nicht ausreichend Zeit für intensive Recherchen nehmen. Dabei sind diese essenziell, denn Sie müssen den Markt besser kennen, als jeder andere. Sonst werden Sie gegen Ihre Konkurrenz verlieren. Mit Markt meine ich dabei alle Teilnehmer, Konkurrenten, Medien. Dabei benötigen Sie für eine Detailrecherche kein Vermögen. Und bitte lagern Sie die Recherche auch nicht aus! Es geht darum, dass Sie sich selbst einen guten Überblick verschaffen und Profi in Ihrem Gebiet werden. Sie müssen Ihre Kenntnisse in jedem Gespräch mit Investoren und Kunden ohne nachschlagen untermauern können. Das ist alles keine Hexerei. Sie können es leicht selbst erledigen. Ich zeige Ihnen wie.

Eintauchen
Tauchen Sie so tief wie möglich in die Marktrecherche ein, und versuchen Sie alles über Ihre Konkurrenten und potenziellen Kunden zu lernen, was Sie können.
1. Erstellen Sie eine Excel-Liste mit folgenden Spaltenüberschriften:
   a) Tiefe Sehnsüchte
   b) Frustrationen
   c) Überraschende Einsichten
   d) Quellen

Folgen Sie den Schritten 2 bis 5, und fügen Sie Ihre wichtigsten Rechercheergebnisse in die Spalten ein. Dabei versuchen Sie sich in die Position Ihrer Konkurrenz und Kunden zu versetzen und aus dieser Sicht die Punkte *Tiefe Sehnsüchte*, *Frustrationen* und *Überraschende Einsichten* zu beantworten. Was begehrt der Kunde? Wie will ihn Ihr Konkurrent erreichen? Was frustriert ihn dabei? Was vermisst etwa der Kunde, das Sie ihm bieten können? Zu welchen überraschenden Einsichten ist etwa die Konkurrenz gekommen (Produktanpassungen durch bestimmte Ereignisse) oder haben sich die Kundenbedürfnisse geändert (durch Statistiken und Umfragen belegt)? Falls möglich, versuchen Sie die Links Ihrer Recherche unter der Spalte *Quellen* einzufügen.

2. Sehen Sie sich die Websites, die Angebote und die Social-Media-Kanäle Ihrer größten Konkurrenten an. Tragen Sie sich in die E-Mail-Newsletter ein. Analysieren Sie, was Ihre Konkurrenz macht. Was gefällt Ihnen? Was gar nicht? Lesen Sie alle Bewertungen von Kunden Ihrer Konkurrenz durch.
3. Treten Sie allen relevanten Social-Media-Gruppen und -Foren Ihrer Branche bei und observieren Sie, was sich dort tut. Sie können natürlich auch aktiv dort sein, indem Sie Fragen stellen und Fragen beantworten.
4. Gehen Sie auf Amazon und suchen Sie nach den relevantesten Büchern zu Ihrem Themenbereich bzw. Ihrer Branche. Sie müssen für die Recherche keines dieser Bücher vollständig lesen. Sehen Sie sich stattdessen die Amazon-Bewertungen für die Bücher an. Die Ein- und Fünfsternbewertungen sind in der Regel nicht sehr aussagekräftig, weil sie tendenziell einseitig sind. Die wirklich interessanten Informationen sind in den 2-, 3- und 4- Sternebewertungen zu finden. Dort finden Sie in den meisten Fällen ausgewogene und ausführliche Bewertungen, die Ihnen sehr schnell Auskunft darüber geben, was Ihre Zielgruppe wirklich will.
5. Reden Sie mit Ihren ehemaligen und aktuellen Kunden. Suchen Sie das persönliche Gespräch. Holen Sie Feedback ein. Sind Ihre Kunden zufrieden? Was war gut? Was weniger? Was hätten Sie besser machen können? Wenn Sie sehr viele Kunden haben, erstellen Sie eine Online-Umfrage mit maximal fünf offenen Fragen, und senden Sie den Link an Ihre E-Mail-Liste. Auch, wenn nur fünf Ihrer Kunden die Online-Umfrage ausfüllen sollten, werden Sie wichtige Informationen gewinnen.

Diese Art der Tiefenrecherche kann gut und gerne über einen Monat in Anspruch nehmen. Das Ziel ist es, möglichst viele relevante Informationen zu finden und im selben Schritt zu kategorisieren. Sie werden in diesen zwei Wochen nicht nur sehr viel lernen, sondern gleichzeitig auch sehr viele Ideen für Content generieren.

Fokussieren

Sie wissen nun genau, was Ihre Konkurrenz macht. Sie wissen ebenfalls, was Ihre Kunden wollen und was Ihre Kunden frustriert. Nun geht es darum zu entscheiden, auf welche Probleme und Wünsche Ihrer Kunden Sie sich konzentrieren wollen. Hier verlasse ich mich gerne auf das Design Thinking: Wenn Sie erst einmal Inputs haben, entscheiden Sie! Vorbei ist die Zeit des Grübelns und des Hin-und-Hers. Sie sind der Experte und wissen, was zu tun ist. Vertrauen Sie auf Ihre Expertise und starten Sie. Sie können später immer noch Korrekturen vornehmen, doch zuerst geht es darum, etwas Vorzeigbares zu schaffen.

Ideen kreieren

Sie haben entschieden, auf welche Probleme und Wünsche Ihrer Kunden Sie sich fokussieren möchten. Nun geht es darum, konkrete Content-Ideen zu entwickeln, die diese Probleme und Wünsche behandeln.

Erstellen und veröffentlichen Sie den ersten Test-Content

Setzen Sie ein oder zwei Content-Ideen um. Es geht jetzt nicht darum, ein Vermögen in ein Hochglanz-Video zu stecken. Nein, ganz im Gegenteil. Versuchen Sie mit so wenig Aufwand wie möglich, Ihren Test-Content zu erstellen. Veröffentlichen Sie ihn, und sehen Sie, was passiert.

Analysieren und optimieren Sie

Wie ist der Content bei Ihrem Publikum angekommen? Gab es viele Reaktionen? Welche Art von Interaktionen gab es mit Ihrem Test-Content? Haben Leute fleißig geliked, geteilt und kommentiert? Falls ja, sind Sie auf dem richtigen Weg. Falls nicht – woran könnte das liegen? Was könnte man am Content optimieren? Verändern Sie Ihren Content. Testen Sie noch einmal. Optimieren Sie Ihren Content bis er die gewünschten Reaktionen hervorruft.

2.3.2   Die Remix-Methode: Kombinieren Sie zwei Content-Formate miteinander

Kennen Sie die extrem populäre YouTube-Talkshow *Hot One, erdacht von Christopher Schonberger und produziert von First We Feast und Complex Media?* Das Content-Konzept ist ganz leicht erklärt: Ein Moderator. Ein Celebrity-Gast. Jeder hat ein Holzbrett mit exakt 10 Chickenwings vor sich. Der Clou: jedes Chickenwing ist mit einer anderen scharfen Sauce bestrichen. Der Interviewer und der Gast essen im Laufe des Interviews alle Chickenwings in aufsteigender Reihenfolge von mild bis extrem scharf. Der Celebrity Gast schwitzt, trinkt literweise Milch, und muss sich ständig seine triefende Nase putzen. Am Ende des Interviews keucht der Gast, rennt auf und ab, kann aufgrund der extremen Schärfe unmöglich noch still sitzen. Dieses simple, aber extrem unterhaltsame Content-Konzept wurde zum viralen Hit. Jede Folge hat mehrere Millionen Views auf YouTube. Wie lässt sich der Erfolg von *Hot Ones* erklären? Reiner Zufall? Wie können Sie selbst auf geniale Ideen für neue Content-Formate kommen? Hier ist ein Erklärungsversuch:

Hot Ones hat zwei Content-Formate miteinander verbunden: Talkshow und Spicy-Eating-Challenge. Talkshows mit Celebrities sind nichts Neues. Aber eine Talkshow, in der man einen Star leiden sieht und der dabei verzweifelt versucht,

Haltung zu bewahren, das ist komplett neu! Nehmen Sie *Hot Ones* als Inspiration, um Content-Formate miteinander zu kombinieren und am Ende etwas komplett Neues zu schaffen. Und haben Sie keine Angst davor, auch schräge Dinge auszuprobieren. Mein Rat: Sobald Sie bei einer Content-Idee das Gefühl haben, sie würde gut passen, weil sie nirgendwo aneckt, verwerfen Sie diese. Langweilige Inhalte gibt es da draußen wie Sand am mehr. Deshalb versuchen Sie ums Eck zu denken, die Regeln zu brechen und sich an Inhalten zu versuchen, die anfänglich schräg erscheinen.

2.3.3   Suchen Sie nach der Content-Gap

Kennen Sie die österreichische Satire-News-Website *Die Tagespresse* oder das deutsche Pendant *Der Postillon?* Die Sites sind Social-Media-Phänomene. Die Facebook-Seite der *Tagespresse* hat über 350.000 Follower, und jedes Posting erhält Tausende Likes, Kommentare und Shares. Der Wiener Fritz Jergitsch hat *Die Tagespresse* als einfachen Blog gegründet. Sein Ziel war es, dass die Seite visuell wie eine echte Online-Zeitung aussieht. War er der Allererste, der eine Idee zu einer Satire-Zeitung hatte? Weltweit bestimmt nicht. Da gab es in den USA etwa *The Onion* schon vor Jahren. In Österreich aber war er die Nummer 1 und kann mittlerweile ganz gut von seiner Idee leben.

Was können wir daraus lernen? Wieder einmal die Erkenntnis, dass Sie das Rad nicht neu erfinden müssen. Schauen Sie, welche Art von Content andere Unternehmen aus Ihrer Branche herstellen. Versuchen Sie zu analysieren, welche Art von Content besonders gut ankommt und welcher davon auch für Sie passend sein kann. Lassen Sie sich ruhig von anderen Ländern inspirieren, denn sofern der Inhalt in Ihrem Land nicht existiert, haben Sie auch schon den ersten Content-Gap entdeckt! Jetzt müssen Sie dasselbe Content-Format nur noch adaptieren, indem Sie den Content in deutscher Sprache herstellen und dem Content Ihre Note verleihen.

2.4   Ran an den Speck: Die Content-Erstellung

Die Content-Strategie steht. Der Content-Plan steht. Nun geht's ans Eingemachte: die Content-Erstellung. Die drei wichtigsten Punkte dabei:

- Geduld
- Nachhaltigkeit
- Konsistenz

Werfen Sie nicht sofort das Handtuch, wenn Ihr Content nicht angenommen wird. Alles braucht seine Zeit und Ihre User müssen sich erst an die Regelmäßigkeit Ihrer Inhalte gewöhnen. Ebenso an die Tonalität und die Messages, die transportiert werden. Halten Sie die Produktion des Contents auf jeden Fall aufrecht und streben Sie immer zuerst die Information der User an. Eine goldene Regel an dieser Stelle: Verzichten Sie bitte auf plumpe Werbesprache und Lobeshymnen auf Ihre Produkte. Geben Sie Ihren Usern Tipps, erklären Sie Funktionsweisen, Hintergründe, lassen Sie sie hinter die Kulissen blicken.

Was die Produktion an sich betrifft, haben Sie zwei Möglichkeiten, je nach Größe Ihres Zeit- und Geldbudgets: Entweder Sie lagern die Content-Produktion aus, oder Sie sind selbst an der Content-Erstellung beteiligt. Beides birgt Vor- und Nachteile. Je aktiver Sie an der Content-Erstellung beteiligt sind und vor allem je sichtbarer Sie (als Person, Marke oder Unternehmen) für Ihr Zielpublikum in Ihrem eigenen Content werden, desto besser. Viele Unternehmer machen Content zur Chefsache. Das macht insbesondere Sinn, wenn Sie eine Personal Brand aufbauen möchten. In Österreich ist die Erste Bank ein sehr gutes Beispiel, die mit ihrem CEO Andreas Treichl (Stand April 2019) nicht nur einen guten Banker an der Spitze hat, sondern einen hervorragenden Kommunikator, der sich selbst um die Erfolgskampagnen kümmert (etwa die #glaubandich-Kampagne, inklusive erfolgreicher TV-Spots im Jahr 2019). Sollten Sie also selbst Unternehmenschef bzw. Inhaber sein, schreiben Sie sich folgenden Satz hinter die Ohren: Schlechte Kommunikation beginnt immer ganz oben! Wenn Sie sich bisher nicht mit Ihrer Unternehmenskommunikation auseinandergesetzt haben, dann fangen Sie besser damit an, denn irgendwann wird es ganz sicher zu spät sein. Nun zu den erfreulichen Dingen: Content-Creation kann man lernen, auch wenn man kein kreatives Genie ist. Guter Content braucht mehr als Unterhaltung, in erster Linie nämlich Information – und wie man die schön und emotional in guten Storys verpackt, das erkläre ich Ihnen in den folgenden Kapiteln.

2.4.1 So wird aus jedem Content eine Geschichte

Würde heute noch irgendjemand über Martin Luther King sprechen, wenn er gesagt hätte: „Ich habe hier das Konzept einer Verordnung, die das künftige Zusammenleben zwischen Schwarzen und Weißen verbessern soll." Nein. Er sagte: „Ich habe einen Traum!" Das ist stark, das weckt Emotionen. Und da sind wir schon wieder bei dem in diesem Buch so oft erwähnten Punkt: Emotionen wecken! Und das wiederum passiert über einen guten Handlungsaufbau.

Sie haben bereits von einigen Methoden zum Storyaufbau in vorherigen Kapiteln gelesen. Wenn es einmal schnell gehen soll, oder wenn Sie Ihre Story-ideen noch einmal auf Tauglichkeit überprüfen möchten, habe ich hier noch eine Geheimwaffe. Nämlich diese fünf Fragen von Edgar Allen Poe, einem der bekanntesten Autoren der Welt. Was ins Auge sticht: Poe beginnt immer am Ende.

1. Wie ist das Ende der Story?
2. Wie lang soll die Story sein?
3. Welchen Eindruck soll die Story hinterlassen?
4. Was ist der zentrale Reiz der Story?
5. Wie entwickelt sich die Spannung der Story?

Diese fünf Fragen kann man auf alle Erfolgsgeschichten dieser Welt anwenden. Denken Sie an die großen Unternehmen. Steve Jobs hat mit Apple Rekorde gebrochen, weil er bei der Entwicklung des iPhones am Ende begonnen hatte. Er wollte ein Gerät, das mit nur einem Knopf zu bedienen war. Das Ende und gleichzeitig war es der Beginn einer Erfolgsgeschichte. Elon Musk, Gründer von PayPal, SpaceX und vor allem bekannt für Autohersteller Tesla, begann damit, dass er das beste E-Auto der Welt präsentierte und eine Revolution ausrief. Das war noch lange bevor Tesla begonnen hatte zu produzieren. Jedes erfolgreiche Start-up, jede mitreißende Idee funktioniert nach diesem Prinzip. Dabei geht es beim Storytelling nicht um Werbung und den Wettbewerbsdruck: es geht um das Auftreten an sich.

Was viele Unternehmen übersehen, ist das Entertainment der Kunden. Sie wollen nicht nur einwandfreie Produkte und einen problemlosen Support. Kunden möchten unterhalten werden. Dabei muss man Unterhaltung nicht immer im Sinn von Bespaßung sehen. Sehen Sie es lieber als Informationsbedürfnis. Im Privatleben wollen wir ständig unterhalten werden – in guten wie in schlechten Zeiten. Wir suchen uns Ablenkung mit unseren Hobbys, wir meditieren, wir streiten und diskutieren, wir kochen, essen, trinken, wir machen Sport, ziehen unsere Kinder groß, durchleben mit ihnen die Pubertät, wir kümmern uns um die Familie, unsere Haustiere und die Liste kann ich endlos lange fortsetzen. Unternehmen haben dieselben Probleme, etwas abgewandelt zwar, doch wir tun noch immer so, als wären Firmen in eine Parallelwelt eingebettet, die immun ist, gegen unsere menschlichen Grundbedürfnisse. Das ist falsch und ein Faktor, warum viele Organisationen in Sachen Storytelling und Imageaufbau nicht weiterkommen. Unternehmen müssen mit der Zeit gehen, sich verändern und ihre Kommunikation anpassen: So hätte sich mancher Konzern eine Pleite erspart. Denn das Produkt ist nur so wichtig, wie die Nachfrage hoch ist. Doch man kann die Höhe der Nachfrage steuern, wenn man weiß wie. Und dabei spielt das klassische Marketing nur noch eine untergeordnete Rolle.

Wie entwickelt man eine gute Geschichte?
Genug von der Theorie, rein in die Praxis. Die Basics des Storytellings haben wir bereits an früherer Stelle erläutert. Die Story-Fragen von Poe kennen Sie nun. Wenn Sie sich fragen, in welches Format Sie Ihre Story am besten packen sollen: Eine Anekdote funktioniert im ersten Schritt immer. Eine Anekdote ist eine chronologische Aneinanderreihung von Geschehnissen. Kinder sprechen häufig in Anekdoten: „Das ist passiert, dann das, dann das etc." Eine Anekdote ist kurz und bündig, eignet sich etwa als Kundenstory (bzw. Referenz-Zitat) und lässt sich über alle Channels streuen. Am Ende jeder Anekdote folgt die Reflexion. Dabei reflektieren Sie und erzählen, was Sie daraus gelernt haben. Damit Ihre Anekdote funktioniert, ist die Höhe des Identifikationslevels wichtig: Kann sich Ihr Publikum mit Ihrer Geschichte identifizieren? Das wiederum lässt sich mithilfe von Poes Fragen beantworten.

2.4.2 Texte: Wie man schreibt – die wichtigsten Regeln

Eines vorweg: Es geht hier nicht darum, Sie zum Literaturnobelpreis zu führen. Ich möchte Sie dazu bringen, verständliche Businesstexte entwickeln oder zumindest bewerten zu können. Alltags-Textwerke sollen nicht den Anspruch auf Verspieltheit haben, dürfen nicht verschnörkelt sein und müssen schon gar nicht hochtrabend intelligent und ausgefeilt klingen. Die Aufgabe von Alltags-Texten ist es, Botschaften einfach und klar zu transportieren. Das erreichen Sie, wenn Sie folgende Regeln befolgen:

- Schreiben Sie, wie Sie reden (nur bitte grammatikalisch korrekt und nicht in Mundart!)
- Verwenden Sie aktive, statt passive Sätze: *„Das Unternehmen wird von mir geleitet"* ist passiv. Besser klingt es wenn Sie schreiben: *„Ich leite das Unternehmen"*
- Verwenden Sie kurze Sätze! Verzichten Sie auf verschachtelte Nebensätze.
- Vermeiden Sie nichtssagende Worthülsen und Füllwörter.
- Verwenden Sie immer das einfachere und verständlichere Wort: *„schön"* statt *„ästhetisch"*. Verzichten Sie auf Fremdwörter.

Einfach und klar zu kommunizieren bedeutet nicht, dass Sie einen schlechten bzw. primitiven Schreibstil anwenden sollen. Ganz im Gegenteil: Gute Texter zeichnen sich dadurch aus, dass ihre Texte flüssig zu lesen sind, und vor allem, dass man die Texte beim erstmaligen Lesen sofort erfassen kann. Hierzu gibt es übrigens hervorragende Literatur von Wolf Schneider („Deutsch für Profis").

2.4.3   Video: Wie man gesehen und wahrgenommen wird

Video-Content ist die Königsdisziplin unter den Content-Formaten. Sie ist vergleichsweise die aufwendigste und deswegen diejenige, mit der die meisten Menschen die größten Berührungsängste haben. Viele fühlen sich unwohl vor einer Kamera oder sehen sich nicht im Stande den Aufwand zu bewerkstelligen. Videos bieten aber die besten Chancen. Sie können viele Inhalte und Messages in kurzer Zeit transportieren. Der Share-Faktor ist ungleich höher als bei Texten oder Audio-Produktionen. Die Entscheidung für oder gegen Video-Content sollten Sie von folgenden Fragen abhängig machen:

- Wer sind meine Kunden und was wollen sie?
- Ist meine Branche filmtauglich?
- Kann ich meine Inhalte filmisch ohne extra großen Aufwand transportieren und darstellen (also ohne Animationen, Kulissen etc.)?
- Sind meine Kunden bzw. ist mein Zielpublikum auf sozialen Netzwerken aktiv?
- Habe ich das notwendige Budget für Videoproduktionen (ab 5000 EUR)?

Gehen wir von folgender Situation aus: Sie sind Teil einer Ärztegemeinschaft und wollen mithilfe von Video-Content mehr Kunden gewinnen. Gehen wir jede der obigen Fragen einzeln durch:

- **Wer sind meine Kunden und was wollen sie?**
  „Unsere Kunden sind unsere Patienten, die uns aufsuchen, weil sie Schmerzen haben und Hilfe benötigen. Allerdings werden uns immer wieder dieselben Fragen gestellt, die unser Personal am Empfang zeitlich überfordert. Wir könnten also die wesentlichen Fragen (FAQ) per Video beantworten, wobei wir Ärzte die Antworten geben und somit die Aussagekraft der Inhalte noch einmal verstärken. Diese Videos können sich unsere Patienten vorab auf der Website, über unsere Channels oder im Wartezimmer ansehen."
- **Kann ich meine Inhalte filmisch ohne extra großen Aufwand transportieren und darstellen?**
  „Der Aufwand dafür ist überschaubar: Wir benötigen einen Videoproduzenten, dem wir die FAQs schicken, der uns interviewt und der daraus mehrere Videos

macht, inklusive Untertitel für hörbehinderte Menschen. Für sehbehinderte Menschen können wir die Tonspur zusätzlich als einzelne Audiodatei anbieten."

- **Sind meine Kunden bzw. ist mein Zielpublikum auf sozialen Netzwerken aktiv?**
  „Die jüngeren Patienten ja. Deshalb macht es Sinn, einen Instagram- bzw. YouTube-Channel zu starten, sofern das noch nicht vorhanden sein sollte. Wie Sie sehen, ist fast für jede Branche die Möglichkeit gegeben, Video-Content zu produzieren. Am Ende hängt es vom Budget ab. Und weil wir gerade dabei sind: Wenn Sie überlegen, für Ihr Unternehmen einen Videochannel zu starten, bedenken Sie die laufenden Kosten. Sie benötigen ein fixes Kamerateam, Aufnahmemöglichkeiten in Studios usw. Zudem muss Video-Content einigermaßen aktuell sein. Vermeiden Sie Fehler, wie Sie etwa deutsche Privatsender machen, die ihren sieben Jahre alten Content an Wochenenden in Sendungen recyceln. Halten Sie Ihre Videos frisch, auch wenn der Aufwand ein größerer ist."

2.4.4 Audio: Wie man gehört und verstanden wird

Podcasts sind derzeit in allen Ohren und erfahren einen richtigen Boom. Damals, als Apple den iPod auf den Markt gebracht und die ersten Podcasts angeboten hat, war das Hören von Audiofiles mit größerem Aufwand verbunden. Man musste sich Dateien herunterladen, auf entsprechende Geräte wie den iPod verteilen und war beim Speicherplatz limitiert. Mittlerweile hat sich das geändert. Mit seinem Smartphone und Programmen wie Spotify kann man Podcasts unterwegs im Auto, auf der Straße, im Büro und überall hören, wo man gerade Internetempfang hat. Und selbst wenn gerade kein Empfang gegeben ist, kann man sich bei den meisten Apps seine Lieblingssongs und Podcasts für den Offlinegenuss herunterladen.

Der zweite Grund, weshalb immer mehr Content-Produzenten auf Podcasts setzen ist, dass eine wesentlich intimere Verbindung mit dem Publikum aufgebaut wird als das mit reinem Text möglich ist. Sie sind im Durchschnitt für eine halbe Stunde oder länger *im Ohr* Ihres Zielpublikums. Außerdem ist die technische Einstiegsbarriere bei Podcasts so niedrig wie noch nie zuvor. Sie benötigen ein Mikrofon, Kopfhörer und ein Podcast-Aufnahmetool. Manche neuen Apps wie Anchor.FM bieten schon die Möglichkeit, einen Podcast mit dem Smartphone aufzunehmen. Ein Problem können jedoch selbst die besten Programme nicht lösen: Um einen erfolgreichen Podcasts zu starten brauchen Sie eine angenehme und ausgebildete Stimme oder sie engagieren einen Sprecher bzw. Moderator.

Zudem benötigen Sie einen durchdachten Inhalt für Ihre Sendungen. Sie müssen bedenken, dass Texte für Moderationen gänzlich anders geschrieben werden müssen, als Texte für eine Website, die nur gelesen werden sollen. Satzstellungen, die gelesen wunderbar scheinen, klingen gesprochen furchtbar holprig. Hier braucht es viel Erfahrung und Übung. Deshalb rate ich: Lagern Sie Podcasts an Experten aus. Sie können dabei gerne Experte bleiben, etwa, wenn Sie sich interviewen lassen. Interviewsituationen sind viel besser dazu geeignet, unerfahrene Sprecher seriös klingen zu lassen.

2.5   Content-Optimierung: Einmal ist keinmal

Den *perfekten* Content gibt es nicht. Es gibt immer Dinge, die wir ständig verbessern können und müssen. Der große Vorteil von digitalem Content ist, dass nicht nur das User-Feedback unmittelbar ist, sondern man die Inhalte jederzeit verändern und updaten kann. Das muss sogar zwingend geschehen, will man die Qualität seiner Inhalte aufrechterhalten. Es beginnt damit, dass man sich schon mit dem ersten Entwurf nie zufriedengeben, sondern mindestens eine zweite Version erstellen sollte. Danach veröffentlichen Sie Ihren Content, analysieren Sie die Reviews und die Zugriffszahlen und versuchen herauszufinden, was besonders gut ankommt. Im Anschluss überarbeiten Sie den bestehenden Content, aber lassen Sie die Erkenntnisse auch in die neuen Inhalte einfließen. Kommunizieren Sie Veränderungen. Über Social-Media-Kanäle kann Ihr Publikum interaktiv eingebunden werden. Sie können darauf hinweisen, dass die zahlreichen Kommentare nun zu einer Änderung geführt haben etc. Ihr Publikum wird es Ihnen danken. Denn User werden es nicht verzeihen, wenn Fehler, auf die hingewiesen wird, immer und immer wieder gemacht werden. Lernen Sie aus dem Feedback. Content-Erstellung ist harte Arbeit.

2.5.1   So holen Sie mehr aus Ihrem Content raus

Es gibt unzählige Wege, Content zu optimieren. Die Optimierungsmöglichkeiten hängen vom Content-Format und den verwendeten Kanälen ab. Im Folgenden lernen Sie die wichtigsten und am leichtesten umsetzbaren Optimierungsmöglichkeiten kennen. Viele dieser Optimierungen dauern nur wenige Minuten.

Reflexion

Bevor Sie etwas erstellen, egal welches Format, machen Sie den Selbsttest: Würde ich diesen Text, dieses Video, diesen Podcast selbst (an einem Sonntag) konsumieren und mit meinen Freunden und Kollegen teilen? Falls die Frage *Nein* lautet, ist Ihr Content nicht gut genug. Um mehr Objektivität in die Antwort zu bekommen, können Sie diesen Test übrigens an Mitarbeiter oder Vertrauenspersonen auslagern.

Titel, Headline

Blog-Artikel, Podcast-Episode oder Video – ohne knackigen Titel wird nicht mehr geklickt. Ein guter Titel ist entweder eine Frage oder eine kurze, knackige (teils provokative) Aussage. Zum Beispiel: „Wie gewinne ich mehr Kunden auf Social Media?" oder „8 Tipps zur besseren Kundenakquise über Instagram". Vermeiden Sie unbedingt kryptische Titel wie „Folge 23 am 23.10.2018". Danach sucht niemand bzw. wird niemand aus Interesse klicken.

Thumbnail/Videotitelbild

Facebook und YouTube bieten Ihnen die Möglichkeit, für jedes Ihrer hochgeladenen Videos ein eigenes Videotitelbild zu bestimmen bzw. hochzuladen. Nutzen Sie unbedingt diese Optimierungsfunktion. Das Videotitelbild sollte Aufmerksamkeit erregen und mit einem Blick kommunizieren, worum es in Ihrem Video geht. Das Videotitelbild ist für ein Video, was das Buchcover für ein Buch ist.

Klarer Call-To-Action (CTA)

Kommunizieren Sie am Ende Ihres Contents einen klaren CTA: Liken, kommentieren, sharen, abonnieren oder kaufen. Ich weiß, dass es für Sie offensichtlich ist, was Sie mit Ihrem Content erreichen wollen. Es hilft aber immer, auch Ihre Zielgruppe daran zu erinnern.

Links

Fügen Sie direkt im Text von Blogartikeln oder im Textfeld von YouTube, Facebook oder LinkedIn relevante Links hinzu. Dazu gehören insbesondere Links zu Ihrer Website und Links zu Ihren anderen Social-Media-Kanälen.

2.5.2 Die wichtigsten Content-Marketing-Kennzahlen

Content-Kennzahlen oder auch Key-Performance-Indicators (KPI) genannt, helfen, übergeordnete Ziele im Blick zu behalten. Durch die Definition von KPIs wissen Sie sofort, wie viele Besucher Sie haben, woher diese kommen, und wie viel Zeit jeder Besucher im Durschnitt mit ihrem Content verbringt. Und Sie können noch weitere Kennzahlen festlegen, je nachdem wie Sie Ihr Analysetool eingerichtet haben. Die Relevanz der Kennzahlen wird sich im Laufe und je nach Dauer einer Kampagne ändern. Noch immer wird zu viel etwa auf Impressions oder Unique Visitors geachtet. Für Content-Produzenten sowie für Shop-Betreiber gilt: Eine möglichst lange Verweildauer ist noch wichtiger. 100.000 Besucher, die jeweils 10 min auf meiner Seite bleiben, sind viel wertvoller als 1 Mio. Besucher, die sich Ihren Inhalt keine Minute lang ansehen. Im Folgenden ein Überblick über die wesentlichen Kennzahlen (Details dazu sind einfach per Suchanfrage zu dem jeweiligen Begriff zu erfahren):

- Impressions
- Unique Visitors
- Verweildauer
- Absprungrate
- Backlinks
- Besucherquelle
- Social Shares
- Generierte Leads
- Neue Follower/Unfollowed

Corporate Content: Der beste Content wird von Ihren Mitarbeitern definiert

Zusammenfassung

Ich habe bisher viel über mögliche Wege zur Content-Aufbereitung geschrieben und dabei externe Quellen besprochen. Wirklich guter Content kommt aber von Herzen, also dem Inneren jedes Unternehmens. Erfolgreiche Unternehmen definieren sich dadurch, dass ihre Inhalte durch die gemeinsame Kreativarbeit aller Mitarbeiter ganz wie von selbst entstehen. Dazu müssen sie gar nicht erst gemeinsam in einem Brainstorming sitzen. Bei der täglichen Arbeit entstehen die spannendsten Geschichten – und wenn Sie genau zuhören, schlagen Sie zwei Fliegen mit einer Klappe: Sie gewinnen die Aufmerksamkeit sowie die Motivation Ihrer Mitarbeiter. Denn plötzlich sieht auch der Produktionsmitarbeiter, dass seine Meinung etwas wert ist. Vergessen Sie nicht: Mitarbeiter sind die besten Botschafter für Ihr Unternehmen bzw. Ihre Marke. Internes Content-Marketing hilft Ihrer internen und externen Unternehmenskommunikation enorm. Ich kenne allerdings die Herausforderungen sehr gut: Besonders in großen Unternehmen ist viel Überzeugungsarbeit notwendig, vor allem, wenn man neue Wege in der Content-Produktion gehen möchte. Deshalb ist internes Content-Marketing stets Chefsache. Denn Ihre neue Content-Strategie fruchtet erst, wenn auch Ihre Mannschaft davon weiß, überzeugt ist und sieht, dass sie dabei die volle Rückendeckung der Firmenführung hat.

© Springer Fachmedien Wiesbaden GmbH, ein Teil von Springer Nature 2019
F. Schauer-Bieche, *Der Content-Coach*,
https://doi.org/10.1007/978-3-658-26655-4_3

3.1   Keine Zweifel aufkommen lassen: Pro-Argumente für die Content-Vermarktung im Unternehmen

Das ultimative Ziel von internem Content-Marketing ist es, Ihre Mitarbeiter regelmäßig und nachhaltig zu motivieren, zu inspirieren und über die vielfältigen Aktivitäten innerhalb des Unternehmens zu informieren. Zeigen Sie Ihnen, was guter Content bewirken kann, und beginnen Sie mit Storytelling. Je größer das Unternehmen ist, desto aufwendiger, doch es lohnt sich. Eine Möglichkeit ist es, Think Tanks (ursprünglicher Slang-Ausdruck für Gehirn, heute versteht man darunter Denkgruppen oder Denkfabriken) einzurichten, in denen Mitarbeiter an der Gestaltung des Contents mitarbeiten können. Sie haben vermutlich mehr kreative Köpfe in Ihrer Organisation als Sie annehmen. Und bitte: Nicht nur Marketing-Menschen sind kreativ! Bauen Sie alle ein, spannen Sie einen Produktionsleiter mit einem Designer zusammen, oder den Sicherheitsmann mit dem CFO. Den Marketingleiter mit dem CAD-Zeichner usw. Selbst der Blickwinkel des Reinigungspersonals kann ein sehr wichtiger Faktor sein, wenn es darum geht, die Gesamtheit Ihres Unternehmens abzubilden. Wenn Sie diesen Prozess nicht alleine starten wollen: Wählen Sie einen Berater, der sich mit Provokationsmethoden und Design Thinking sowie HR-Kommunikation (Employer-Branding) beschäftigt und daher einen sehr benutzerorientierten Zugang hat. Design Thinking ist ein Garant dafür, dass sich Ihre Maßnahmen an Ihre Zielgruppen und Kunden anpassen.

3.2   Machen Sie Ihre Mitarbeiter zu Markenbotschaftern

Wir verbringen mindestens 25 % unserer gesamten Lebenszeit in und mit der Arbeit. Was wäre, wenn Ihre Mitarbeiter die Arbeit nicht nur als Mittel zum Zweck sehen würden, um Rechnungen zu bezahlen, sondern sie als Berufung erleben könnten? Das wünschen sich vor allem Millennials und nachfolgende Generationen. Die meisten Arbeitgeber können (aktuell noch) nicht darauf reagieren. Vielleicht wollen aber gerade Sie zu einem Vorzeigeunternehmen werden? Beim Content können Sie damit anfangen. Schluss mit leeren Phrasen, demonstrieren Sie regelmäßig, was Ihr Unternehmen für Ihr Publikum (Ihre Mitarbeiter) tut. Werden Sie lockerer, offener und kommunizieren Sie persönlicher. Lassen Sie Ihre Mitarbeiter machen, ohne allzu viel hineinzupfuschen. Bedenken Sie: Fast jeder Ihrer Mitarbeiter hat ein oder mehrere Social-Media-Profile und kennt eine Menge anderer Leute. Damit ist jeder Ihrer Mitarbeiter ein potenzieller Botschafter bzw. Influencer für Ihr Unternehmen. Lassen Sie das zu! Ihre Mitarbeiter werden damit beginnen, den internen Firmen-Content auf ihren privaten

Social-Media-Profilen zu teilen. Natürlich können Sie hier allgemeine Regeln zur Kommunikation festlegen, etwa, wenn es um sensible Themen geht. Es ist auch zu empfehlen, Kommunikationstrainings abzuhalten, um Ihre Mitarbeiter im Umgang mit Unternehmenskommunikation zu schulen. Seien Sie sich nur bewusst, dass die kommenden Generationen sehr genau wissen, wie man über neue Channels kommuniziert. Wenn sie zusätzlich noch Gestaltungsspielraum bekommen, wird sich das nur positiv auf Ihre Marke und Ihre Inhalte auswirken. Besonders, wenn Sie Ihre Mitarbeiter diese Inhalte gestalten lassen. So geben Sie ganz automatisch das Gefühl der Mitbestimmung bzw. suggerieren Sie ihren Leuten, dass sie auch etwas mitzureden haben. Das ist ein wichtiger Motivationsfaktor in der heutigen Zeit.

3.3   Neun Schritte zu erfolgreichem Corporate Content

1. Reden Sie mit möglichst vielen Mitarbeitern aus allen Unternehmensbereichen über deren Wünsche, Frustrationen und Sorgen.
2. Erstellen Sie Employee Personas (wie Buyer Personas, nur intern).
3. Definieren Sie alle Ziele, die Sie mithilfe des internen Content-Marketing erreichen wollen.
4. Erstellen Sie eine interne Content-Marketing-Strategie.
5. Erstellen Sie einen Content-Plan und dafür ein Budget für ein ganzes Jahr.
6. Wenn notwendig: Pitchen Sie den Content-Plan und das Budget bei Ihrem Vorgesetzten bzw. Aufsichtsrat.
7. Veranstalten Sie eine Content-Informationsveranstaltung für alle MitarbeiterInnen, in der Sie über die Gründe und Ziele für das interne Content-Marketing informieren. Setzen Sie dabei auf eine Frage-Antwort-Runde und nehmen Sie alle Anregungen mit, bauen Sie kritische Mitarbeiter genauso ein.
8. Setzen Sie den Content-Plan um.
9. Analysieren und optimieren Sie fortlaufend Ihren Content.

3.4   Wie Sie die letzten Zweifler ins Boot holen

Möglicherweise haben Sie sich bisher gedacht: Gut und schön, aber leider gibt es Personen in meinem Unternehmen, die sich bei Innovationen und Content-Experimenten querlegen. Hier ein paar Tipps, wie Sie diese Personen in ihr Boot holen können:

- Versetzen Sie sich in die Position Ihres Zweiflers und überlegen Sie, wie es Ihnen gehen würde und welche Argumente Sie umstimmen könnten. Erstellen Sie eine Liste mit Pro-Argumenten.
- Wenn möglich, bitten Sie die Personen zu einem Interview. Das muss nicht innerhalb der Firma passieren, sondern kann auch in Form eines Mittagessens stattfindet. Es muss kein offizielles Interview sein, sondern ein informeller Austausch, bei dem Sie über die neuen Pläne sprechen und die Reaktion Ihres Gegenübers abwarten. Versuchen Sie herauszufinden, ob die Person dem Thema allgemein kritisch gegenübersteht oder nur in Ihrem speziellen Fall. Wenn nämlich letztere Position gegeben ist, lassen sich einfach Argumente finden, um den Zweifler zu überzeugen.
- Benutzen Sie Moodboard-Prototypen: Moodboards sind Content-Boards, auf denen man auf den ersten Blick ernennt, welche Art von Inhalten künftig publiziert werden. Entwerfen Sie solche, zeigen Sie sie vor und geben Sie den Zweiflern uneingeschränkte Feedback-Möglichkeit. Erklären Sie ihnen, weshalb diese Art von Content gewählt wird und was man damit erreichen kann. Sie werden vielleicht nich 100 Prozent der Kritiker überzeugen, aber in sehr vielen Fällen die Angst vor dem Neuen nehmen.

Raus damit: Wie Sie Content vermarkten und verbreiten

4

Zusammenfassung

Jetzt haben Sie es fast geschafft. Noch ein paar Seiten und Sie können Ihren hart erarbeiteten Content endlich in die freie Wildbahn entlassen, wo er gefeiert und geteilt werden darf. Doch nichts überstürzen. Den Erfolg Ihrer Inhalte bestimmen die Vermarktung und die Vermarktungsstrategie. Diese sollten Sie bereits zu Beginn in Ihrer Content- und Kommunikationsstrategie festgelegt haben. Ich gehe an dieser Stelle nun davon aus, dass Sie Ihre Personas, Zielgruppen, Märkte, Channels, Budgets etc. ganz genau kennen. Deshalb werde ich in den folgenden Punkten auf jene Dinge eingehen, die von den meisten Unternehmen in Sachen Vermarktung leider zu oft vernachlässigt werden.

Beginnen wir mit den Basics. Den ersten Begriff, den Sie dazu kennen sollten lautet *Content-Seeding*. Auf Deutsch: Content säen. Sie streuen Ihre Inhalte aus, generieren Backlinks und verbessern Ihren Rang in Suchmaschinen. Dabei gibt es zwei wesentliche Möglichkeiten, wie Sie Content vermarkten und verbreiten können.

1. **Sie vermarkten und verbreiten Ihren Content organisch:** Diese Strategie macht immer Sinn. Organisch Reichweite zu erzielen, bedeutet viel Arbeit in Inhalte zu stecken und echte, brauchbare Informationen zu verbreiten. Wie effektiv die organische Verbreitung Ihres Contents ist, hängt auch davon ab, wie groß Ihr Publikum ist, auf welchen Kanälen Sie Ihren Content verbreiten, welche Art von Content Sie verbreiten wollen und wie viel Zeit Sie haben und bereit sind in die organische Verbreitung zu investieren. Denn wie gute Suchmaschinenoptimierung, funktioniert auch die Erzeugung organischer Reichweite nicht von heute auf morgen. Mindestens ein halbes Jahr sollten Sie

einplanen, bis Ihre Inhalte (die Sie natürlich systematisch und regelmäßig veröffentlichen) ordentliche organische Reichweiten erzielen und sich darüber
hinaus gegenseitig stützen.

2. **Sie vermarkten und verbreiten Ihren Content durch den Einsatz von Werbung:** Je mehr Geld Sie für die Vermarktung Ihres Contents zur Verfügung haben,
   desto besser. Glauben Sie bloß nicht, mit Geld alles erschlagen zu können. Geld
   auszuschütten und dann das große Wunder zu erwarten, funktioniert in der digitalen Werbewelt nicht einfach. Wie an früherer Stelle bereits erwähnt: Onlinewerbung effektiv zu schalten ist ein sehr technisches Unterfangen (Programmatic
   Advertising) und Sie benötigen Profis dafür. Kampagnen müssen inhaltlich und
   technisch genau geplant werden. Es müssen Indikatoren festgelegt werden, Zielgruppen genau bekannt sein und Sie müssen Ihr Budget flexibel halten. Für
   Mini-Budgets unter 1000 EUR ist digitale Werbung nahezu irrelevant. Als kleiner
   Blogger kann man mit einzelnen Werbungen auf Social-Media-Channels noch
   den einen oder anderen Follower generieren. Doch spätestens wenn es um einen
   Mix aus verschiedenen Channels geht, etwa, wenn Google Ads, Facebook- und
   LinkedIn-Ads sowie eine Programmatic-Kampagne ausgespielt werden sollen, ist
   unter einer mittleren vierstelligen Summe pro Monat nichts mehr zu holen.

Zusammengefasst: Die beste Vermarktungsstrategie ist immer noch exklusiver,
hochqualitativer Content gepaart mit einer guten Werbestrategie. Je besser die
Qualität, desto höher die Wahrscheinlichkeit, dass der Content organisch von
anderen geteilt wird. Wenn Sie zusätzlich noch in die Vermarktung investieren,
kann nicht viel schiefgehen.

4.1   Zeigen Sie, was Sie können

Marketing gestern: „Kaufen Sie von mir! Ich habe das beste Produkt!" Marketing
heute: „In diesem Video zeige Ihnen Schritt für Schritt, wie Sie mit unserem Produkt
Ihr Problem lösen können."
   Wenn es um Content-Marketing geht, gibt es zwei Unternehmensarten:

1. **Die ungeduldigen Erfolglosen,** denen Content-Marketing zu langsam geht,
   die ausschließlich umsatz- und zahlengetrieben sind und keinen Raum für
   Kreativität schaffen.
2. **Die geduldigen Erfolgreichen,** die Content-Marketing als strategischen Wett-
   bewerbsvorteil sehen, und eine eigene Content-Marketing-Abteilung aufbauen,
   die zentral sämtliche Content-Marketing-Aktivitäten plant, steuert und umsetzt.

Ich weiß nicht, wie es Ihnen geht, aber ich bin in jedem Fall lieber langfristig erfolgreich. Sollten Sie nach wie vor in der ersten Kategorie spielen: Ändern Sie das! Erneuern Sie Ihre Denkweise, indem Sie Ihr Unternehmen auch als Medienunternehmen verstehen. Das Paradebeispiel dafür ist Red Bull. Vor Jahrzehnten noch hätte man gesagt: Schuster bleib bei deinen Leisten, ein Getränkehersteller hat im Medienbereich nichts verloren. Heute ist alles anders: Red Bull hat Content zu seiner zentralen Marketingstrategie gemacht und sich damit eine enorme Marke aufgebaut. Red Bull hat über die letzten Jahre viele neue Content-Formate entwickelt, produziert und sogar an andere TV-Sender lizenziert. Red Bull ist nicht nur ein Getränkehersteller. Red Bull ist ein Medienunternehmen. Mit den heute zur Verfügung stehenden Mitteln und Tools kann das selbst ein kleines Unternehmen schaffen. Sie müssen lediglich einen Willen zur Kommunikation entwickeln, dann kann selbst der kleinste Tischler-Betrieb zum großen Content-Vorzeigeunternehmen werden.

4.2   So professionalisieren Sie Ihr Content-Marketing

Wollen Sie Ihr Content-Marketing auf ein Top-Level heben und Ihrer Konkurrenz davonziehen, müssen Sie an Ihrem Professionalisierungsgrad arbeiten. Wie bei Ihren Produkten gilt, dass die erste Version immer nur die Vorstufe zur nächstbesseren sein kann. Wenn Sie es sich also leisten können, bauen Sie sich ein fixes Content-Team auf. Die Vorteile, Vollzeit Content-Experten in der eigenen Organisation zu haben, liegen auf der Hand:

1. Eine interne Vollzeitkraft kann sich inhaltlich tief und ausführlich mit Ihrer Branche und Ihrem Unternehmen beschäftigen.
2. Eine interne Vollzeitkraft hat die Möglichkeit, die Content-Marketing-Strategie langfristig auszurichten und ständig anzupassen. Das gibt ihr den kreativen Spielraum mit verschiedenen Arten von Content zu experimentieren, was die Chance, wirklich innovativen Content zu produzieren, substanziell erhöht.
3. Eine interne Vollzeitkraft mit langfristigen Karriereperspektiven identifiziert sich wesentlich stärker mit Ihrem Unternehmen und wird alles daran setzen, Ihre Marke zu verbessern.

Sollte Ihnen das Budget für eine Vollzeitkraft fehlen, versuchen Sie zumindest eine Kombination aus der Hilfe eines externen Beraters in Zusammenarbeit mit einem Ihrer Mitarbeiter (oder gar Ihnen) zu erreichen. Möglicherweise haben Sie jemanden im Team, der sich überaus für das Thema interessiert und dem Sie ermöglichen können, etwa 10–15 Wochenstunden dafür aufzuwenden. Hier hängt es wieder an Ihnen als Führungskraft, wie fit Sie für die Zukunft sind und welchen Raum Sie positiver Kommunikation geben wollen. Übersehen Sie allerdings nicht, zwischendurch für frischen Wind zu sorgen. Dafür holen Sie sich idealerweise Inputs von außen. Anregungen für Storys und Ideen generiert man stets außerhalb der eigenen Corporate-Cloud. Sorgen Sie also dafür von Zeit zu Zeit die Regeln zu brechen und Experimente zu starten, um nicht Betriebsblind zu werden.

4.3   Der Mythos Viraler Content

Auf meine Lieblingsfrage: „Wie erzeuge ich viralen Content?" lautet meine Lieblingsantwort: „Öffnen Sie Ihre Budgetkalkulation, klicken Sie in das Feld der verfügbaren Gesamtsumme und fügen Sie dieser eine oder noch besser zwei Nullen am Ende hinzu." Virale Inhalte wirken spontan und ungeplant, doch sehr oft steckt eine aufwendige Kampagne mit einem Budget von Hunderttausenden Euro dahinter. Aber keine Sorge, Sie brauchen kein virales Video mit Millionen von Views, um Ihre Produkte und Services an den Mann zu bringen. So ein Hit ist schön wenn er erreicht wird, doch es reichen in der Regel auch einige Tausend Views, je nach Branche und Zielgruppenselektion. Verabschieden Sie sich also vom Mythos *Viraler Content*. Verfolgen Sie lieber relevanten Content, der im Glücksfall das Zeug dazu hat viral gehen zu können.

4.4   Channel-Strategien und Channel-Mix für Ihre Content-Vermarktung

Channel-Mix meint: Erstellen und vermarkten Sie Content nur über jene Kanäle, in denen sich Ihr Publikum bereits herumtreibt. Sie sind Hochzeitstortenbäcker? Dann konzentrieren Sie sich auf Pinterest und Instagram, wo sich Verlobte und Hochzeitsplaner aufhalten. Sie sind ein Kommunikationsunternehmen? Dann sind Twitter oder LinkedIn die richtige Wahl. Sie sind Business Coach? Erstellen und veröffentlichen Sie regelmäßig Content auf Xing, Medium und LinkedIn. Sie sind selbstständige Fotografin? Dann posten Sie ihre Arbeit auf Facebook und vor allem auf Instagram. Sie sind ein Kreuzschifffahrtreiseveranstalter und Ihre Zielgruppe sind wohlhabende Pensionisten? Dann sind womöglich Postsendungen von Prospekten in Nobelbezirke und TV- sowie Radio-Werbung die für Sie geeigneten Kanäle. Stimmen Sie also Kanal und Content stets aufeinander ab. Der richtige

Mix ist kein rein digitaler. Kombinieren Sie offline und online, wann immer sie die Chance dazu haben und es Sinn ergibt.

Social Media
Die relevantesten und beliebtesten Social-Media-Kanäle kamen rund um 2008 nach Europa. Kurz davor wurde das erste iPhone vorgestellt. Es besteht kein Zweifel daran, dass das iPhone bzw. seine Nachahmer Social Media zu dem gemacht haben, was es heute ist: „ein Mobile-first-Marketing-Kanal". Wenn Sie Content für Social Media erstellen, müssen Sie darauf achten, dass Ihre Inhalte für Smartphones optimiert sind, und auch für den jeweiligen Social-Media-Kanal. Das Publikum und die Sehgewohnheiten unterscheiden sich von Kanal zu Kanal drastisch. Während auf YouTube tendenziell längere Video-Formate konsumiert werden, erwartet man sich auf Facebook eher kürzere Videos, die in der Regel nicht länger als eine bis maximal zwei Minuten dauern. Auf Facebook können Sie als Privatperson Fotos vom Urlaub posten. Das wäre auf LinkedIn komplett fehl am Platz. Der schnellste und einfachste Weg, ein Gefühl für einen neuen Social-Media-Kanal zu bekommen, ist darauf aktiv zu sein. Je mehr Sie selbst aktiv posten und mit Inhalten von anderen interagieren, desto schneller lernen Sie die Eigenheiten und Besonderheiten des sozialen Netzwerks kennen. Probieren Sie es aus. Lesen Sie nicht nur über Social Media. Werden Sie heute noch ein aktiver Nutzer.

Websites und Blogs
Der wesentliche Unterschied zwischen der Social-Media-Site eines Unternehmens und einer Website ist, dass Sie mit einer Website autonom sind. Sie bestimmen das Hosting, die Inhalte und wann die Website online bzw. offline geht. Sie bestimmen die Spielregeln und haben jederzeit die volle Kontrolle, ganz unabhängig von äußeren Befindlichkeiten. Wenn ein Social-Media-Dienst von heute auf morgen die Regeln ändert und Ihr Auftritt plötzlich entfernt wird, oder gar der Betreiber der Plattform pleitegeht, dann können Sie dagegen nichts tun. Natürlich, das sind zwei eher unrealistische Szenarien. Dass Facebook oder Google von heute auf morgen pleitegehen, ist nicht sehr wahrscheinlich. Oft genug ändern sie aber ihre Regeln oder müssen diese auf Druck der Politik ändern. Dann sieht die Sache anders aus. Schon viele erfolgreiche Blogger oder Instagramer mussten daraufhin wieder 9to5Jobs annehmen, weil ihre digitale Existenz vernichtet wurde. Von heute auf morgen, von einer Minute auf die andere. Deshalb ist es unbedingt anzuraten, einen Mix aus Social-Media-Kanälen und Websites bzw. selbst gehosteten Blogs zu schaffen. Leiten Sie Ihre Follower-Ströme auch dorthin um, zu Ihrem eigentlichen Zuhause. Dann können Sie im Fall des Falles ein Verschwinden Ihrer

Social-Media-Profile leichter verschmerzen. Ihre Website ist womöglich auch der Ort, auf dem Sie Ihre Produkte und Services verkaufen wollen. Um Ihre Sichtbarkeit auf Google zu optimieren, ist es nach wie vor eine gute Strategie, einen themenfokussierten Blog zu führen. Auch hier gelten die beiden goldenen Content-Regeln: Qualität und Konsistenz.

YouTube und der Rest
YouTube ist und bleibt der Gorilla unter den Video-Plattformen. Es gibt drei einfach Gründe, warum Sie Content auf YouTube hochladen sollten – selbst dann, wenn Sie eine eigene Website haben:

1. YouTube gehört zu Google (und spielt somit beim Google-Ranking eine Rolle).
2. YouTube ist die zweitgrößte Suchmaschine im Internet.
3. Es ist wesentlich einfacher, mithilfe Ihrer Keywords auf YouTube gefunden zu werden, als auf Google.

Zusammengefasst hilft Ihnen YouTube dabei, Ihr Suchmaschinenranking erheblich zu verbessern – sofern Sie regelmäßig relevanten Video-Content auf YouTube veröffentlichen. Zudem sparen Sie sich einiges an Kosten, wenn Sie Video-Content nicht selbst hosten müssen. Zwar gilt auch hier: Bitte streuen und Ihre Videos auf mehreren Plattformen verbreiten, sodass eine Löschung keinen Schaden anrichtet – aber wenn die Besucherzahlen Ihrer Profile erst einmal in die Hunderttausende gehen, wird ein eigenes Hosting für Videos sehr teuer.

Die alte Medienwelt: TV und Radio sind (noch) nicht tot
Vermarkten Sie offline und online, über TV und Radio. Denn die Letztgenannten sind noch lange nicht tot. Nach wie vor konsumieren Menschen TV-Programme. Allerdings anders als noch vor einigen Jahren. Klassische Werbung im TV spielt keine übergroße Rolle mehr – journalistischer Inhalt dafür umso mehr. Versuchen Sie Ihren Content also in relevanten Magazinen und Nachrichtensendungen zu platzieren.

Beim Thema Radio ist das wieder anders: Radiosender geraten zwar auch allmählich durch Streaming unter Druck. Radio ist aber weitgehend zeitlos. Ob man einen Podcast anhört oder eine Radiosendung: Der Unterschied ist prinzipiell gering. Zumal Radiowerbung weniger störend empfunden wird als TV-Werbung, besonders, wenn man im Auto unterwegs ist. Radiowerbungen sind kurz und schmerzlos, wenn man es so ausdrücken will. Dennoch gilt auch hier: Besser journalistische und auffällige Inhalte anvisieren, als auf klassische Werbung setzen. Jeder Sender bietet auch hier Advertorial-Möglichkeiten an. Unter uns: Diese lassen sich im Radio noch viel einfacher durchsetzen, weil gesetzlich vorgeschriebene Markierungen wie „Das ist eine Produktplatzierung" schnell überhört werden. Viel besser noch: Jemand, der mittendrin einsteigt glaubt ohnehin, es handele sich um eine normale Sendung. Aber das haben Sie nicht von mir.

4.5   Das kostet Sie Content-Marketing wirklich

Content-Marketing ist aufwendig. Um mit Content-Marketing erfolgreich zu sein, brauchen Sie drei Dinge: Expertenwissen, ein Budget und vor allem Geduld. Geben Sie sich und Ihrem Content-Marketing-Team mindestens ein Jahr Zeit, um einen positiven ROI für Ihre Content-Marketing-Maßnahmen zu erreichen. Die in Tab. 4.1 angegebenen Preise sollen eine Orientierung geben und sind nicht verbindlich. Sie basieren auf meinen Recherchen und Erfahrungen. Naturgemäß hängen die Preise von einer Vielzahl von Faktoren ab: Welchen Ruf hat der Content-Berater? Ist er/sie ein Newcomer oder gehört er/sie zu den Besten? Welche Referenzen kann der/die Content-Berater/in aufweisen? Sind es große Konzerne oder vorwiegend KMUs? Arbeitet der/die Content-Berater/in alleine oder im Team? Die Kosten für Werbekampagnen auf Facebook, Instagram, YouTube oder LinkedIn kommen extra hinzu. Jedoch habe ich den Stundenlohn für Betreuung, Analyse und Optimierung der Werbung hinzugefügt. Die Preise verstehen sich als Nettopreise.

Tab. 4.1   Übersicht Kosten für Content-Marketing

Leistung	Fixpreis in Euro	Stundenlohn in Euro
Deep Research bzw. Marktanalyse	1500–10.000 EUR	Ab 90 EUR
Content-Strategie	5000–15.000 EUR	Ab 130 EUR
Content-Plan für ein Jahr	4000–10.000 EUR	Ab 130 EUR
Werbung schalten, analysieren und optimieren		Ab 80 EUR
Blog-Artikel (500–1000 Wörter)	150–400 EUR	Ab 70 EUR
Podcast-Episode	400–800 EUR	Ab 70 EUR
Video (1–5 min)	Ab 1000 EUR	Ab 100 EUR

Das ist der Content der Zukunft 5

Zusammenfassung

Sie möchten wissen, was Sie in Sachen Content künftig erwartet? In diesem Kapitel versuche ich einen Ausblick auf künftige Entwicklungen im Content-Bereich zu geben. Basierend auf meinen Erfahrungen und den Insights, die ich dank meines Berufes habe, werde ich versuchen, ein möglichst realistisches Bild von technischen und gesellschaftlichen Entwicklungen zu geben. Am Ende dieses Kapitels werden Sie mit kreativen Inputs ausgestattet sein und mit neuen Ideen für Ihr Business und Ihren Content-Alltag.

Die Zukunft sehen können – das wollen wir Menschen seit Urzeiten. Bis heute ist es unmöglich. Was wir mittlerweile beherrschen: Analysemethoden für die Aufarbeitung der Daten unserer Vergangenheit und daraus resultierend ziemlich genaue Deutungen für die Zukunft. Wenn man künftige Begebenheiten vorhersagen will, muss man mit Trends und einer Menge Daten arbeiten. Etwas auf Basis von Einzelereignissen vorherzusagen ist unseriös. Man muss sich Strömungen ansehen, Daten sammeln, analysieren und Modelle berechnen, alles auf Basis der Wahrscheinlichkeit. Und wahrscheinlich heißt immer noch nicht sicher. Damit müssen wir uns abfinden. Aber ich möchte hier auch nicht den Job der Zukuntsforscher übernehmen.

Was ich machen werde: Meine Eindrücke und Erfahrungen bündeln, die ich tagtäglich in meinem Berufsleben sammeln darf. Davon werde ich Prognosen ableiten, hauptsächlich zu meinen Fachgebieten in denen ich Ihnen fundierte Kenntnisse garantieren kann. Sie dürfen nur nicht vergessen, dass wir in einem Zeitalter leben, in dem alles plötzlich und von einem Tag auf den anderen ganz anders sein kann. Meinen Beruf, den des Content-Coach und Content-Beraters, hat es so vor zehn Jahren in unseren Breitengraden noch nicht gegeben.

© Springer Fachmedien Wiesbaden GmbH, ein Teil von Springer Nature 2019
F. Schauer-Bieche, *Der Content-Coach,*
https://doi.org/10.1007/978-3-658-26655-4_5

Mittlerweile gibt es in allen guten Unternehmen einen Head of Content, an Universitäten wie der FH Joanneum Graz erste Content-Strategie-Lehrgänge und in absehbarer Zeit wird wohl die erste Professur für Content an einer Universität ausgeschrieben werden. Was auch immer man sich jetzt vorstellen will, es ist alles sehr wahrscheinlich bereits in Entwicklung.

5.1   Die eierlegende Wollmilchsau gibt es nicht!

Bevor wir in die ferne Zukunft blicken, möchte ich auf eine aktuelle Entwicklung eingehen, die ich bereits an früherer Stelle thematisiert habe. Eine Entwicklung, die besonders am D-A-CH-Markt um sich greift: Nämlich der Trend aus Mitarbeitern (oft in Junior Positionen) „eierlegende Wollmilchsäue" zu machen. Wer den Begriff nicht kennt: Es bezeichnet jemanden, der alles können soll. Ein Tausendsassa also. Wer diesem Trend weiter folgt, darf sich auf schlimme Erfahrungen gefasst machen. Besser Sie hören gleich damit auf und nehmen Geld für Professionalität in die Hand. Noch immer glauben zu viele, dass eine Person mit IT-Affinität und grundlegenden Textkenntnissen aureicht, um Website, Social-Media-Channels und alles andere „Digitale" zu betreuen. Wenn das so ist, dann reicht bestimmt auch irgendjemand, der einmal einen Schraubenzieher in der Hand hatte, um Ihr Haus zu bauen?

Warum diese Tausendsassa-Positionen völliger Unsinn sind und niemals Realität werden? Ich erkläre es Ihnen von einer anderen Seite. In Österreich gibt es eine beliebte Wissenschafts-Kabarett-Serie namens Science Busters. Dort erklären echte Wissenschaftler auf humorvolle Weise banale Dinge aus der Chemie und Physik. Etwa was passiert, wenn man einen Schweinbraten grillt oder wie Muskeln wachsen. Der Slogan der Sendung lautet „Wer nichts weiß, muss alles glauben." Ich habe diesen Claim für meinen Berufsalltag abgewandelt. Denn was mir auf Schritt und Tritt begegnet: scheinbar allwissende Menschen. Berater, die von Social-Media-Strategien über Websites bis hin zu Texten und Hochzeitsfotos alles in ihrem Portfolio anbieten. Meine These: „Wer glaubt alles zu können, kann nichts gut."

Machen Sie sich bewusst, dass die Aufbereitung von Content Arbeit und Geldaufwand verursacht. Wenn Sie beides scheuen, lassen Sie es lieber sein. Unprofessionelle Inhalte für und von Ihrer Marke sind Ihrem Image abträglich. Ja, es gibt Foto-Apps und Designprogramme, mit denen Laien gute Logos designen und wunderhübsche Bilder produzieren können. Ein Grundproblem bleibt: Sie sind nicht der einzige, der sie verwendet und am Ende sieht alles gleich aus. Wenn man das letzte Mal kreativ war, als es im Kindergarten ums Basteln einer Laterne ging, helfen diese Tools sowieso wenig. Immer wenn ich mit dem Argument „Das kann doch jeder" konfrontiert werde, gebe ich folgenden Auftrag: Machen Sie es selbst! Bitte kreieren Sie ein schönes Logo, schreiben Sie einen richtig guten Text und produzieren Sie ein spannendes Kurzvideo. Viel Erfolg. Abgesehen vom zeitlichen Aufwand, lernen die meisten rasch, dass Kreativität doch nicht jedem auf Knopfdruck gegeben ist. Doch dann gibt es noch einen weit wichtigeren Grund, warum man für jeden Bereich einen Spezialisten holen sollte. Im Schwarm sind wir intelligenter und kreativer. Mehr Input bedeutet mehr Koordinationsaufwand, aber auch mehr Ideen und Lösungsvorschläge. Schränken Sie sich durch Geiz und Sturheit nicht künstlich ein. Öffnen Sie sich gegenüber neuen und tollen Ideen. Achten Sie deshalb bei der Beauftragung von Beratern auch auf deren Netzwerk. Je besser vernetzt die Person bzw. Agentur ist, desto größer wird der Mehrwert für Ihr Unternehmen sein. Ein Kommunikationsberater, der Ihnen zusätzlich zu seiner Arbeit gute Fotografen, Video-Profis, Grafiker, Programmierer etc. vermitteln kann, ist Gold wert.

5.2   Nicht fragen, machen – Geben Sie die Richtung vor!

Schreiben Sie sich eines ganz fett in Ihren Kalender (oder sonst wohin): Die Zukunft gehört den Machern! Wir haben lange genug gezaudert, jetzt wird umgesetzt. Wer zu lange fragt, der wird ewig nur auf den richtigen Moment warten. Ich erlebe das in vielen Unternehmen: Da wird so lange an Projekten gearbeitet und Ideen wieder überworfen und neu konzipiert, bis das Projekt tot ist. Entweder von der Zeit überholt oder aber so durchdacht, dass es nichts mehr hergibt. Ecken und Kanten haben, das gilt nicht nur für Menschen, sondern auch für Dinge und Unternehmungen und Projekte. Diese Welt ist nicht für Perfektionisten konstruiert. Alles ist im Fluss und entwickelt sich ständig weiter. Das beginnt bereits mit der Geburt: Wir wachsen und lernen ständig weiter, nichts an uns ist sofort perfekt. Machen Sie sich das bewusst, wenn Sie das nächste Projekt angehen. Lassen Sie sich nicht auf einen Pakt mit dem Detail-Teufel ein! Übrigens ein wesentlicher Grundsatz des Design Thinking: An einem gewissen Punkt, wenn Sie genügend Informationen gesammelt haben, dann muss die Entscheidung und Umsetzung folgen, ganz egal wie ausgereift Ihre Überlegungen sind. Das bedeutet zuerst, dass Sie natürlich möglichst viel Informationen herausfinden müssen. Sie müssen zuhören und Ideen aufnehmen. Am Ende wird von Ihnen aber die Entscheidung abverlangt: Wie wird das Produkt am Ende aussehen? Lassen Sie sich dabei nicht von „Was wäre wenn?" oder „Wie kann ich möglichst viele zufriedenstellen und ansprechen?" leiten. Gehen Sie nach dem Leitsatz vor: Don't be everybody's darling, be someone's lover!

Unsere Kommunikation ändert sich ständig und so auch die Unternehmenskommunikation. Heute ist die Vogel-Strauß-Taktik der 1980er und 1990er Jahre undenkbar. Den Kopf in den Sand stecken kann sich keiner leisten. Die Kommunikation mit den Usern und Kunden zu vernachlässigen aber auch nicht mehr. Doch zwischen Kundenfreundlichkeit, offener Kommunikation und „Mülleimer für alles" liegen Welten. Ein großer Fehler, der besonders häufig von jungen Firmen und Start-ups gemacht wird: Zu sehr auf das Publikum zu hören. Zehn Designvorschläge bedeuten zehn verschiedene Meinungen. Oder um wieder eine geläufige Weisheit aus meiner Branche zu bemühen: „Mach einfach dein Ding, denn es wird immer einen geben, der es schlecht findet." Ich möchte das lieber so formulieren: „Mach ruhig dein Ding, denn es gibt immer jemanden, der es gut findet." Nehmen Sie reflektiertes Feedback ernst und analysieren Sie zu Beginn Ihre Zielgruppe – aber ignorieren Sie unreflektierte Kritik. Sie hilft Ihnen in keiner Weise, sich oder Ihre Produkte zu verbessern. Das gilt besonders für Social-Media-Kommentare. Vor einigen Jahren, zum Start des Hypes, da habe auch ich noch die klassische Kommunikationsthese vertreten: Kommuniziere immer mit Deinen Kunden, egal, wie negativ das Feedback ist. Dieser These möchte ich heute, hier und jetzt widersprechen. Auch als Unternehmen müssen Sie sich nicht alles bieten lassen. Selbstverständlich steht freundlicher Kundensupport immer ganz oben auf der Prioritätenliste. Durch die zunehmende Flut an Hass-, Hetz- und Negativkommentaren in sozialen Medien muss man zuvor abwägen, welchen Usern man antwortet und vor allem in welcher Form. Grundsätzlich: Jede neutrale Anfrage (und dazu gehören auch Kritiken) sollte nett und höflich beantwortet werden. Wenn es beleidigend (oder schlimmer) wird, sollte man den Kommentar gründlich prüfen, bevor man darauf eingeht. Ist der User möglicherweise nur ein Troll? Geht es um eine Beschwerde, die tatsächlich rechtens ist, also ist es ein Fall, der in Ihrem Unternehmen passieren könnte? Betrifft es überhaupt Ihr Unternehmen und was ist die Intention des Beschwerdeführers? Kleiner Tipp: Legen Sie sich früh genug Kommunikationsleitfäden zu solchen Problemfällen zurecht, dann ersparen Sie sich Imageschäden oder peinliche Zwischenfälle in sozialen Medien durch Mitarbeiter, die sich in diesen Momenten gerne von ihren Emotionen leiten lassen.

5.3   Ist SEO wirksam? Warum man sich nicht immer nur nach den Suchmaschinen richten sollte

Suchmaschinenoptimierung sollte in jeder Kommunikations- und Content-Strategie ein wesentlicher Kernpunkt sein. Wer seine Inhalte nicht SEO-optimiert, wird kaum Online-Sichtbarkeit generieren. Hart formuliert: Wenn Sie nicht auf Google gefunden werden, existieren Sie nicht. Das kann man mögen oder nicht. Wenn Sie aber vor allem mit Onlineshops Geld verdienen, müssen Sie sich danach richten. Nur gibt es da noch ein großes Aber: Google nimmt immer wieder grundlegende Veränderungen an seinem Suchalgorithmus vor. Wenn sich Parameter ändern, können vormals gut platzierte Websites plötzlich ins Such-Nirvana entschwinden. Deshalb mein Rat: Orientieren Sie sich grundsätzlich an Google-Vorgaben, aber gehen Sie Ihren eigenen Content-Weg. Achten Sie auf eine technisch einwandfreie SEO-Optimierung und punkten Sie auf der anderen Seite mit innovativen Inhalten. Was passiert, wenn man sich zu sehr am SEO-Trend orientiert, konnte man vor ein paar Jahren sehen: Da standen plötzlich völlig sinnbefreite Textwüsten in Online-shops, eine Aneinanderreihung von Keywords, weil das damals eine besonders hohe Auffindbarkeit garantierte. Wenig später erkannte Google das Problem und änderte den Algorithmus. Heute werden Keyword-Wüsten sogar abgestraft und schlechter gerankt. In Zukunft wird es noch extremer: Algorithmen lernen die Inhalte so zu bewerten, wie wir Menschen es tun. Also nach Inhalt, Aufbau und Stil. Heute schon von Google verpönt: Duplicate Content – also zu viele gleiche oder Copy-Paste-Elemente auf einer Website. Den Teasertext der Startseite in einen Blogartikel kopieren sollten Sie unterlassen. Jeder Text muss individuell sein. Das ist aus Content-Sicht zu begrüßen und sorgt für Abwechslung und höheren Informationswert. Dies ist übrigens ein Grund dafür, warummanche Medienseiten immer schlechter gerankt werden. Viele Medienunternehmen setzen nach wie vor auf Inhalte von Nachrichtenagenturen und kopieren deren Texte eins zu eins auf ihre Seiten. Google grenzt Medien nicht bewusst aus, wie es oft behauptet wird, sondern der Algorithmus erkennt, dass die Wertigkeit vieler Seiten für die User nicht hoch genug ist.

   Mein Rat: Heben Sie sich mit Ihren Inhalten ab. Lieber weniger, dafür bes-ser. Lieber teurer, dafür besser. Lieber aufwendiger, dafür besser. Sie fürch-ten, mit Ihrem Budget zu wenige Inhalte liefern zu können und nicht mithalten zu können? Sie können auch mit kleinen Budgets guten Content liefern. Wich-tig ist, dass die Wertigkeit der Texte, Audios und Videos hoch bleibt. Die User werden es Ihnen danken. Wir werden ohnehin mit teils unnötigen Informationen überflutet. Da tut eine Quelle gut, die auf Qualität statt Quantität setzt und bei der man das Gefühl hat, nicht immer hinterherhecheln zu müssen. Das wird in

Zukunft ein wesentliches Merkmal guter Unternehmen und hervorragender Content-Produzenten werden: Inhalte zur richtigen Zeit über den richtigen Kanal zu veröffentlichen und ihnen Raum und Zeit zu geben, sich als Content-Element zu entwickeln. Den Rest erledigen Ihre User. Sie werden Inhalte teilen, kopieren, verbreiten – aber eben nur, wenn sie gut sind und sie gerade Interesse daran haben. Vergessen Sie bitte nie, dass Ihr Inhalt aktuell möglicherweise nicht spannend ist, in einigen Monaten die Welt ganz anders aussehen kann. Übrigens: Setzen Sie künftig auch auf alternative Suchmaschinen. Richten Sie Ihre Strategie nicht nur auf Google aus, sondern achten Sie darauf, auf welchen Plattformen User sonst noch suchen. Soziale Medien rücken hier immer weiter in den Vordergrund. Sobald die Facebook-Suche funktioniert wie das Google-Pendant, wird die Plattform einen enormen Aufschwung erfahren, der den aktuellen Erfolg in den Schatten stellen wird. Sobald wir unsere Postings und die Inhalte anderer mit einem Suchbefehl durchsuchen können werden, wird sich vieles ändern. Zwar sind Suchen über Facebook aktuell schon möglich, die Resultate sind aber ernüchternd. Die Suchfunktion funktioniert noch immer sehr technisch.

5.4   Radio als Überflieger: Audio als Content-Evergreen

Hören Sie noch Radio? Ich wette, Sie tun es. Wenn nicht zu Hause, dann jedenfalls im Auto. Und wenn schon keine klassischen Radiosender mehr, dann hören Sie Podcasts, Streams, Audiobooks, Snippets… und Sie sind damit nicht alleine. Seit 2011 gibt einen Welttag des Radios, der am 13. Februar stattfindet und von der UNESCO ausgerufen worden ist. Auf der UNESCO-Website ist zu lesen, dass Radios immer noch 95 % der Menschen erreichen. Inkludiert man Satelliten, kann man heute behaupten, dass die gesamte Welt via Radio erreichbar ist. Die zunehmende Netzabdeckung und der Fortschritt bei mobilen Internetverbindungen trägt den Rest bei. In Zukunft wird die Bedeutung steigen. Trotz Podcasts und individueller Audioinhalte, bieten Radiosender einen entscheidenden Vorteil: Sie sprechen die Bequemlichkeit der Menschen an, vereinen Unterhaltung (also Musik), Information und ein bisschen Werbung. Die kurzen Werbeelemente stören nicht. Unter anderem, weil in Ballungsräumen und Großstädten das Überangebot von Radiosendern ein leichtes Wechseln ermöglicht. Andererseits ermöglicht diese Vielfalt eine Abwechslung im Bereich der Musik- und Informationen. Hinzu kommt, dass immer mehr Menschen ihre Musiksender per Stream mit in die ganze Welt nehmen. Seit 2018 vermehrt Podcasts, Sendungen und Informationen. Unternehmen haben erkannt, dass mit Audioinhalten wieder

viel wettzumachen ist. Allerdings wird sich die Lage für die klassischen Radiosender in den kommenden Jahren ein wenig zuspitzen bzw. wird sich ihr Geschäft
zunehmend auch in den Streamingbereich verlagern. Eine weitere Nische, die
bereits jetzt hinter den Kulissen abgedeckt wird: Radiostationen werden als Agenturen für Unternehmen agieren und Podcasts herstellen.

Für Unternehmen ergibt sich hier eine große Chance, die von vielen noch nicht
wahrgenommen wird. Es mag skurril klingen, aber befinden uns wieder in einer
Pre-Radio Zeit. Technisch neu, aber inhaltlich gleich. Wer jetzt auf Audioinhalte
setzt, kann sich als Informationsführer in Nischen und bestimmten Branchen etablieren. Sie sind ein Stahlunternehmen mit Know-how? Sie könnten einmal pro
Woche einen Podcast über die wirtschaftlichen und politischen Entwicklungen
im Stahlbereich veröffentlichen und darin alle relevanten Informationen für Ihre
Branche verpacken. Ein Aufwand, der sich budgetär überblicken lässt, Ihnen aber
enorme Reputation einbringen kann. Was Sie dafür allerdings brauchen: einen Pro-
fi-Sprecher und jemanden, der sich mit Audio-Content auskennt. Es gibt genügend
Podcast-Experten, die Ihnen solche Sendungen auf Honorarbasis konzipieren und
umsetzen. Wichtig: Keine Unternehmenswerbung! Sie sollen Informationen verbreiten und keine plumpe Firmenwerbung.

5.5   Virtual Reality, das nächste Level unseres Lebens?

Wenn wir über Virtual Reality (VR) sprechen, denken die meisten Menschen
sofort an die übergroßen Brillen, die vielen Kabel, die mit Fingern und Beinen
verbunden sind. Diese Art von VR war vor einigen Jahren noch der große Hype.
Nachdem Facebook im Jahr 2014 das VR-Startup Oculus für drei Milliarden Dollar gekauft hat, haben alle auf den großen Durchbruch gewartet. Diese Euphorie
hat sich mittlerweile gelegt, weil die Adaptionsrate bei den Endkonsumenten bei
weitem nicht so hoch war. Die Entwicklung der Technologien, die mit VR verbunden sind, nehmen doch mehr Zeit in Anspruch als geplant. Der Grund dafür
ist, dass die Technologie in der Entwicklung und Anwendung noch relativ teuer ist
und derzeit (vergleichsweise) umständlich zu bedienen. Das bedeutet nicht, dass
Virtual Reality tot ist – ganz im Gegenteil. In Videospielen, Pornografie, für Cor-
porate- und Trainingszwecke (etwa im Skisport oder bei Militäreinsätzen) wird
VR heute bereits eingesetzt und funktioniert hervorragend. Allerdings ist Virtual
Reality mehr als eine große Brille. Jede virtuelle Umgebung, in die wir entweder
uns Menschen einbetten können oder die wir in unseren menschlichen Alltag integrieren können, ist VR. Besonders interessant ist dabei die Hologramm-Technik,

die mittlerweile erstaunliche Dinge produzieren kann. Meetings können künftig fast wie in echt abgehalten werden. Der Kollege aus dem Ausland sitzt dann als Hologramm direkt neben Ihnen auf dem Sessel. Sie können um ihn herumgehen, ihn von vorne, hinten, von der Seite betrachten, so, als ob er wirklich im Raum wäre. Nur angreifen können Sie ihn nicht. Noch nicht. Denn auch an Tools, die bei Berührung haptische Wahrnehmungen auslösen, werden bereits getestet.

VR wird eine Alternative zu unserem echten Leben werden. Auch wenn wir es uns heute kaum vorstellen können (oder wollen), werden wir in der Zukunft unsere Avatare durch ein virtuelles Leben führen und dabei Dinge tun, die Auswirkungen auf unser reales Leben haben werden. So wird ein Chirurg nicht mehr stundenlang im OP stehen müssen, mit der Gefahr zu ermüden und Fehler zu machen. Er wird dank virtueller Realität einen Roboter steuern können, der die Operation durchführt und dem Chirurgen dabei alles so plastisch und real darstellt, wie wir es uns derzeit kaum vorstellen können. Der Roboter wird streckenweise selbst operieren können. Als Backup kann ein Chirurg via Remote-Control eingreifen. Das ist gar keine Zukunftsmusik mehr. Solche Anwendungen sind bereits möglich und werden in Krankenhäusern getestet. Dass in Zukunft auch Roboter ganz autonom operieren, etwa wie Laserroboter bei Augenkorrekturen es heute (fast) schon tun, ist ein Thema für sich. Eines der größten Unternehmen und Vorreiter auf diesem Gebiet ist die US-Firma Intuitive Surgical. Sie hat den Da-Vinci-Roboter entwickelt. Er führt bereits heute selbständig Operationen durch. Ein enormer Fortschritt wird auf diesem Gebiet stattfinden, sobald das 5G-Netz etabliert ist und das Internet of Things reibungsfrei funktioniert.

Virtuelle Realität wird uns nicht nur physische Aufgaben abnehmen. Sie wird uns dabei helfen können, unsere Gehirne und unsere Wahrnehmung positiv zu trainieren. Bestes Beispiel für Auswirkung von virtueller Realität auf unsere Wahrnehmung: Höhenangst. Probanden stehen mit einer VR-Brille auf einem wackligen Holzbrett. Die virtuelle Umgebung suggeriert ihnen, sie stünden auf einem schmalen Baugerüst, hoch über der Stadt. Die Teilnehmer beginnen in dieser Situation zu schwitzen, manche legen sich auf das Brett, bekommen echte Höhenangst. Die Möglichkeit, mit virtueller Realität unsere Wahrnehmung zu verändern, wird viele neue Möglichkeiten eröffnen. Therapieformen beispielsweise: VR kann etwa bei Essstörungen verwendet werden, um Menschen ein neues Körperbewusstsein zu verschaffen, in dem man einen entsprechenden digitalen Avatar baut, der ihnen ihren Körper so zeigt, wie er von anderen wahrgenommen wird: nämlich normalgewichtig. Je länger der Therapierte es so wahrnimmt, desto eher verändert sich seine eigene Wahrnehmung. Oder es wird Menschen mit Angststörung dabei helfen können, sich der Realität anzunähern, indem stressige Situationen zu Hause simuliert werden können. So lange man sich nämlich in der virtuellen Realität befindet (entsprechendes Equipment vorausgesetzt), kann man das Hirn nahezu alles denken und simulieren lassen. Das ermöglicht Dinge, die wir uns derzeit gar nicht vorstellen können. Manche Tätigkeiten, die uns heute lästig erscheinen, werden wir künftig nicht mehr real durchführen müssen. Dazu gehören viele medizinische Untersuchungen, Vorstellungsgespräche oder Gespräche bei Ämtern, Behörden etc. Wer nun meint, dass das Digitale niemals die Realität ersetzen kann, der irrt gewaltig. Mit fortschreitender Technik und der Möglichkeit ultra-reale Umgebungen zu erschaffen, inklusive Böden, die eine Bewegung wie in der Natur ermöglichen, wird die virtuelle Realität von der echten Welt zunehmend schwieriger zu unterscheiden sein. Überlegen Sie selbst, wo Ihnen diese Dinge hilfreich sein könnten. Machen Sie das Gedankenexperiment und versuchen Sie Ihren aktuellen Job, Ihr Unternehmen oder Ihren gesamten Alltag in eine virtuelle Umgebung einzubetten. Setzen Sie sich dabei keine Grenzen des Möglichen, sondern gehen Sie davon aus, dass alles digital erlebbar sein wird (ausgenommen körperliche physikalische Grenzen, wie etwa der Toilettengang). Wie viele Dinge bleiben noch übrig, die Sie wirklich real machen müssen? Ob wir das so wollen – das ist wieder eine eigene Geschichte.

5.6   Erhebt eure Stimmen! Die Voicebots kommen

Sprachassistenten wie Alexa, Siri, Google Assistent, Bixby und Co. gewinnen immer mehr an Bedeutung. Derzeit sind die Fähigkeiten der Sprachassistenten relativ begrenzt. Das liegt daran, dass die Algorithmen und künstliche Intelligenzen möglichst viele Eingaben und Daten benötigen, um sich weiterentwickeln zu können. Doch von einer Spielerei sind wir bereits heute weit entfernt. Sprachassistenten sind die neue Art der Computersteuerung – und hier wird es besonders spannend. Statt mit der Maus zu klicken oder auf der Tastatur zu tippen, spricht man den Befehl. Es ist eine Revolution, über die sich die wenigsten noch Gedanken machen. Aktuell verwenden wir Voicebots noch reduziert. Wir lassen Internetradios starten, setzen Countdowns, fragen allerlei Unsinn oder Wikipedia-Wissen.

- „Alexa, spiele einen Song"
- „Hey Bixby, wie wird das Wetter morgen?"
- „Cortana, dimme das Licht im Schlafzimmer um 20 Prozent."

Wie bei den Smartphones, zeichnet sich auch am Voicebot-Markt eine Führerschaft ab. Derzeit hat Amazon mit Alexa die Nase vorne. Große Unternehmen bringen jede Woche neue Alexa-Skills heraus. Das sind Mini-Sprachanwendungen, die eigens für die Alexa-Plattform entwickelt wurden. Im Moment befinden wir uns nach wie vor in einer Experimentierphase, was Content und Anwendungen für Sprachassistenten betrifft. Simple Befehle wie Voice Search, das Diktieren und Senden von Nachrichten sowie der Eintrag oder das Ändern von Terminen in Ihrem Kalender funktionieren sehr gut und haben sich in der Praxis bewährt. Der nächste Schritt bzw. die nächste zu bewältigende Hürde für Sprachassistenten sind komplexere Befehle und Anwendungen. Ich bin davon überzeugt, dass wir in absehbarer Zukunft alle unsere Geräte, einschließlich Auto und unser Smart House mit unserer Stimme steuern werden. Kühlschrank, Geschirrspüler, Fernseher, Fensterläden und Türen werden wir künftig per Sprachbefehle steuern können. Dann öffnet der Voicebot die Tür, dimmt das Licht, schaltet das TV-Gerät und Netflix ein, aktiviert die Alarmanlage, deaktiviert den Herd, startet den Saugroboter, öffnet das Backrohr oder den Geschirrspüler. Der Fantasie sind keine Grenzen gesetzt – maximal noch der Technik. Doch diese passt sich rasant den Vorstellungen der User an.

Die nächste große Stufe wird die automatische Befehlserkennung sein, sodass Sprachassistenten aus unseren Gesprächen heraushören werden können, was wir wollen. Das wird in vielen Bereichen echte Erdbeben auslösen. Den größten Umbruch wird es im Bereich der Informationsbeschaffung geben:

- Sprachassistenten werden uns automatisch Informationen liefern, sobald sie erkennen, dass wir nach etwas suchen.
- Kurze Texte lässt man sich vorlesen und Informationen zusammenfassen. Das kann parallel zu wichtigeren Tätigkeiten passieren, wie dem Duschen, Kochen oder Anziehen. Man hat beide Hände und seinen Kopf frei.

Schon jetzt kann man sich seinen Nachrichtenüberblick im Alexa-Menü selbst zusammenstellen und bestimmen, von welchen Medien man informiert werden möchte. Wer die menschliche Psyche und das Konsumverhalten kennt, wird wissen: Flexibilität wird klein geschrieben. Alles was sich künftig nicht mehr mündlich steuern und abfragen lässt, wird ignoriert. Da wir auditiv eine noch kürzere Aufmerksamkeitsspanne haben als etwa beim Lesen, wird es einen heißen Kampf um die Plätze an der vordersten Front geben. Wer zuerst genannt wird, malt zuerst. Ganz zu schweigen von Werbeplätzen. Hiervon werden wiederum die großen Suchmaschinen, vor allem Google, profitieren. Wer als erstes genannt werden möchte, wird entsprechend zahlen müssen. Der Werbemarkt lässt sich ganz gut mit jenem im Radiosegment vergleichen.

Und für Werber wird folgender Satz ganz wichtig: „Ist der letzte Ton verklungen, merkt sich schon wenig später niemand mehr, was war." Für User

wird es ein Segen. Werbende müssen sich mehr anstrengen und Inhalte generieren, die sich leicht merken lassen und einen Mehrwert bieten. Menschen mit
Behinderungen, vor allem Sehbehinderungen, werden noch mehr machen und
erleben können, als ihnen jetzt schon möglich ist. Auch die Steuerungen von
Geräten an sich wird sich grundlegend ändern. Was heute noch als irritierend
empfunden wird, also künstlichen Intelligenzen mündliche Befehle zu geben,
wird in einigen Jahren sogar ganze Branchen und Jobs ins Wanken bringen.
Assistenten-Aufgaben werden schon bald völlig automatisiert, ohne komplizierte
Eingaben, Befehle und ohne menschliche Hilfe erledigt werden können.

5.7   Schnappt Shorty: In der Zukunft liegt die Würze in der Kürze

„Long story short." Sie kennen diesen Spruch, der übersetzt so viel heißt wie:
„Kurz gesagt…" Tatsächlich ist Long-form-Content Schnee von gestern. Wenn es
um schnelle Erstinformation und kurze Inputs geht, werden Inhalte immer kürzer. Besonders bei Videos liegen knackige Clips mit maximal 30 s im Trend. Das
hängt mit mehreren Faktoren zusammen. Zuerst: Immer mehr Inhalte werden für
die Nutzung auf mobilen Geräten optimiert. Da liegt die Präferenz eindeutig auf
schneller Unterhaltung und Information. Mobile Nutzer sind immer noch mehrheitlich draußen unterwegs und wollen in kurzer Zeit möglichst viele Informationen. Andererseits liegt die Notwendigkeit für Verknappung an der Fülle von
Content, der wir ohnehin schon ausgesetzt sind. Wenn Sie also Ihre Kunden und
User informieren wollen, halten Sie sich kurz. Nur wie alles im Leben, hat auch
diese Diskussion zwei Seiten, denn: Kurz ist nicht immer gut. Experimentieren
Sie mit Ihren Inhalten. Halten Sie sich an die Faustregel: Je kürzer die Reaktion,
die durch die Information ausgelöst wird, desto weniger Erklärungsbedarf ist notwendig. Alltägliche Inhalte, wie einfache Informationen zu Bestellungen, rasche
Informationsaufnahme (Beispiel Ticketkauf am Automaten), brauchen keine langen Erklärungen. Je weniger Informationen, desto besser – dafür sollten sie korrekt und konkret sein.

   Ob man sich für kurzen oder längeren Content ausspricht wird bald nebensäch-
lich werden, denn ein echter Trend der nächsten Jahre ist individueller Content.
Dann werden nämlich Sie als User vorgeben, wie viel Zeit Sie gerade zur Verfügung haben, und im Hintergrund wird eine künstliche Intelligenz auf alle verfügbaren Datenbanken zugreifen und Ihnen einen Zusammenschnitt liefern, der
Ihren Vorgaben entspricht. Daran arbeitet ein Schweizer Fernsehsender bereits.
Auch in anderen Ländern wird mit solchen Content-Plattformen auf AI-Basis

experimentiert. Paradoxerweise könnte gerade diese Entwicklung die Rettung für den Journalismus bedeuten. Sobald diese Systeme funktionieren, müssen sich Medienhäuser nicht mehr um die Feinheiten im Onlineauftritt und der Darstellung kümmern – das erledigt dann die künstliche Intelligenz über die Plattform. Somit können sich die Redakteure wieder voll und ganz der Gestaltung ihrer Geschichten widmen. Sie können ihren unbearbeiteten Content einspielen, ohne einen weiteren Arbeitsschritt machen zu müssen. Damit rückt unsere kognitive und kreative Fähigkeit enorm in der Vordergrund: Keine Maschine der Welt wird so schnell unsere Denkweise annehmen und immitieren können.

5.8   Life is Live(stream): Content in Echtzeit dominiert die nächsten Jahre

Leonardo di Caprio live als Hologramm in Ihrem Wohnzimmer? Das wird kommen, glauben Sie mir. Content in Echtzeit bzw. Livestream-Content wird zunehmend beliebter. Liveübertragungen waren immer schon gefragt. Seit der Möglichkeit Livestreams auf Facebook und Instagram per Klick durchzuführen, braucht es keinen großen Aufwand mehr. Mittlerweile haben Marken diese Möglichkeit erkannt, die guten alten TV-Stationen zu umgehen. Mit einigen Stars im Schlepptau, die insgesamt weit über 100 Mio. Follower haben, ist eine Fashionshow via Smartphones genauso medienwirksam, wie über einen teuren TV-Channel. Nur: guten und unterhaltsamen Live-Stream Content zu produzieren ist aufwendig. Meine persönliche Meinung: In wenigen Jahren werden wir die ersten Live-Filme in Kombination mit VR- und/oder Hologramm-Technik erleben dürfen. Dagegen wird IMAX aussehen wie Opas Uralt-Radiogerät. Wir werden in unseren Wohnzimmern die Filmsets begehen können. Wir werden uns hinter die Schauspieler stellen können – neben den Helden oder den Bösewicht, neben das Bett oder unter den Tisch. Filmsets werden zu einem interaktiven Spielplatz. Womöglich werden wir Handlungen beeinflussen können, oder gar selbst zum Teil des Filmes werden, wie es in Computer- und Konsolenspielen jetzt schon möglich ist.

Wir werden plötzlich mit Sting auf der Bühne stehen können oder mit Lady Gaga vor Hunderttausenden Menschen performen dürfen. Umgekehrt werden die Entertainment-Branchen einen neuen Boom erfahren, den sich die meisten der darin agierenden Protagonisten bisher nicht vorstellen können. Besonders für Storyteller wird es in Zukunft eine Menge Schreib- und Denkarbeit geben. Versuchen Sie einmal, Ihren Lieblingsfilm so umzuschreiben, dass der Zuseher mit VR-Ausstattung aus jedem Blickwinkel des Sets die Handlung alternativ erlebt und dennoch auf dem Laufenden bleibt. Entertainment der Zukunft wird einerseits für Konsumenten Spaß pur, andererseits für Produzenten maximaler Stress. Livestreams werden in der Werbebranche für Aufatmen sorgen. Sie haben jetzt schon auf das Konsum- und Werbeverhalten enormen Einfluss. Dazu ein Blick nach China: Dort werden täglich Echtzeit-Verkaufsstreams mit Millionen von Zusehern veranstaltet. Chinesisches Verkaufsstreaming ist mittlerweile so lukrativ, dass amerikanische Kleiderboutiquen aus New York chinesischsprachige Live-Streamerinnen einstellen, damit sie direkt aus den Boutiquen in New York für ein chinesisches Publikum verkaufen. Grundsätzlich wird hier das alte Modell des Verkaufsfernsehens bedient, mit dem Unterschied, dass Einkäufe mittlerweile schon in Echtzeit durchgeführt werden können. Virtual Reality wird hier einen Schritt weitergehen: Man wird sich die meisten Produkte bereits ansehen, teilweise testen und erleben können.

5.9 Influencer ist jeder: Die lebenden Werbetafeln und ihre Zukunft

„Influenza? Das ist doch eine Krankheit!" Ein Running Gag, wenn es um das Thema Influencer-Marketing geht. Mittlerweile hat er einen bitteren Beigeschmack, denn wir erleben heute so etwas wie eine Influencer-Epidemie. Jeder, der ein paar gekaufte oder selbst generierte Follower hat, glaubt, ein Influencer zu sein. Die Grenze zwischen den tatsächlichen Opinion Leadern, also Menschen deren Meinung etwas bewirken kann, und einem selbsternannten Guru mit 10.000 Instagram-Followern verschwimmen. Für jene, die sich noch immer nicht auskennen: Influencer sind Personen, die in einer bestimmten Nische auf einem oder mehreren Kanälen ein Publikum aufgebaut haben und dort als Opinion Leader gelten. Dank vieler Möglichkeiten, sich Follower erkaufen zu können, und Fans aus Fake-Profilen zu generieren, gibt es heute aber sehr viele solcher Influencer, die in Wirklichkeit eine verschwindend geringe Reichweite haben, und die man auch außerhalb der Social-Media-Plattform nicht kennt. Das sind meist jene, von denen man hört, dass sie sich gratis zu Urlauben einladen lassen wollen oder erwarten, gratis in Restaurants essen zu können. Diese Figuren unterscheiden sich erheblich von echten Influencern, die eine konkrete Informationsleistung anbieten. Beliebte Influencer kommen aus den Bereichen Kosmetik, Games, Entertainment oder Health und Fitness. Ich möchte hier bewusst keine Namen nennen. Zudem stehe ich dem Influencer-Dasein skeptisch gegenüber. Immerhin sind die meisten von ihnen Produkte der Plattformen selbst. Nur sehr wenige schaffen den Sprung hinaus und machen aus sich eine channelübergreifende Marke, die unabhängig von den Launen der Social-Media-Betreiber ist. Doch die Influencer-Zeit ist noch lange nicht vorbei. Es entwickelt sich langsam aber doch ein eigener Berufszweig. Während heute aber noch viel Glanz und Glamour reicht, wird in Zukunft Inhalt immer wichtiger werden. Nachdem die erste Euphorie verklungen sein wird, werden sich jene durchsetzen, die ihren Usern außergewöhnliche Dinge bieten können. Ganz egal ob in Sachen Mode, Beauty oder nachhaltigen Themen wie Umweltschutz, Produkttests oder eGaming.

Sofern Sie aber mit Influencern zusammenarbeiten möchte, stellen Sie sich immer zuerst diese Frage: Was bringen Ihnen Influencer für Ihr Unternehmen? Bekannte Influencer sind genauso bedeutend wie Testimonials, keine Frage. Sie können Produkte und Dienstleistungen bewerben und durch ihre Bekanntheit organische Reichweite erzielen, die stärker wirkt als jede bezahlte Werbung. Denn Influencer genießen in der Regel ein großes Vertrauen bei ihrem Publikum, was die Werbewirksamkeit erhöht. Damit Influencer-Marketing effektiv ist, muss darauf geachtet werden, dass Ihr Produkt bzw. Ihre Dienstleistung wirklich relevant für das Publikum des Influencers ist. Sie müssen also Ihre Hausaufgaben machen und recherchieren. Suchen Sie nach geeigneten Influencern *bevor* Sie auf gut Glück welche kontaktieren. Die Kriterien dafür und wie Sie hierbei vorgehen sollten habe ich bereits an früherer Stelle unter dem Punkt Content-Channels genauer beleuchtet. Die Kosten für Influencer-Marketing richten sich nach Branche und Größe des Publikums, das dem Influencer folgt. Es gibt aber Influencer, die durchaus 10.000 bis 20.000 EUR pro Posting erhalten.

5.10 Der Content der Zukunft

Endlich folgt nun die Antwort auf die brennende Frage: Wie wird der Content der Zukunft aussehen? Bewusst an den Schluss gestellt, möchte ich nun noch einmal allgemein auf die möglichen Entwicklungen in der Content-Welt eingehen. Ich möchte Ihnen eine Orientierungshilfe geben. Dazu werde ich meine Erfahrungen bündeln und davon Prognosen ableiten, die ich mit Ausschnitten aus Interviews untermauere, die ich im Zuge der Recherchen für dieses Buch geführt habe. Englischsprachige Antworten habe ich übrigens im Original belassen.

Eines vorweg: In unserer Onlinewelt ist heute und künftig kein Platz mehr für Mittelmäßigkeit. Es werden ausschließlich sehr gute Inhalte konsumiert und bejubelt (werden). Alles andere verschwindet in der Versenkung. Wenn mich also jemand fragt, wie der Content der Zukunft aussieht, dann lautet meine erste Antwort: relevant! Damit bin ich übrigens nicht der einzige. Prominente Unterstützung erhalte ich vom Kommunikationsteam des US-Konzerns Amazon. Der O-Ton zu meiner Interviewanfrage zum Content der Zukunft lautet:

▶   „In den letzten Jahren gab es einen Boom. Jeder macht jetzt Inhalte.
Aber oft ist nicht klar, wer sich dafür eigentlich interessieren soll. Die
großen Themen im Content-Bereich sind aus unserer Sicht deshalb
Relevanz und Qualität. Wie schafft man es, dem Nutzer nur Inhalte zu
präsentieren, die für ihn von Bedeutung sind? Und wie erzählt man
seinen Content so gut, witzig, liebevoll oder erhellend, dass er aus
dem allgegenwärtigen Überangebot von Geschichten heraussticht?
Bei der Beantwortung der ersten Frage spielt intelligente Technologie
schon jetzt eine große Rolle."

Entertainment als unabdingbare Komponente für erfolgreichen Content – dieser Meinung ist auch Stefanie Moehrs, Managing Director der Berliner Agentur
muehlhausmoers:

▶   „Jeder Content-Typ, der den Nutzern ein Erlebnis garantiert und Bezug
nimmt zu ihrer Lebenswelt, wird an Relevanz gewinnen. Vornehmlich
Video, Live-Streaming und verschiedene Szenarien der Virtual Reality. Wobei bei VR zunächst technische Voraussetzungen erfüllt sein
müssen, der Zugang also hochschwelliger ist. Verlieren werden hin-
gegen Inhalte, die einer intensiveren Auseinandersetzung bedürfen
und ein gewisses Maß an Konzentration erfordern, wie längere Texte
oder Audio-Features. Zumal die Nutzung mobiler Endgeräte weiterhin zunehmen und die durchschnittliche Verweildauer der Nutzer
bei einzelnen Beiträgen abnehmen wird. Aber letztendlich kommt es
auf die richtige Mischung an. In Zeiten digitaler Kommunikation werden auch analoge Formate wie Veranstaltungen und Magazine wieder wichtiger. Videobasierte Kanäle wie YouTube werden weiter an
Bedeutung gewinnen, wie auch Audio-Podcasts. Gerade besonders
im Gespräch: Messenger, die nicht als Push-Kanal fungieren, sondern
die direkte Kommunikation mit den Nutzern zulassen und so wichtige
Rückschlüsse auf Interessen und Bedürfnisse der Zielgruppe ermöglichen. Wichtig dabei: Der Content muss als hochrelevant empfunden
werden, so nah wie der Kontakt mit den Nutzern ist."

Interaktivität und Bedürfniserfüllung, zwei zentrale Punkte, wenn man an den
Content der Zukunft denkt. Mit fortschreitender Chatbot-Technologie und gesell-
schaftsfähigen künstlichen Intelligenzen, werden Dialoge immer mehr computer-
basiert ablaufen. Dieser Meinung ist auch Gerhard Kürner, Geschäftsführer der
Agentur LUNIK2:

▶ „Der Dialog mit User und Kunden wird immer wichtiger. In einem Dialog erzählt man beispielsweise seine Lebensgeschichte anders als in
   einem CV."

Er sieht den Vormarsch der Chatbots als große Chance. Künstliche Intelligenzen sind unsere künftigen Gesprächspartner, für viele Standard-Dialoge, nicht
nur im Kundenservice. Besonders aber im HR-Segment setzen immer mehr
Unternehmen auf Software, die die Kandidatenauswahl automatisiert vornimmt.
Telefongespräche werden vom Computer geführt, Chats von der Software, die
Auswahl erfolgt nach vorgegebenen Parametern. Lebensläufe, Motivations-
schreiben und Interviews werden auf Keywords überprüft und automatisch
zusammengefasst. Und es geht sogar weiter: Künftig werden solche Intelligenzen
anhand der Stimme der Bewerber erkennen können, ob eine Person die Wahrheit
sagt und in welcher Verfassung sie sich gerade befindet. Ob das ein wünschens-
werter Prozess ist, muss jeder für sich entscheiden. So sehr der technische Fortschritt zu beklatschen ist, eine Armee von ängstlichen Arbeitssklaven zu züchten,
die alle gleich ticken, davon rate ich jedem Unternehmen ab.

Allerdings dürfen wir deswegen nicht beginnen, Technologien zu verteufeln.
Davor warnt Moses Velasco, der Chief of Strategy von Social Bakers, einer der
größten Digital- und Social-Media-Agenturen. Für ihn ist klar: Wir stehen erst am
Anfang einer echten Revolution, die da lautet: personalisierter Content.

▶ **Wichtig** „Future of content will be more personalized. Big data is no
   longer a problem. Interfaces are changing too over the next years.
   Example: Facial recognition. You get new data from this, like personalized messages or habits. When people are walking in a restaurant the
   software will recognize this, the face expression and remember the
   meals the person had."

   Dennoch glaubt Velasco nicht daran, dass uns künstliche Intelligenzen so schnell ablösen werden: „The human element will always
   play a factor in the creative side. But the connection between human
   and automation will be the point. AI is just the ability to build the data
   to make the right type of decision, it's just a competitional aspect.
   AI driven content still needs human creativity. So pure creativity will
   emerge."

Uns wird die aktuelle technische Entwicklung künftig ermöglichen, uns auf die
wirklich menschlichen Jobs zu konzentrieren, nämlich jene, die unsere geistigen
Kapazitäten (er)fordern.

Aber wozu betreiben wir den ganzen Aufwand eigentlich? Was versprechen wir uns davon, wenn wir dann irgendwann den perfekten Content produziert und verbreitet haben? Ganz ehrlich: Die wenigsten tun es, um die Welt zu retten. Die meisten Unternehmen haben ein Ziel: mehr verkaufen, besseres Image – mehr Umsatz. Einer, der sich mit der Wirkung von Inhalten auf unsere Psyche ganz gut auskennt ist Spencer Gerrol. Ich habe den Gründer von Sparkneuro 2018 interviewt. Seine Firma ist eine der führenden Neuromarketing-Zentren und erforscht neurologische Reaktionen auf Umwelteinflüsse und wie man sie steuern könnte. Für ihn ist klar:

▶ **Wichtig** „Content by nature is meant to influence people. Content is a rhetorical device to change people and affect people. The pen is mightier than the sword."

Wobei heutzutage der hier erwähnte „Stift" auch Videos, Audios, Augmented und Virtual Reality inkludiert. Was für Gerrrol Inhalte wirklich bedeutend macht, sind zwei Dinge: „Content needs to be strong enough to get your attention. Because if you are not paying attention, the content doesn´t exist at all. And therefore content must avoke emotions. If it doesn´t evoke emotion the chance it will change your behavior is minimized."

Gerrol rät übrigens von Umfragen ab. Hier würden nur Einzelmeinungen abgefragt oder im schlimmsten Fall Gruppenumfragen durchgeführt, in der sich Menschen tendenziell an den Meinungen der Mehrheit orientieren, um nicht herauszustechen. Also kann man keine gültige Antwort finden. Stattdessen sollte man diesen Filter umgehen und direkt die Gehirnaktivitäten der Menschen messen. Denn diese lügen nicht. „We are not reading your mind, but we have an algorithm which measures the attention level. Additionally we can measure emotion based on patterns of electricity. It's neural activity, whether you feel strong emotion, positive one or sadness or a mix of emotion."

In Zukunft werden solche Vermessungen von Usern und Kunden noch einfacher und gängiger werden. Gesichtserkennung ist bereits auf einem hohen Level angelangt und dadurch, dass sie in allen neuen Smartphones verbaut wird, werden bald die ersten Unternehmen beginnen, hieraus neue Produkte und Angebote zu entwickeln. Algorithmen, die Gesten erkennen, sind vielseitig einsetzbar.

Mit der wachsenden Bedeutung von personalisiertem Content steigt auch die Notwendigkeit an der Masse an guten Inhalten. Viele davon werden zwar von Algorithmen und künstlichen Intelligenzen gebaut werden können, die Mauersteine dafür müssen aber immer noch Menschen liefern. Vor allem, wenn es um die Ideenfindung und das Storytelling geht. Insofern wird ein wesentlicher Faktor für den Content der Zukunft die Ressourcenerweiterung sein. Einzelpersonen können jetzt schon nicht mehr die Anforderungen abdecken und werden es in Zukunft noch viel weniger können. Unternehmen müssen aufstocken und jetzt in den Content der Zukunft investieren, der da heißt: fähige Mitarbeiter. Ohne Experten an Ihrer Seite brauchen Sie gar nicht erst versuchen, Content zu erstellen. Allerdings ist das eine enorme Kostenfrage und auch deshalb werden Unternehmen umdenken und ihre Budgets umschichten müssen. Künftig sind Inhalte die Werbeträger und die Kommunikationsträger nach außen. Gute Inhalte sind wie gute Sales-Leute: Jede Investition in sie lohnt sich.

Abschließend noch der wohl wichtigste Tipp, der von John Hall, CEO der US-Agentur Influence & Co kommt:

▶   „The most important thing in regard to a content strategy being effective is commitment. You have to commit to it and understand that it's not a quick campaign. I'd rather have you not do anything and save your money if you are just going to half-ass it. If you want to lead your industry in content and gain trust, you need to make the investment to get there."

Bei Content gilt eben nur ein Motto: Ganz, oder gar nicht!

Literatur

Online-Quellen

Aiken, C. B., & Keller, S. P. (2007). The CEO's role in leading transformation. https://www.mckin-sey.com/business-functions/organization/our-insights/the-ceos-role-in-leading-transformation. Zugegriffen: 28. März 2018.

Audi. (2017). Unternehmensstrategie. http://www.audi.com/corporate/de/unternehmen/unternehmensstrategie.html. Zugegriffen: 2. Okt. 2017.

Erste Bank. (2019). www.erstebank.at. Zugegriffen: 1. März 2019.

Highsmith, J., Hunt, A., Jeffries, R., Kern, J., Marick, B., Martin, R. C., Mellor, S., Schaber, K., Sutherland, J., & Thomas, D. (2018). Manifest für Agile Softwareentwicklung. http://agile-manifesto.org/iso/de/manifesto.html. Zugegriffen: 26. März 2018.

Uni Credit Bank Austria. (2019). www.bankaustria.at. Zugegriffen: 1. März 2019.

Offline-Quellen

Altobelli, C. F. (2017). *Marktforschung, Methoden – Anwendungen – Praxisbeispiele*. München: UVK.

Ansoff, H. I. (1966). *Management-strategie*. München: mi.

Backhaus, K., Erichson, B., Plinke, W., & Weiber, R. (2015). *Multivariate Analysemethoden: Eine anwendungsorientierte Einführung* (14. Aufl.). Springer Gabler: Heidelberg.

Baghai, M., Coley, S., & White, D. (2000). *The alchemy of growth*. Cambridge: Perseus.

Bänsch, A., & Alewell, D. (2013). *Wissenschaftliches Arbeiten* (11. Aufl.). Oldenbourg: München.

Beck, H. (2014). *Behavioral Economics. Eine Einführung*. Wiesbaden: Springer Gabler-Verlag.

Becker, J. (2013). *Marketing-Konzeption, Grundlagen des ziel-strategischen und operativen Marketing-Managements* (10. Aufl.). Vahlen: München.

© Springer Fachmedien Wiesbaden GmbH, ein Teil von Springer Nature 2019
F. Schauer-Bieche, *Der Content-Coach*,
https://doi.org/10.1007/978-3-658-26655-4

Fisher, R., Ury, W. L., & Patton, B. (2011). *Getting to yes* (1. Aufl.). New York: Penguin.

Kindt, T., & Köppe, T. (2014). *Erzähltheorie. Eine Einführung*. Ditzingen: Reclam.

Kolb, B., Whishaw, I., & Campbell, T. G. (2019). *Introduction to brain and behavior* (6. Aufl.). Worth: New York.

Schneider, W. (1985). *Deutsch für Profis* (1. Aufl.). Hamburg: Goldmann.

Stahringer, S., & Leyh, C. (Hrsg.). (2017). *Gamification und Serious Games. Grundlagen, Vorgehen und Anwendungen* (1. Aufl.). Wiesbaden: Springer Fachmedien.

Ihr kostenloses eBook

Vielen Dank für den Kauf dieses Buches. Sie haben die Möglichkeit, das eBook zu diesem Titel kostenlos zu nutzen. Das eBook können Sie dauerhaft in Ihrem persönlichen, digitalen Bücherregal auf **springer.com** speichern, oder es auf Ihren PC/Tablet/eReader herunterladen.

1. Gehen Sie auf **www.springer.com** und loggen Sie sich ein. Falls Sie noch kein Kundenkonto haben, registrieren Sie sich bitte auf der Webseite.
2. Geben Sie die eISBN (siehe unten) in das Suchfeld ein und klicken Sie auf den angezeigten Titel. Legen Sie im nächsten Schritt das eBook über **eBook kaufen** in Ihren Warenkorb. Klicken Sie auf **Warenkorb und zur Kasse gehen**.
3. Geben Sie in das Feld **Coupon/Token** Ihren persönlichen Coupon ein, den Sie unten auf dieser Seite finden. Der Coupon wird vom System erkannt und der Preis auf 0,00 Euro reduziert.
4. Klicken Sie auf **Weiter zur Anmeldung**. Geben Sie Ihre Adressdaten ein und klicken Sie auf **Details speichern und fortfahren**.
5. Klicken Sie nun auf **kostenfrei bestellen**.
6. Sie können das eBook nun auf der Bestätigungsseite herunterladen und auf einem Gerät Ihrer Wahl lesen. Das eBook bleibt dauerhaft in Ihrem digitalen Bücherregal gespeichert. Zudem können Sie das eBook zu jedem späteren Zeitpunkt über Ihr Bücherregal herunterladen. Das Bücherregal erreichen Sie, wenn Sie im oberen Teil der Webseite auf Ihren Namen klicken und dort **Mein Bücherregal** auswählen.

EBOOK INSIDE

eISBN	978-3-658-26655-4
Ihr persönlicher Coupon	hfbGACABsn5dg6j

Sollte der Coupon fehlen oder nicht funktionieren, senden Sie uns bitte eine E-Mail mit dem Betreff: **eBook inside** an **customerservice@springer.com**.

Printed by Printforce, the Netherlands